balades à pied

et à VTT

Chamina

Association
pour le développement
du tourisme
et des loisirs de randonnée

5, rue Pierre-le-Vénérable
BP 436
63012 Clermont-Fd Cedex 1

37 circuits de petite randonnée
5 itinéraires de week-end

L'Aisne

…érache

Saint-Qu… …ois

…nvirons

Soiss… …allée de l'Aisne

Valois et Omois

une terre à parcourir
un espace à partager

1ère édition

3

La vallée de la Crise
vers Nampteuil-sous-Muret. -DT/CDT-

LA MARCHE DU LIVRE

Que vous soyez un randonneur assidu, un promeneur occasionnel ou tout simplement curieux de mieux connaître le département de l'Aisne, nous vous conseillons vivement la lecture de la présente rubrique. Les renseignements qu'elle contient vous seront très utiles pour exploiter cet ouvrage et profiter pleinement de vos balades.

PRATIQUE DU TERRAIN ET UTILISATION DU GUIDE

VOUS AVEZ DIT PR ?
PR : Petite Randonnée décrivant une boucle et ne dépassant pas 6 à 7 heures de marche, et inférieure à 20 km.

Pour effectuer une randonnée dans de bonnes conditions et «rester dans le bon chemin», trois éléments doivent guider l'utilisateur ; ce sont :
1 - le balisage et toute signalisation sur le terrain qui doivent toujours être les éléments premiers du repérage ;
2 - la cartographie : tous les circuits de ce topoguide sont représentés sur des fonds de cartes IGN en couleurs ;
3 - la description de l'itinéraire, détaillée dans le topoguide.

BALISAGE ET FLÉCHAGE DES CIRCUITS DE PETITE RANDONNÉE DANS L'AISNE

Le balisage est propre à chaque circuit. Il est nécessaire de se reporter à l'encadré technique qui précise la ou les couleurs utilisées. Cependant, la plupart des circuits sont balisés suivant le principe des PR et surtout de la Charte de valorisation départementale qui en est une déclinaison. Une couleur complémentaire (ou la couleur de la flèche directionnelle) précise dans ce dernier cas l'identité du circuit.

BALISAGE
Dans le cas de modifications de tracés de circuits, se référer au balisage sur le terrain, qui prime toujours sur la description.

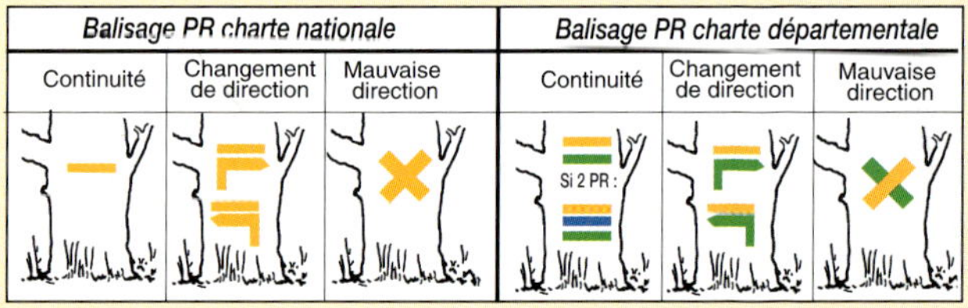

Le balisage est placé sur des arbres, rochers, murs, poteaux avec ou sans flèches directionnelles. A terme, l'ensemble des circuits devrait être balisé en conformité avec la Charte départementale et faire l'objet d'un jalonnement sous forme de poteaux aux principales intersections, en complément du balisage peint. Un mobilier sera également ajouté (panneaux de départ des circuits, panneaux d'information). Certaines sections ne sont pas balisées : en ville (se reporter aux plaques de rues, ex : PR 19)) et sur les chemins de halage (aucun problème de repérage).

La couleur du balisage utilisée pour certains circuits décrits dans ce guide sera susceptible d'être modifiée dans un souci d'homogénéité départementale. Il en sera tenu compte dans les éditions futures. Dans l'intervalle nous ne pouvons être tenus pour responsables d'éventuels changements indépendants de notre volonté.

Les circuits réalisés par l'ONF en forêts domaniales sont généralement balisés avec des ronds de couleur sur flèches directionnelles.

Par ailleurs, un code-couleur est utilisé dans le topo-guide suivant la durée du circuit. Cette couleur ne correspond en aucun cas à une indication de balisage.

Certains circuits, notamment les week-ends ne possèdent pas de balisage propre mais utilisent des tronçons d'itinéraires déjà balisés (GR et GR de Pays). Il est nécessaire de se reporter au descriptif et à l'encart «Infos pratiques». Ainsi, le circuit de week-end n° 1 correspond à l'association de tronçons de 4 PR différentes, le circuit week-end n° 4 utilise des portions du GR 14 et du GR de Pays de l'Omois. Les GR traversant l'Aisne sont le GR 11, 12, 14, 122 et les GR de Pays de l'Omois, de l'Avesnois-Thiérache et des 4 vallées.

RENSEIGNEMENTS PRATIQUES

Le circuit n° 12 présente un balisage VTT (triangle et 2 ronds jaunes).
L'Axe Vert de Thiérache ne possède pas de balisage directionnel mais est signalé par des panneaux métalliques aux intersections avec les routes ou en présignalisation.
Les circuits sont décrits et généralement balisés dans un seul sens, choisi en fonction de l'intérêt de l'itinéraire ou de certaines difficultés (dénivelée). Des raccourcis, hors circuits ou variantes sont parfois signalés dans la description d'un itinéraire, dans les «Infos pratiques» ou en pointillés sur la carte attenante. Ils ne font généralement pas l'objet d'une description ni d'un balisage sur le terrain.

Le temps pour chaque circuit est donné à titre indicatif, calculé selon une marche effective, à allure normale, sans être chargé, soit environ 3 km à l'heure, sans pause ni arrêt. Chacun devra donc interpréter les durées proposées en fonction de son rythme, de ses capacités personnelles, de la configuration générale du terrain, des accès aux curiosités indiquées hors circuits ou des variantes.

Un encart technique précise la distance, le balisage à suivre, la durée (indicative) ainsi que le dénivelé du circuit.

SYMBOLES CONVENTIONNELS	
Altitude	Château
Site ou curiosité	Site géologique
Zone boisée	Flore remarquable
Point de vue	Hébergement
Mégalithe	Site du Souvenir 1914-1918
Ruines intéressantes	
Architecture religieuse	Produits locaux
Architecture militaire	••• Hors circuit , raccourci, variante ou PR de proximité
Architecture civile	
Bourg intéressant	Autre information

Pour chaque circuit, les rubriques «Infos pratiques» et «Voir et savoir» indiquent les principales caractéristiques de la balade, repérées au moyen des symboles ci-dessus. La rubrique «A proximité» propose de découvrir un site naturel, un monument, un village... situés non loin du circuit et méritant un détour. Dans la plupart des cas, les symboles sont rappelés sur la carte qui accompagne chaque circuit.
Seuls les sites et monuments mentionnés dans le carnet d'adresses à la fin de cet ouvrage sont ouverts à la visite. Les autres sont simplement visibles de l'extérieur depuis l'itinéraire ou par la route.

ACCÈS AUX ITINÉRAIRES

Le point de départ de chaque circuit est accessible aux véhicules avec possibilité de stationnement.
Quatre des itinéraires de week-end sont accessibles par le train. En ce qui concerne les services d'autocar, reportez-vous au carnet d'adresses en fin de ce topoguide. On peut également se renseigner auprès des offices de tourisme et syndicats d'initiatives (voir les adresses utiles page 132).

BALISAGE DES SENTIERS DE GRANDE RANDONNÉE

GR

Itinéraires réalisés par les comités départementaux de la FFRP.

LES CHIENS et autres animaux de compagnie sont placés sous l'entière responsabilité de leurs maîtres qui veilleront à éviter toute divagation et dérangement (notamment vis à vis des troupeaux et du gibier lors des périodes de nidification et de reproduction). Il est donc fortement recommandé de tenir les chiens en laisse.

MISE EN GARDE

Les circuits proposés dans ce guide sont conçus pour être parcourus à pied et pour la plupart à VTT. Ils ne sont pas conçus pour des randonnées équestres (excepté certains) ou des randonnées motorisées. Rappelez-vous que vous randonnez à vos propres risques, et que vous êtes responsables des accidents qui pourraient survenir à vous-même, ou au préjudice d'un tiers du fait du non-respect de ces recommandations.
En période de chasse, se renseigner sur l'accessibilité des circuits auprès des mairies, de la Fédération départementale des chasseurs de l'Aisne Tél. 03 23 23 30 89 ou de l'ONF Tél. 03 23 79 23 91.

Choisissez votre itinéraire en fonction de vos possibilités et de votre forme physique. Ne surestimez pas les capacités de vos enfants et prévoyez des moments de pause.

PÉRIODES À ÉVITER

En période de chasse, il est recommandé d'être prudent, particulièrement lors des battues au grand gibier : se renseigner avant de partir auprès des mairies, des services de l'Office National des Forêts (ONF) ainsi que de la Fédération départementale des Chasseurs de l'Aisne (coordonnées page 5).

MESURES DE PRUDENCE

• **Évitez de partir par mauvais temps :** pluie, brouillard, orage, etc. Consultez la météo avant de partir. Attention aux pentes herbeuses, terreuses, que la pluie rend plus glissantes. Évitez de randonner immédiatement après de fortes pluies (chemins détrempés). Prévoyez de bonnes chaussures. Sachez vous repérer sur la carte et utilisez une boussole.

Météo Départementale
08 36 68 02 02

• **En été, protégez-vous du soleil et emportez de l'eau.** Évitez de boire celle des ruisseaux, cascades ou abreuvoirs.

• **Attention aux feux** en période de sécheresse, notamment en forêt **(feux interdits en forêts domaniales)** et dans les terrains broussailleux : ne jetez pas vos mégots de cigarettes ; n'allumez pas de feux sans autorisation.

• On peut **se munir d'un "Aspi-venin"**, à condition d'en connaître les précautions d'emploi.

Renseignez-vous également sur les réactions allergiques (piqûres d'insectes, guêpes, taons, etc.).

La cueillette des fleurs, des petits fruits et des champignons est réglementée.
Les fouilles clandestines sont interdites.
Le respect du patrimoine bâti et artistique s'impose.
De nombreuses zones présentent un intérêt écologique, faunistique, floristique et archéologique majeur. Respectez-les, suivez les chemins existants. La sauvegarde des sites en dépend.

RESPECT DU MILIEU

Les itinéraires empruntent la plupart du temps des chemins ruraux et traversent parfois des forêts. Les randonneurs doivent suivre impérativement les conseils suivants :

• Respectez la tranquillité de la campagne, les prairies, les cultures, les boisements... Ne pas effrayer les troupeaux dans les pâturages.

• Pensez au stationnement gênant, même les dimanches et jours de fêtes : entrée de chemins, de champs, de fermes.

• Pour des raisons esthétiques et sanitaires, n'abandonnez pas de détritus. Utilisez les poubelles ou emportez vos déchets.

Concernant la présence de chien sur les circuits, voir encadré page

• Ne campez pas en dehors des terrains aménagés à cet effet, sauf si vous avez l'autorisation des propriétaires.

Une négligence de ces conseils pourrait entraîner le refus légitime de laisser à l'avenir certains chemins ouverts aux randonneurs.

ÉQUIPEMENT

Quelle que soit la situation des itinéraires ou la période de l'année :

• **Emportez des vêtements adaptés à la marche** et aux variations climatiques ; prévoyez notamment un pull et un vêtement de pluie.

• **Portez de bonnes chaussures** pour faire face à toute situation inhérente à la nature ou à l'état des chemins.

• Dans un petit sac à dos, **emportez quelques provisions,** de l'eau, un couteau, une petite trousse à pharmacie, et éventuellement une boussole.

• Prenez au matériel pour les réparations des VTT.

CARTOGRAPHIE

Pour préparer vos balades, imaginer des variantes ou élaborer vous-même vos itinéraires, vous pouvez consulter les documents suivants :

• Carte Michelin au 1/200 000e : n° 53 et 56.
• Carte IGN série Top 250 au 250 000e : n° 101 et 103.
• Carte IGN série verte au 1/100 000e : n° 4, 5 et 9.
• Cartes IGN série bleue au 1/25 000e : nos 2508 est à 2808 est - 2509 est à 2809 est - 2510 est à

RENSEIGNEMENTS PRATIQUES

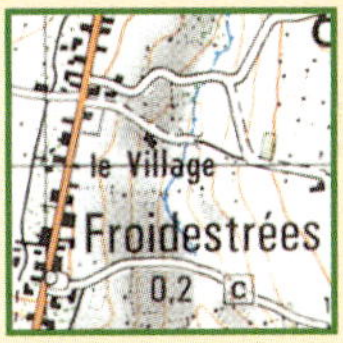

2810 ouest - 2511 est à 2811 ouest - 2612 ouest à 2712 ouest - 2713 est à 2713 ouest - 2614 ouest et est - TOP 25 2512 OT.

Les fonds de cartes utilisés dans ce topoguide sont des reproductions des cartes de l'Institut Géographique National (IGN) :

• Série orange au 1/50 000ᵉ : nᵒˢ 2509 à 2512 - 2608 à 2613 - 2708 à 2711 - 2808.

• Série bleue au 1/25 000ᵉ : nᵒˢ 2610 O - 2611 E - 2710 O - 2808 E - 2512 OT.

Autorisation n°50-7091 © IGN 1978 - 1979 - 1981 à 1987 - 1989 - 1991 à 1996.

CENTRE INTERRÉGIONAL CENTRE-EST

8, avenue Condorcet - 69100 Villeurbanne

Tél. 04 78 93 83 39 - Télécopie : 04 72 44 93 54

VTT

La plupart des itinéraires proposés dans ce topoguide peuvent être empruntés par les vététistes. Afin de les guider utilement, nous présentons, avec le descriptif de chaque étape, un encadré spécial VTT, comportant les caractéristiques suivantes.

DURÉE ET DÉNIVELÉE CUMULÉE : les temps indiqués sont donnés à titre indicatif pour un vététiste de niveau débutant ou moyen. Ils tiennent compte de la longueur, de la dénivelée et des difficultés de l'itinéraire. La dénivelée cumulée (~) correspond à la somme des dénivelées positives de l'étape.

NIVEAU ET DIFFICULTÉS : très facile, facile, difficile, très difficile voire déconseillé.

La cotation établie dans ce guide s'applique également à un vététiste de niveau débutant ou moyen et doit donc être interprétée par chacun en fonction de ses possibilités. Elle tient compte de la longueur de l'étape, de l'état du chemin, du profil et des dénivelées...

Les caractéristiques particulières d'une étape : montées, descentes, portage, poussette sont détaillées et localisées le plus précisément possible.

VARIANTES : les variantes permettent d'éviter un tronçon impraticable ou interdit à VTT.

UN CENTRE VTT agréé par la Fédération Française de Cyclisme créé en 1997 propose 9 circuits plus techniques balisés selon les normes FFC (1 vert, 3 bleus, 4 rouges et 1 noir) de 3,5 à 26 km.

Ce centre, situé à Monthenault dans le Laonnois, propose sur place la location de VTT, un accompagnement, un point nettoyage, des sanitaires et un hébergement labellisé Gîtes de France (voir carnet d'adresses).

AVERTISSEMENT

Ce topoguide est avant tout destiné aux randonneurs pédestres. Il ne doit en aucun cas être considéré comme un ouvrage s'adressant spécifiquement aux vététistes.

Quatre circuits plus longs (supérieurs à 20 km) sont cependant spécifiques au VTT (n° 3, 9, 12 et 16). Peu techniques, bien roulants, ils présentent un niveau d'accès relativement facile.

Sur le terrain, les vététistes auront le souci de ralentir lorsqu'ils rencontreront d'autres utilisateurs de la PR, de contrôler leur vitesse dans les descentes, de respecter le milieu naturel.

Certains circuits sont déconseillés, voire interdits à VTT, cela pour plusieurs raisons : sécurité (passages dangereux), difficultés trop importantes, chemins impraticables, forêt dans lesquelles seul un passage pédestre est autorisé...

Sauf exception, les chemins de halage bordant les voies navigables sont interdites aux VTT.

RANDONNÉES ÉQUESTRES

Les circuits décrits dans ce guide ne sont pas prévus pour une utilisation équestre, sauf la PR 21 et l'Axe Vert de Thiérache (sur la seule portion de l'ancienne voie ferrée).

Cependant, un grand itinéraire départemental de 600 km environ, le «8 équestre de l'Aisne» a été réalisé par le Comité Départemental de Tourisme Équestre avec le soutien du Conseil Général et de la Chambre d'Agriculture. Formé de deux boucles, il est balisé en orange selon les normes de l'Association Nationale de Tourisme Équestre. Du nord au sud, ce circuit permet la traversée de 3 massifs forestiers et des 3 vallées des rivières Aisne, Oise et Marne.

Pour tous renseignements, contactez le Comité Départemental de Tourisme Équestre - Tél. : 03 23 69 01 91.

Soucieux de préserver et mettre en valeur les chemins autour desquels se sont organisés la vie et l'histoire de l'Aisne, et souhaitant favoriser par la randonnée la découverte du patrimoine, des sites naturels, des paysages ruraux et les rencontres avec les habitants, le Conseil Général de l'Aisne a adopté en 1994 le Plan Départemental des Itinéraires de Promenade et de Randonnée (PDIPR).

Ce plan est le fruit d'une concertation avec l'ensemble des acteurs concernés par la randonnée dans le département. Entamé en 1983, il a nécessité un recensement minutieux des chemins effectué par l'Association des Randonneurs Pédestres de l'Aisne (ARPA), à qui le Conseil Général avait confié cette mission. Ainsi, ce sont 3 000 km de chemins qui ont été retenus au PDIPR.

La finalité de ce plan est de renforcer la protection juridique des chemins inscrits en assurant leur pérennité. Mais il constitue également le fil conducteur d'une politique globale de valorisation des chemins de randonnée dans le cadre d'un développement touristique.

À cette fin, le Conseil Général de l'Aisne a approuvé en 1996 la Charte de Valorisation de la Randonnée, cosignée par le Comité Départemental du Tourisme, l'ARPA et la FFRP. Par ce document, le Conseil Général et le Comité Départemental du Tourisme se sont engagés à favoriser la mise en réseau qualitative de la randonnée par une intervention globale : sélection des circuits, aménagement et équipement de ceux-ci, édition de topoguides, promotion, création et commercialisation de produits touristiques liés à la randonnée.

Les communes et communautés de communes sont invitées à adhérer à cette charte qui sera mise progressivement en œuvre sur l'ensemble du département en concertation avec les acteurs locaux.

Le topoguide de l'Aisne constitue une sélection parmi les plus beaux itinéraires du département. Il permet de découvrir les sites les plus marquants de son territoire. Ce document est le premier titre d'une collection départementale qui sera progressivement complétée par des topoguides locaux (plaquettes Pays côté chemin) qui reprendront les circuits de chaque secteur.

Photo : Château-Thierry.-DT/CDT-

Conseil Général de l'Aisne
Rue Paul Doumer
02013 LAON Cedex

CONSEIL GÉNÉRAL DE L'AISNE

Informations : Comité Départemental du tourisme
Tél. 03 23 27 76 76

RÉALISATION

CHAMINA créée en 1974, a eu pour objectif initial d'aménager des gîtes d'étape sur les sentiers de grande randonnée (GR). Elle a par la suite étendu son action à l'ensemble des activités de randonnée et de pleine nature, et s'est orientée et organisée pour œuvrer au développement touristique et économique des régions, pour répondre aux attentes des clientèles utilisatrices et aux besoins des collectivités locales :

- Création d'itinéraires de randonnée et de découverte ;
- Gestion et maintenance des infrastructures (itinéraires, hébergements) ;
- Aide à l'émergence de nouvelles générations d'hébergements dans le Massif Central, avec le label national **Rando'Plume** pour les gîtes d'étape et le label **Rand'Hôtel** ;
- Conduite d'études, conseil et assistance auprès des collectivités locales ou d'organismes privés ;
- Conception et mise en œuvre de programmes d'aménagement ;
- Édition et diffusion de lignes de produits signalétiques et mobilier ;
- Édition d'une collection de guides de randonnée, de dépliants, cartes, beaux livres, ouvrages thématiques ;
- Promotion de la randonnée et des activités de pleine nature (Centre d'Information Randonnée Massif Central)
- Par ailleurs, Chamina soutient l'activité des structures qui se sont développées dans sa mouvance : L'agence de voyage **CHAMINA-SYLVA** qui propose de nombreux séjours et randonnées en France et à l'étranger.

COLPORTAGE qui assure la promotion des pays avec des manifestations de renommée nationale, comme la Rand'Aubade, dans le cadre du Festival National des Arts du Chemin et du Paysage ;

LES AMIS DE CHAMINA, important réseau de bénévoles qui contribuent à la maintenance des itinéraires de randonnée et organisent des sorties à thèmes.

Toute documentation complémentaire sur les activités de CHAMINA vous sera adressée sur simple demande.

CHAMINA - BP 436
63012 CLERMONT-FERRAND Cedex 1
Tél. : 04 73 92 81 44 - Fax : 04 73 91 62 24

Ce topoguide constitue une sélection parmi les plus belles balades de l'Aisne. Il a été élaboré conjointement par Chamina et le Comité Départemental du Tourisme en collaboration avec le Conseil Général (Direction de l'Hydraulique et de l'Environnement), la Chambre d'Agriculture et l'ARPA (Association des Randonneurs Pédestres de l'Aisne).

Il constitue un travail de partenariat avec l'Office National des Forêts et une vingtaine d'acteurs locaux (structures intercommunales, communes) qui ont conçu, balisé et entretiennent les circuits avec l'aide d'associations de randonneurs.

■ **CRÉATION ET MATÉRIALISATION DES CIRCUITS**

● *Coordination technique* : CDT de l'Aisne. Le CDT a conçu les circuits de week-end 1 à 4 avec l'ADENOV, l'AFORETZ, le SIDSA, l'Association du Pays Laonnois et la Communauté de communes du Soissonnais. L'Axe Vert de Thiérache est une réalisation du Conseil Général de l'Aisne.

■ **CONCEPTION ET RÉALISATION DU TOPOGUIDE :** CHAMINA - CDT de l'Aisne.

● *Rédaction des textes :* Yves-Marie LUCOT, journaliste, écrivain - Luc de MAESSCHALCK, journaliste - Graziella BASILE, journaliste - CDT.

● *Secrétariat d'édition, adaptation des textes, mise en pages :* Anne GUILLEMAIN.

● *Cartographie :* Idéographique.

● *Infographie :* François PUZENAT.

● *Dessins :* Samuel CHARDON - Philippe HACQUART F. DAVOT.

● *Relecture :* Valérie SPER - CDT de l'Aisne.

● *Responsable de fabrication :* Michèle CLOUVEL

● *Photos (repérées au fil des pages par les initiales de leurs auteurs) :* CDT : Comité Départemental du Tourisme - PC : Philippe COLLANGE - L/CC : LARA/CAMPAGNE-CAMPAGNE - BL/CC : B. LIGHTSTEIN/CAMPAGNE-CAMPAGNE - M/CC : MURIOT/CAMPAGNE-CAMPAGNE - M/CDT : Roger MOSS/CDT SD : Sophie DEBALLE - Sda : Sophie DAUWE - JG/S : Jacques GUILLARD / SCOPE - JPG : Jean-Pierre GILSON - CR : Catherine RABEUF - PS : Pierre SAMIN - DT : Daniel THIERRY - FV : François VAUBOURG. Documents p. 75 aimablement fournis par M. DEFENTE, du musée municipal de Soissons.

● *Photocomposition :* Sylviane BARTHOMEUF.

● *Mise en pages P.A.O. :* Myriam BACH - Marylin GALVAING.

● *Photogravure :* MAGE, Clermont-Ferrand.

● *Couverture :* VICE-VERSA, Clermont-Ferrand.

● *Impression :* REIX, Clermont-Ferrand.

■ **Montage de l'opération, coordination générale et direction de collection** : Christian TIJOU.

■ Cette opération a été réalisée avec la participation financière du Conseil Général de l'Aisne, de l'Union Européenne (FEDER), et d'un autofinancement de Chamina.

Archipel et sentier

-Photo M/CC-

des rivières de l'histoire

par Yves-Marie Lucot

“La tour du troupeau ! Je vois dans le ciel les cinq tours de la cathédrale de Laon avec leur couronne de bœufs ! C'est aux pieds de cette grande Vierge dont la vue s'étend jusqu'à la mer que les ancêtres de ma mère avaient enraciné leur humble vie ! Paul Claudel,” «Le cantique des cantiques».

« Je suis le bœuf de Laon et mon pâturage est le ciel. »

Ô l'ami qui chemines, prends ici le temps d'écouter le vent. C'est le dernier des pèlerins du temps jadis à caresser les roses de Picardie, roses de verre et de pierre sculptées, mais aussi filles de la pluie et de l'azur, si hautes sur les cathédrales et les abbayes qu'on ne sait plus parfois qui ment à l'histoire des hommes des parvis. Qui ment en effet de ce ciel où les quatre saisons ripaillent dans la même journée, ou de ces légendes des saints tressant des dentelles minérales aux fantômes d'une chevalerie qui ne reviendra jamais de Jérusalem ? Ce mensonge-ci engendre les plus beaux voyages.

*Yves-Marie LUCOT journaliste et écrivain, a créé en 1992 l'agence de presse YML et collabore à ce titre au quotidien (*La Voix du Nord - La Voix de l'Aisne*). Il est également correspondant de presse de plusieurs supports* (Autrement dit, Le Magazine Littéraire, Pays du Nord, Agir en Picardie *et* L'Aisne *-le magazine du Conseil général de l'Aisne-) et auteur de neuf livres* (L'Aisne découverte, Au pays de La Fontaine, La vallée de la Marne...).

«Je suis le bœuf de Laon et mon pâturage est le ciel.» Vois là-haut dans la mâture de la cathédrale, sur la butte de Laon que les voyageurs du XVIIe siècle ont surnommée «belle-île en terre», capitale de l'Aisne, au centre exactement de ce territoire de longues vallées, vois ces seize bœufs scellés au-dessus des hommes de bonne volonté, parce que les bovins, pourvoyeurs des pierres de la grande maison sur la colline céleste, ont accompli sans craintes, sans doutes, sans pleurs, les commandements de Dieu. Ami qui chemines et as beau dire d'autres histoires parce que tu viens de loin, fais-toi à l'idée que dans l'Aisne, entre l'Oise scintillante et la Marne onctueuse, les arêtes vives de la pierre, les paysages changeant tous les trente kilomètres, les rivières et les canaux, les innombrables monuments, les brisées de l'Histoire à chaque invasion recommencée, te feront douter d'où tu viens. L'Aisne, c'est le pays de la diversité, à l'instar de l'Europe agricole et urbaine qui la cerne tant ici les terres, les villages, les clochers, les forêts, les arts et les métiers ouvrent de chemins différents.

La maison de Paul Claudel à Fère-en-Tardenois. -PC-

Et ces différences, qui en appellent à l'intelligence du pèlerin, à une réflexion sur soi-même et à l'érudition des livres et des vitraux, constituent paradoxalement l'unité axonaise. Mais voyons dans le détail.

L'unité axonaise

L'Aisne appartient à la Picardie avec l'Oise et la Somme. Sa situation géographique, entre le Nord et la Région parisienne, en fait sinon un pays de contrastes affirmés, du moins un camaïeu de petites régions aux civilisations assez clairvoyantes pour ne jamais s'enclore complètement dans leurs traditions. Voici, du nord au sud et d'ouest en est, le Vermandois, la Thiérache, le Chaunois, les monts du Laonnois, le Marlois, le Soissonnais, une tranche du Valois, l'Orxois, le Tardenois, la vallée de la Marne et la dent ocre de la Brie d'Esternay.

En connais-tu beaucoup, toi l'ami qui chemines en France, de ces pays du nord que les pauvres d'esprit imaginent enconfiturés l'année durant dans les mélasses de la pluie et qui pourtant, à la loupe sous leurs ciels de traîne, ressemblent aux mystères des portulans ? Dis, en connais-tu beaucoup ? Se souvenant des récits familiaux du pèlerinage à la Vierge noire de Liesse enchâssée aux confins du pays Laonnois et du Marlois, c'est l'impression qu'en avait Paul Claudel, natif de Fère-en-Tardenois. Il évoquait dans son âme d'enfant l'étrangeté du périple d'une vallée de l'Aisne à l'autre, qui «prenait l'importance des voyages de Marco Polo». Pour y avoir situé précisément *l'Annonce faite à Marie*, *l'Otage* et *Jeanne au bûcher*, jamais le Claudel ambassadeur de France aux États-Unis et au Japon, académicien, ne renia son plateau natal du Tardenois. Si revêche à la main tendue de l'étranger et si dur au gain de l'ouvrier, il est encore parsemé de géants de grès, donc de légendes, d'ombres et de lumières, et par conséquent d'immobiles et grands voyages.

D'un coup de tocsin ou par un coureur à pied empruntant des raccourcis d'agriculteurs, chaque région du puzzle axonais prévenait la vallée suivante des razzias de la soldatesque de tout acabit, depuis les Francs de Clovis à Soissons jus-

QUATRE PAYSAGES TYPES DE L'AISNE

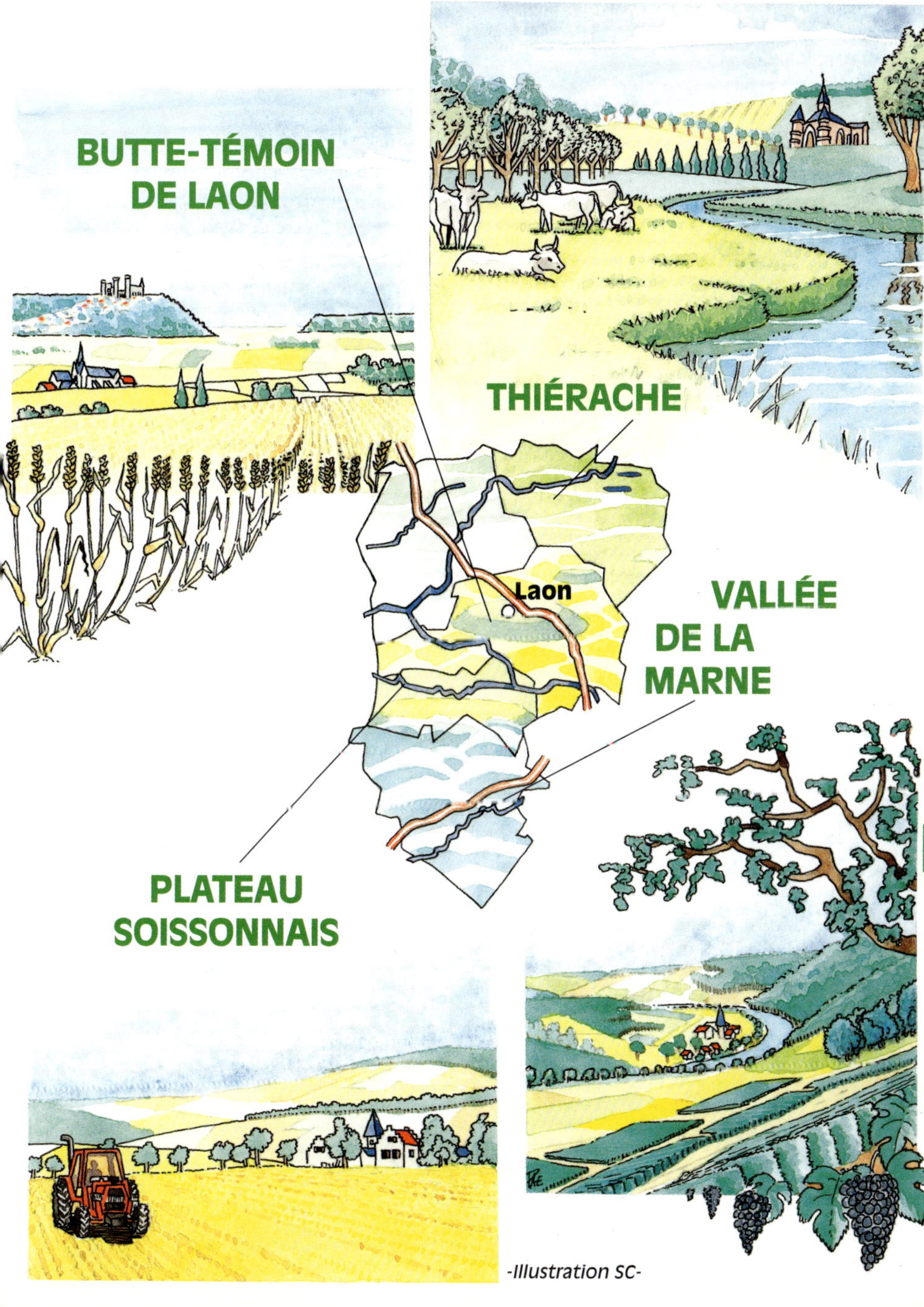

-Illustration SC-

Le vallon du Val Secret près de Verdilly. -DT-

qu'aux exactions allemandes de 1944. N'avertissait-elle pas de la sorte de son repli chez ses voisines instinctivement hospitalières ? Chaque microrégion de l'Aisne murmure son propre langage paysager, urbain et économique. Toutes, possédant un peu des qualités et des défauts des autres, sont solidaires d'un territoire départemental à la fois nordique, thiérachien, champenois, ardennais, picard, francilien, briard. Toutefois point trop ne faut de cette solidarité des terroirs si elle n'a pas lieu d'être. On n'est bien que chez soi dans les champs emblavés et les bois communaux dont on tutoie la grive, le chevreuil, le sanglier, le cerf, le renard, la buse et maître corbeau sur son arbre perché...

Pourtant l'Europe du Nord descendant en petits appareils de nuages clairs obscurs et, l'été venu, en camping-cars et en caravanes a laissé s'y répandre des cantilènes d'Italie toscane au bord des rivières, de landes écossaises dans les abbayes en haillons, de Flandre aux pignons des hôtels particuliers du Vermandois, de Hollande le long des canaux, d'Espagne dans les massives églises de Thiérache jadis assiégées par les troupes de Charles Quint, et des légendes du Rhin dans les fortifications et les forêts de Valois, de Saint-Gobain, du Nouvion...

L'Aisne, c'est l'Europe buissonnière

C'est le cartable de l'écolier, le «grand chosier», aurait dit Alexandre Vialatte, au fond duquel voisinent une boîte d'aquarelle, des silex, des plumes de faisan, des églises, des châteaux, des palais, des forteresses, des écrivains, des peintres, des rois et de puissantes industries agroalimentaires ?

Étranges images de l'Aisne en effet sur le livre des leçons de choses quand à la nuit tombée, aux périphéries des cathédrales et des collégiales gothiques, les sucreries modernes, nourries des norias des camions de betteraves, ressemblent à des vaisseaux de *Star Trek* illuminés dans la vapeur d'eau et arrimés à la terre. Obstinément, ces images mêlant l'ancien et le moderne, le spirituel et l'industriel, ont séduit aussi bien les précurseurs de l'impressionnisme et les paysagistes fauves que les alchimistes de l'abstraction à l'instar de Camille Corot dans le Soissonnais, Léon Lhermitte dans la vallée de la Marne, Maurice Utrillo en Orxois, et Robert Delaunay ou Max Ernst dans le Laonnois.

Un tableau de Léon Lhermitte (peintre de la vallée de la Marne), conservé au musée La Fontaine. -PC-

Rivière près de Saint-Simon. - DT/CDT-

À la croisée des routes et des rivières

En 1877, Robert Louis Balfour Stevenson, le futur auteur de *L'Île au trésor*, s'aventura à descendre l'Oise en canoë depuis Hirson jusqu'à la frontière avec le département de l'Oise et plus loin jusqu'à Précy au-delà de Creil. Le jeune écrivain à la recherche d'une vie de bohémien, transcenda son voyage dans *En canoë sur l'Escaut, la Sambre et l'Oise*. Il décrivit une rivière singulièrement exotique, semblable aux jungles rouges et ocre d'une Asie inventée et qui pousserait inlassablement le voyageur vers Paris, la Seine et leurs nouveaux mondes. Toutefois le canoteur dut convaincre de la légitimité de son périple des autochtones soupçonneux avec le charlatan débarquant du cours enchanté de la rivière. Mais, dans ce soupçon, dont l'écho n'a pas totalement disparu au cœur des vallées axonaises maintes fois passées au fil du sabre de cavalerie, veillait une certaine curiosité pour l'étranger. A beau mentir qui vient de loin !

Le récit de Stevenson laisse à l'Aisne une impression d'insularité comme si le département était encerclé de territoires uniformes. Au nord-ouest, une grande partie du département s'accroche aux plateaux picards du Santerre. À l'inverse, le nord-est frotte son bocage contre les vallées flamandes de l'Escaut et de la Sambre, et la profondeur automnale des Ardennes, puis contre les escarpements fortifiés de la botte royale du Hainaut à Bouillon ou à Chimay. Car là-bas, au nord-est, dans la forêt de Saint-Michel en Thiérache est tapie la frontière franco-belge irriguée par les vieux chemins de la contrebande de tabac et de cassonade. D'un seul tenant du nord au sud, l'Aisne effile ses 170 km pour planter sa dent d'ours dans le coin oriental de l'Île-de-France, contre l'Oise et le département de la Seine-et-Marne, et servir ainsi par la vallée de la Marne, les plateaux du Tardenois, de l'Orxois et de la Brie d'Esternay, d'avant-poste ou d'avant-garde – tout dépend de l'Histoire en marche –, à la Champagne viticole de la Montagne de Reims et des coteaux d'Épernay.

Handicap ou avantage que cette diversité de paysages axonais dans une France qui aime les identités

L'Ourcq canalisé près de La Ferté-Milon. -DT/CDT-

fortes ? Pour l'heure, les fléaux de l'Histoire et le génie des bâtisseurs font pencher la balance pour un pays de cocagne mâtiné d'amertume à cause des amputations dramatiques accomplies par les guerres modernes et des préjugés actuels de Français sur ces pays de la France septentrionale (Picardie, Champagne-Ardenne et Nord Pas-de-Calais) qu'ils croient être à jamais les sentinelles ensanglantées de l'Europe émergeant du chaos des empires en 14-18. Et tintinnabule l'écho du tocsin, tandis que s'allument les feux de la Saint-Jean.

En 1790, les députés qui assemblèrent l'Aisne la rivetèrent aux marches de Paris. Ils tinrent surtout compte, pour l'intérêt de la nation, des capacités de l'Aisne agricole, forestière et giboyeuse, à fournir en grandes quantités grains, bois, tourbe, viande, fruits et munitions. Du coup, 817 communes marquettent le département. Pays de cocagne, assuré-je plus haut, parce que sa densité communale vit du maillage des rivières coulant d'est en ouest et des grandes routes commerciales filant du sud au nord.

Les régions axonaises sont ratta-

Au fil de l'eau

Dans un village où coule l'Aisne, naguère les prés étaient couverts de cerisiers. Les villageois louaient un saint qui protégeait leurs arbres. Or, un jour de l'an mille, il gela à pierre fendre. Les cerisiers éclatèrent sous l'impact du froid. Les villageois, découvrant leurs arbres d'abondance tordus sous la glace, hurlèrent de colère contre leur saint qui n'avait pas accompli son travail. Et de fait, une procession tumultueuse le tira de l'église pour le précipiter illico dans la rivière.

Mais il ne se noya pas. Il flotta et courut au fil de l'eau. Il navigua la journée entière. Puis à la tombée du soir, sur le pont d'un autre village où les paysans préparaient la veillée, on l'aperçut filant sous les saules. Ce fut une clameur. Ici, l'hiver avait tué les miséreux et s'en prenait maintenant aux payeurs d'impôts. On priait jour et nuit afin qu'un saint vint éclairer la communauté. Et soudain : nulle doute, les prières étaient exaucées.

chées entre elles par les réseaux hydrographiques de l'Oise, de la Serre, de l'Aisne, de la Somme, de l'Ourcq et de la Marne. Il s'agit de 4 500 km de cours d'eau et d'autant de circonvolutions de chemins qui surfilent ces longs couloirs d'invasions doublés à présent du réseau des grands canaux. Les voies d'eau bivouaquent à Château-Thierry, La Ferté-Milon, Braine, Vailly-sur-Aisne, Soissons, Chauny, Saint-Quentin ou Guise aux carrefours d'axes routiers avalant et montant de Paris à Bruxelles, à Londres ou à Anvers, et de Calais à Dijon, à Francfort ou à Zurich. Dans les vallées vertes, avec leur lourd limon, les rivières ont déposé les métiers cheminant avec l'Histoire. Ainsi le métal arriva en Picardie vers l'an 1000, venant d'Allemagne par les vallées de la Meuse et de l'Escaut, instituant l'avènement d'un nouveau personnage, le «fève», ou le forgeron du village. Les routes, quant à elles, ont apporté les distributions du commerce, les administrations et les représentations de l'État.

Dans l'Aisne, la civilisation est montée des rivières, à l'instar des premiers agriculteurs européens, ces magdaléniens qui, il y a six mille ans, chassés des rives du Danube par les pénétrations orientales, se sont enfin installés au bord de l'Aisne à Cuiry-lès-Chaudardes. Cinq mille ans plus tard, les agriculteurs ont conquis l'étage du calcaire, celui du front des plateaux creusés par les rivières. Ils en ont extrait la pierre blanchâtre et ont construit ce qu'on voit aujourd'hui dépasser des remparts à Guise, à Vervins, à Laon, à Coucy-le-Château, à Saint-Gobain, à Soissons, à Neuilly-Saint-Front, à Château-Thierry. À tout point de vue, dans ce département d'eaux vives dont les crues centennales rappellent les urbanistes à l'humilité, les rivières activent l'Histoire, et bien au-delà de l'Histoire, le fondement même des peuplements axonais, voire les croyances qui les ont accrochés au feu d'un ermitage, au mystère d'un monolithe, à la jouvance d'une source et à la générosité d'un gué. Une anecdote des contes axonais en dit long (lire encadré ci-dessous).

Selon la légende, qui est née de sa part de vérité, la rivière a transmis la statue en transformant sa signification. C'est le génie de l'adaptation à

N'était-ce pas un signe de Dieu que ce saint flottant sur l'Aisne et qui venait à point nommé ? Tous y crurent. Personne ne se posa la question de savoir pour quelle raison un saint de bois naviguait dans le courant. Sur les berges, on le poursuivit avant de le repêcher au bord d'un gué. Alors, sur un baldaquin de gui, ses sauveteurs le ramenèrent au village. Dans l'église on le sécha, on le peignit et on l'habilla de pourpre avant de l'honorer dans une grande bénédiction. On lui choisit le nom du jour. L'été suivant, au village, le blé abonda comme les naissances. Et bien plus en amont sur la rivière, les cerisiers au printemps fleurirent plutôt deux fois qu'une...

Dessins : -SC-

À droite : Mézy-Moulins, une église gothique dans la vallée de la Marne. -DT/CDT-

d'autres paysages, mœurs et inventions. Et dans l'Aisne d'essence romane, les voies navigables transmettront l'extraordinaire pensée technique et spirituelle du gothique, une pensée toujours cheminante après chaque conflit et chaque épidémie. Ici, pour tracer la croix, de La Capelle à Viels-Maisons et de Vic-sur-Aisne à Montcornet, le gothique fut bien plus qu'un art, d'abord militaire, puis religieux attestant à présent dans l'Aisne d'un patrimoine considérable du fait du développement des ordres monastiques à partir du Xe siècle. Avec l'art gothique dont chaque village, du moins pour celui que la Grande Guerre a épargné, est le récipiendaire ont voyagé les livres et les sciences. Connu à son avènement sous le nom *opus francigenum*, le gothique est caractérisé par la voûte d'ogive. Ses premières utilisations recensées remontent au Xe siècle en Angleterre. Les Normands de Guillaume le Conquérant le propagèrent en Picardie en remontant les rivières Marne, Aisne et Oise.

Détail de la façade de l'hôtel de ville de Saint-Quentin. -PC-

L'envolée gothique

L'Aisne puise encore une grande partie de ses spirituelles énergies dans cette ascension du gothique. Favorisé dès le XIe siècle par l'essor économique de la Picardie et de la Champagne, qui a transformé peu à peu l'économie de subsistance en une économie d'échanges, de marchés et de grandes foires interrégionaux, le gothique exploita au maximum les audaces de la voûte d'ogive et de l'arc brisé, complétées par l'arc-boutant. Il n'est que de se laisser envoûter par l'harmonie urbaine et l'équilibre des volumes des églises de Royaucourt-et-Chailvet dans le Laonnois, de Missy-sur-Aisne surplombant la rivière, de Mézy-Moulins au beau milieu

de la vallée de la Marne ou de l'abbatiale Saint-Yved de Braine au sud-est de Soissons. De cet ancien mausolée royal des comtes de Dreux, les voûtes s'envolent véritablement vers la lumière dans une inexplicable jeunesse de l'élan, huit siècles après leur construction. Il n'est qu'à écouter encore Auguste Rodin, qui, un soir de mystique angoisse, s'était laissé enfermer dans la cathédrale de Soissons, considérée par les spécialistes comme le chef-d'œuvre du premier gothique : «Il n'y a point d'heure dans cette cathédrale ; il y a l'éternité. La nuit n'y met-elle pas plus d'harmonie que le jour ? » Par cette révélation de la quatrième dimension, celle de l'art, et, incluse dans l'art, celle de l'harmonie de l'ensemble, garante de la confiance en l'homme et de la paix des hommes, commence la relation du sculpteur, transi dans sa nuit soissonnaise et qui poursuit : «Tous les rois de France sont dans cette ombre, dans cette tour majestueuse...»

Laon. -PC-

“Les fantômes d’innombrables armées errantes”

Rodin a ressenti la prééminence de l'Histoire, ici, sous la pierre voûtée d'ogive de ces contrées sillonnées de chemins romans et gothiques. Au seuil de leurs abbayes rayonnantes en Europe avant la Révolution – Vauclair, Foigny, Saint-Vincent, Saint-Jean et Saint-Martin de Laon, Prémontré, Longpont, Saint-Médard et Saint-Jean-des-Vignes de Soissons, Saint-Michel en Thiérache, Bohérie, Saint-Nicolas-aux-Bois, puis sous les murs de leurs hôtels-Dieu, musées, usines, châteaux, sous-préfectures, mairies et églises –les contrées axonaises sont hantées par les fantômes d'innombrables armées errantes. Elles ont bataillé de l'Oise à la Marne pour changer le destin des monarques ou de la foi, et plus tard en 1794, 1814, 1914, 1917, 1918, 1940 et 1944, pour éradiquer le monde des stratèges et des fous. En 57 avant Jésus-Christ, sur l' Aisne, *flumen Axonam*, les Belges sont écrasés par des légions commandées par Jules César. L'épisode fait entrer la rivière et les pays qu'elle irrigue dans un monument littéraire des civilisations antiques : *Commentaire de la Guerre des Gaules*. À Haudroy, près de La Capelle, le 11 novembre 1918 à 11 heures, le clairon Cellier sonnait le cessez-le-feu de l'armistice dans une froidure grasse qui donnait aux vareuses noirâtres des plénipotentiaires allemands des allures de bure de pénitents.

Ces fantômes d'armées ensoleillées par les victoires sont pareils aux sept soldats de granit rouge figés en 1935 par le sculpteur Paul Landowski dans une éternelle attente du sacrifice au sommet de la butte Chalmont près d'Oulchy-le-Château. En présence d'un spectre comateux – est-ce la Mort ou bien une autre guerre à venir ? – après les batailles victorieuses de 1918, ces sentinelles d'aviateur, de sapeur, de mitrailleur, de bleusaille, de grenadier et de colonial humant les quatre horizons de la civilisation européenne qui avait tant promis aux hommes des cathédrales de Laon, de Soissons, de Noyon, de Senlis, d'Amiens, de Beauvais ou de Paris.

C'est une impression presque suffocante d'un peuple de laboureurs et de tisserands affublés de l'uniforme, privés de sommeil et de paix par les invasions, un peuple de bâtisseurs laborieux qui a versé à la nation bien plus que le sang qu'elle a exigé de lui. Alors, ami qui chemines, il faut te dire que sur chaque sentier que tu arpenteras dans l'Aisne, un jour – mais lequel, dans quel siècle et sous quelle bannière ? – des soldats sont passés, ont couru, tranché, chargé à la baïonnette. Des millions d'hommes au XIXe et au XXe siècle y ont perdu leur vie de paysan, d'ouvrier, de fonctionnaire, d'avocat, d'ingénieur ou d'instituteur afin que toi, le cheminant, cueilles en toute liberté les roses de pierre et de verre de Picardie, de Valois, d'Ardenne et de Champagne. S'il te plaît, ami qui chemines, bois un peu de ce vent de l'Aisne qui a subjugué les poètes, de Gautier de Coincy à Guillaume Apollinaire. Il a le goût du travail accompli dans les règles de l'art malgré l'Histoire.

Les Fantômes, *groupe sculpté de Paul Landowski. -PC-*

Poilu à Vorges. -JPG/CDT-

Cuiry-lès-Iviers. -JG/S-

THIÉRACHE

L'église de Burelles. -PC-

LA THIÉRACHE, QUE DE MYSTÈRES DERRIÈRE LA HAIE !

Yves-Marie LUCOT

La Thiérache ressemble à une petite Normandie plus accidentée et plus forestière. Depuis le nord-est du département de l'Aisne entre La Capelle, Guise, Hirson, Aubenton et Marle, elle s'étend jusqu'à Avesnes dans le Nord, saute la frontière belge à Macquenoise dans la forêt de Saint-Michel et empiète sur l'Ardenne. Curieux voyage sur trois régions françaises et deux pays de l'Europe économique. Voici le haut pays des haies vives, à vocation herbagère, constellé de prairies et de pâtures sur la ligne de partage des eaux des bassins de la Seine – l'Oise n'y prend-elle pas sa source ? – de la Meuse, de la Somme et de l'Escaut. Son nom, **Teracia sylva,** ***que l'usage a affiné en «Thiérache», témoigne de l'immense forêt qui jadis recouvrait cette contrée verte et bleue, hantée de légendes sylvestres et aquatiques. C'est un pays doux à l'œil dans ses échiquiers de vertes vallées ponctuées de clochers d'ardoise aux bases fortifiées.***

Le bocage de Thiérache fleure le lapin au cidre et la flamiche au maroilles. On y respire les eaux courantes, les truites argentées, les terres mouillées, les bois coupés, les briques, les chevaux, le lait et ces granges de guingois conçues pour le battage du grain en hiver et transformées à présent en remises à tout faire. Elles vont avec leurs torchis et les pommiers centenaires noyer leur vieillesse dans les méandres des rivières et des rus si nombreux en Thiérache : la Brune, la Blonde, le Huteau, le Vilpion, le Ton, Le Noirieu, l'Iron, la Vieille Sambre...

Dans les villages typiques, comme à Dohis, à Plomion ou à Parfondeval, des fermes à cours ouvertes sont construites sur deux côtés, dont l'un forme le pignon sur rue. Les toits sont à pans coupés, et les murs, du côté des pluies dominantes, sont tapissés de planches à clin. Un pigeonnier couronne les porches fermiers. Il revendique toujours sur le droit féodal aboli la nuit du 4 août 1789 la revanche du paysan maintes fois brimé. Qu'on se le dise en randonnant dans ce pays de rebelles d'autant que, si près de la frontière et comme l'explique le musée de la Vie rurale et forestière de Saint Michel en Thiérache, chacun peut fouler les chemins de contrebande où, jadis – mais il n'y a pas si longtemps – les «fonceuses», les

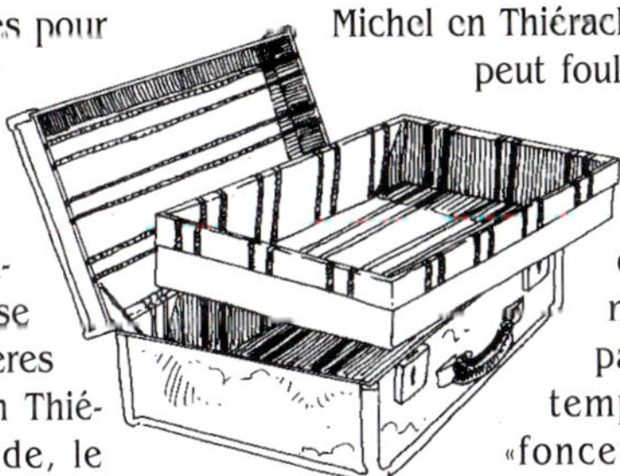

Valise de contrebandier à double fond. -SC-

Les circuits de ce secteur ont été conçus par l'ONF, le SMDT (mission tourisme), avec l'aide des quatres Communautés de communes de Thiérache et des partenaires associatifs locaux.

Spécialités du terroir. -M/CDT-

Aux environs
de La Capelle. -SD-

femmes de Thiérache passaient sous le nez des gabelous le tabac belge, la cassonade, les aiguilles, les armes...

L'hippodrome international de La Capelle, pouvant accueillir 2 500 spectateurs, est doté d'une piste de courses de trot unique en Europe. -PC-

Le Nouvion, La Capelle, Hirson, Guise, Vervins, Marle, Aubenton, Montcornet... la Thiérache possède maintes capitales de petites Thiérache plus ou moins herbagères. Le damier arbustif, arborescent, d'arbres émondés ou de buissons intercalaires est la bannière de ce pays d'élevage, de petites exploitations que garrottent les quotas laitiers de l'Europe agricole. La haie n'est pas le moindre des mystères de Thiérache. Parsemée de gros charmes têtards s'extrayant de la brume matinale, elle lui confère les arcanes d'un monde d'enchanteurs, de fées, de sorciers et d'artisans avares de mots. La haie tressée durant l'hiver par le «ployeû», selon une technique singulière de pliage des branches, tient encore son rôle de réserve : elle produit du petit bois en clôturant les pâtures, en découpant précisément le parcellaire des notaires et en abritant les jardins et les arbres fruitiers du rasoir des vents, des ondées et des crues centennales. Hélas, la mise en culture des parcelles l'efface maintenant. Il n'est pour veiller sur les haies thiérachiennes que ces donjons rouges de colère qui têtent le ciel d'une girouette effarouchée. Les églises de Thiérache – près d'une centaine – ont été transformées en forteresses de terroirs aux XVIe et XVIIe siècles.

Chaque village est le siège d'une de ces fertés populaires. Dans ce pays de quetschiers et de pommiers cidricoles, la guerre des princes, depuis les Anglais jusqu'à Napoléon, a sans cesse contraint les communautés villageoises à la solidarité. Jadis, dans le quadrilatère Guise, Vervins, Hirson, Aubenton, contre les mercenaires espagnols, les lansquenets des impériaux et les soudards de Louis XIV rapinant le pays, chaque paroisse fortifia son église, le seul bâtiment en dur du village. Chacun cotisa en vivres et monnaies pour avoir droit d'asile dans un donjon massif protégeant la nef, le transept et le chœur. La Thiérache est toute émaillée des ces églises de brique, de silex et de pierres blanches, percées d'archères, flanquées de tourelles, d'échauguettes, munies de mâchicoulis, d'assommoirs et de bretèches. Ces donjons imprenables en disent long sur l'énergie du paysan à rebâtir sans cesse son rectangle de haies giboyeuses (voir PR 2 et 4).

Pigeonnier
en Thiérache. -PC-

LE CYCLE DU CIDRE THIÉRACHIEN

Dans les fermes de Thiérache, la distillation du cidre reste un art très délicat. Il y a d'abord le brassage, qui permet le mélange des variétés de pommes. «Huit douzièmes de douces, trois douzièmes d'amères et un douzième d'acides.» Les fruits sont broyés dans un moulin à pommes mû manuellement ou à l'aide d'un moteur. Puis vient le cuvage, qui laisse macérer six à douze heures les râpures dans des fûts de bois ou des cuves en plastique.

À la presse hydraulique ou au pressoir à vis centrale, le cidrier extrait le jus de la mixture. Un deuxième pressurage du marc, le «remariage», est effectué le lendemain. Le jus brun est mis en tonneaux préalablement «éclis» (étanchéisés et séchés à l'air). Deux à huit jours après se forme le chapeau brun, le coagulum, une compote qui monte en surface en entraînant les matières azotées, des levures, des microbes et des moisissures. Une autre partie des composants, la lie, se précipite au fond du tonneau. Le liquide intermédiaire, qui est limpide, doit être soutiré. C'est la «défécation», opération de filtrage délicate exigeant un savoir-faire d'exception.

Par la suite, le moût clair est versé dans des tonneaux fermés. Sous l'action des levures, la fermentation transforme le sucre en alcool. Au cidrier de surveiller activement le gaz carbonique et la densité en pesant le cidre ! La durée de fermentation varie en fonction de la quantité de sucre. Les jus les plus sucrés fermentent trois à quatre mois. Enfin, le cidre, prêt à être bu, est versé en bouteilles ou en fûts.

-PC-

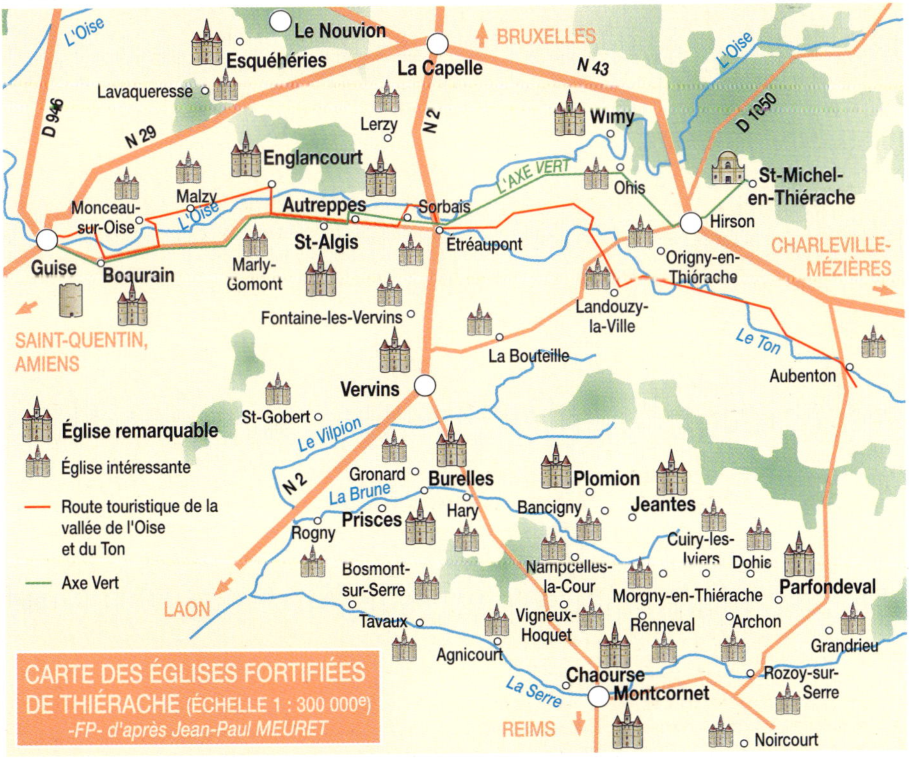

CARTE DES ÉGLISES FORTIFIÉES DE THIÉRACHE (ÉCHELLE 1 : 300 000e)
-FP- d'après Jean-Paul MEURET

Niveau : très difficile.
Difficultés : dénivelées importantes, nombreuses côtes sur terrain humide entre La Fourcière (variante) et Gd-St-Lot.
Variante : entre **6** et **9**.

D Du café de Lerzy, en face de l'église fortifiée ; prendre la direction de La Capelle. Tourner à gauche et suivre le GR 22. **1** En haut de la côte, à la sortie de Lerzy, tourner en épingle sur la droite, et à gauche 50 m plus loin. **2** Traverser la D 1730 et poursuivre **(vue sur le bocage)** jusqu'au Corbion (passage entre deux fermes) puis descendre à travers bois. **3** Virer en épingle à gauche. Remonter la côte en sous-bois jusqu'à la ferme de La Rue-Maillard. **4** Là, virer à droite. Poursuivre sur le chemin, qui devient un sentier herbeux 200 m après ; le suivre en lisière du bois et remonter jusqu'à la route qui mène à droite à Sorbais. Devant le monument aux morts, continuer vers la mairie en face de l'église, puis emprunter la ruelle de l'ancienne école (fléchage «Axe Vert»). **5** Emprunter l'Axe Vert à gauche sur 1,5 km environ ; longer un terrain de football sur la gauche, puis la rivière sur la droite, jusqu'à l'intersection avec la N 2 à Étréaupont. **6** **Variante possible par La Fourcière : à Étréaupont, après 50 m sur la N 2, prendre à droite direction Gergny sur 50 m, puis à gauche pour emprunter un chemin herbeux contigu à un grand hangar. Après le sous-bois, prendre à droite en haut du chemin, poursuivre sur 800 m. En bas du chemin, avant le petit pont de Gergny, prendre à gauche la petite route qui devient un sentier herbeux jusqu'à la route ; prendre à droite sur 50 m et descendre au virage suivant dans le petit chemin en face. Franchir le ruisseau et remonter vers la droite dans le bois. Au calvaire, tourner à droite sur un chemin en forte pente. À la sortie du bois, remonter vers Gergny par un chemin caillouteux. À l'intersection suivante, prendre la route jusqu'au point 9.** Traverser la route et suivre le fléchage «Axe Vert» dans la rue sur 200 m. **7** Quitter l'Axe Vert à l'entrée de Gergny par le chemin à gauche, traverser la D 31, rejoindre l'église. **8** Poursuivre par la rue et le chemin en tournant deux fois à gauche. **9** Emprunter la route sur 500 m. **10** Prendre le chemin sur la droite en direction du Grand-Saint-Lot. **11** Reprendre à gauche. Traverser la départementale, poursuivre dans le chemin en face. Franchir le ruisseau puis remonter jusqu'à la N 2. **12** La traverser, poursuivre tout droit ; à la borne jaune, prendre à droite pour rejoindre Lerzy.

La Thiérache est le pays de l'herbe, des terres humides et des eaux courantes. -PC-

Au cœur de la Thiérache, entre l'hippodrome de La Capelle et l'Axe Vert, chemins creux et sentiers sont bordés de belles haies arbustives ou ployées. Du Chant-des-Oiseaux et du Corbion, la vue est large sur le bocage et les prairies luxuriantes, favorables à l'épanouissement des frisonnes pie noir dont le lait sera transformé en maroilles. Chaque village traversé – Lerzy, Sorbais et, au confluent de l'Oise et du Ton, Étréaupont – est à découvrir pour son patrimoine.

5 h 30

balisage jaune et noir

15,5 km

▼ 123 m - ▲ 213 m

Du bocage au maroilles

C'est dans ce pays d'herbe et de vaches, aux parcelles encore séparées par des haies vives, qu'est produit le fameux maroilles, «le plus fin des fromage forts».

Le maroilles est un fromage de lait de vache à pâte molle et à croûte lavée non fleurie, comprenant au minimum 45% de matière grasse, de la famille des pont-l'évêque et munster, qui a obtenu l'AOC en 1976.

Dès le VIIe siècle, l'abbaye de Maroilles donnait mission aux paysans de transformer en fromage le lait de la Saint-Jean (24 juin) pour le jour de la Saint-Remy (1er octobre).

Le maroilles est fabriqué en trois étapes : après coagulation, le caillé, obtenu par un savant contrôle de la température et de l'acidité du lait, est placé dans des moules régulièrement retournés. Ces fromages sont salés par frottement, puis par immersion dans une saumure, afin d'obtenir la croûte. Le «maroilles blanc» est alors mis au séchoir où pourra se développer une moisissure bleue de type *Penicillium*, qui va neutraliser l'acidité du fromage. Débleuis, c'est-à-dire brossés avec de l'eau légèrement salée, les fromages sont descendus en cave pour un affinage de 3 à 4 mois. Le gris, ou vieux-lille, est un dérivé du maroilles dont l'affinage a favorisé la poussée du «gras».

Voir et savoir ★ Axe Vert et vallée de l'Oise • bocage de Thiérache ♣ motte féodale d'Étréaupont † église fortifiée de Lerzy • église et chapelle de Sorbais • église et oratoire d'Étréaupont • oratoire et lavoirs de Gergny ▣ moulins de Lerzy • ancien hospice de Sorbais (actuel centre de séjour rural) et moulin de Pierre-Prez ▣ Lerzy ⬢ mur d'escalade à Étréaupont ▲ bois des Coquereaux.

Infos pratiques ⬢ tronçon commun avec l'Axe Vert de **5** à **6** ●●● variante de **6** à **9** ◒ produits locaux à la Vallée des Cerfs et à Lerzy.

A proximité ⬢ hippodrome international de La Capelle • Vallée des Cerfs ✳ de Mont-d'Origny sur la vallée de l'Oise † église fortifiée remarquable d'Autreppes • église de Mont-d'Origny.

Le maroilles, du caillé à la fermentation : c'est la qualité du substrat géologique des caves qui oriente la fermentation caractéristique vers cette belle croûte rouge.

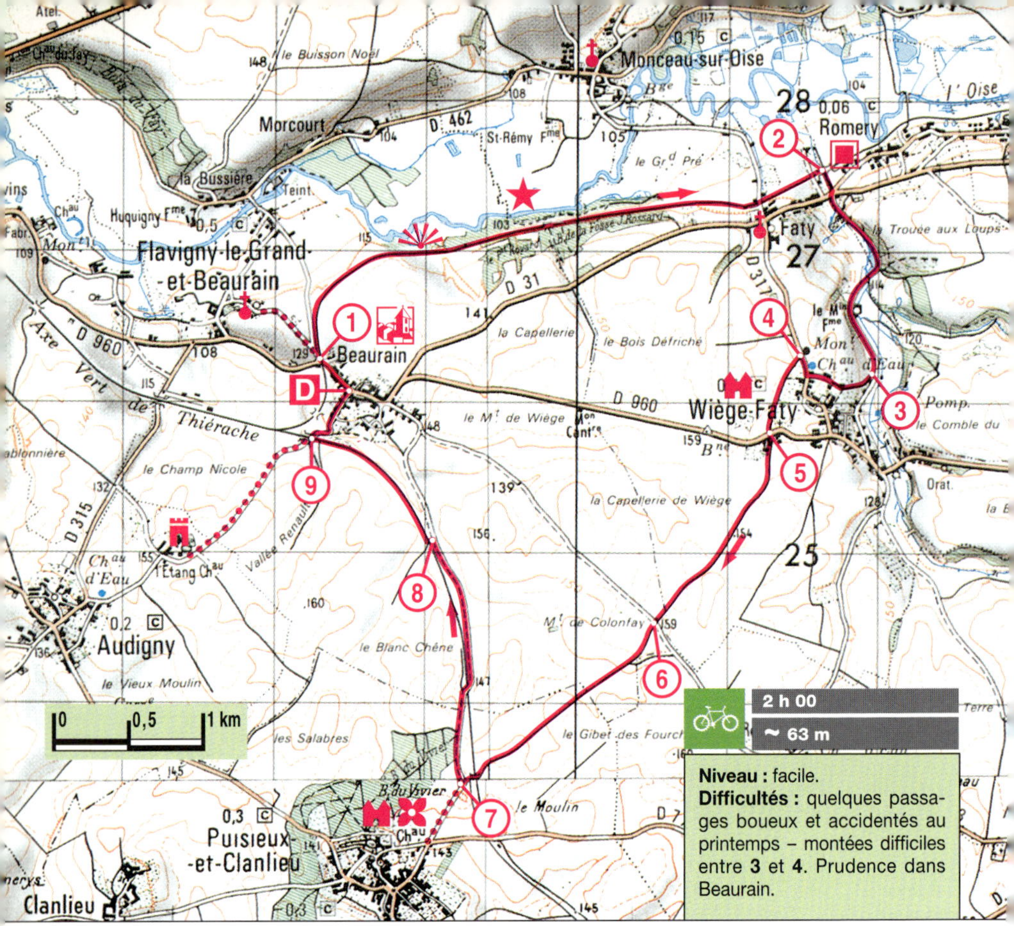

2 h 00

~ 63 m

Niveau : facile.
Difficultés : quelques passages boueux et accidentés au printemps – montées difficiles entre **3** et **4**. Prudence dans Beaurain.

D Place du village à Beaurain. Emprunter la D 960 sur 500 m jusqu'à l'Axe Vert de Thiérache. **1** Suivre l'Axe Vert **(vue sur la vallée de l'Oise)** sur 3,5 km jusqu'à l'entrée de Romery. **2** Après un petit pont, prendre à droite jusqu'au croisement de la D 31. La traverser, et suivre la direction de Wiège-Faty. Rejoindre l'entrée de Wiège à 1,5 km. **3** 200 m après le moulin de Wiège, quitter la route pour monter, à droite (rue Bonette), un chemin bordé de sapins. Poursuivre dans ce chemin herbeux, puis caillouteux jusqu'au château d'eau (château sur la gauche) ; reprendre à droite la D 317 sur 50 m. **4** Bifurquer à gauche à 90° juste avant le monument aux morts pour suivre un chemin herbeux. **5** Traverser la route et continuer dans le sentier à droite d'une ferme. **6** Traverser le chemin caillouteux, monter sur le talus et continuer entre les champs, dans la plaine. **7** Après le pont ferroviaire, prendre à droite à l'intersection et suivre la direction de Romery **(hors circuit vers le château de Puisieux par le centre du village : 1,2 km AR)**. Longer l'ancienne voie ferrée. **8** À 2 km, prendre à gauche à l'intersection et passer la voie ferrée, reprendre à droite et suivre le chemin entre cultures et arbres. **9** **Hors circuit pour voir l'ancien château de L'Étang (ferme) : 2 km AR.** Après le virage, se diriger vers un pont ; la petite route mène aux premières maisons fleuries de Beaurain.

Fortement endommagée par la guerre de 14-18, l'église de Beaurain a été restaurée. Son donjon est, avec celui de Saint-Algis, un des plus gros de la région. -PC-

LA VALLÉE DES AGNEAUX

FLAVIGNY-LE-GRAND-ET-BEAURAIN ■ ROMERY ■ WIÈGE-FATY

2

4 h 00

balisage jaune et bla

12,5 km

▼ 103 m - ▲ 160 m

Au départ de Beaurain, village fleuri dont l'église fortifiée est isolée sur une hauteur, le circuit emprunte un temps l'Axe Vert, offrant de jolies vues sur la vallée de l'Oise et, au loin, sur le château des ducs de Guise. Tout au long du parcours, habitat traditionnel, moulins et pigeonniers mettent à l'honneur le savoir-faire des bâtisseurs, qui ont su employer aussi bien la brique, la pierre que le torchis.

De la brique aux églises fortifiées

Légère, facile à remplacer, la brique a trouvé un emploi évident dans les châteaux forts (le bastion de Guise en compte près de 250 millions !) et les églises fortifiées, où elle amortit l'impact des obus en s'écrasant, quand le grès casse et se disloque. Périssable, surtout en ces terres humides, elle demande à être rejointoyée régulièrement, ce qui en fait ressortir toute la flamme. Certains villages développent moult astuces pour jouer des formes et des couleurs entre le rouge des briques et le noir des ardoises. Pilées, les briques se mêlent au bitume des routes ; vitrifiées, elles dessinent dans les murs des motifs anciens.

En regard de la vallée de l'Oise, l'église fortifiée de Beaurain dresse, à l'entrée de sa nef unique, un gros donjon de grès et de brique. Le chœur est flanqué de deux tourelles d'angle décorées d'élégantes arcatures. Elle ne se visite pas, mais on observera, dans le dessin de ses murs, l'armorial des Guise. Orientées de façon stratégique, les meurtrières guettent l'entrée du cimetière, la route du village et le château de Guise. Ces églises fortifiées furent la réponse des paroissiens à l'insécurité chronique née des divers affrontements entre la France et ses voisins, germaniques ou espagnols, du Nord, aux XVIe et XVIIe siècles, quand les mercenaires razziaient et vivaient sur l'habitant.

Devant le château de Puisieux s'ouvre un parc à l'anglaise conçu au XIXe siècle, que dominent un séquoia, un très beau cèdre de l'Atlas, ainsi qu'un noble hêtre pourpre. C'est à l'arrière du bâtiment que le contraste est le plus saisissant, avec son parterre à la française reproduisant le plan du château. On y trouve un «jardin bleu» (hibiscus, campanules et hydrangeas), une «chambre méditerranéenne» faite de plantes aromatiques encadrées de fleurs à couper et une « chambre des roses » où s'enroulent, en motifs circulaires, des Ispahan, des Boule de neige, des Cuisse de nymphe ainsi qu'une rare collection de rhododendrons : les Souvenir du Congo, Anah Kruschke ou Docteur Djenbs, ainsi que des Iceberg blanc, la seule variété de cette espèce à dégager un parfum.

Voir et savoir ★ Axe Vert et vallée de l'Oise • églises fortifiées de Beaurain (12e-16e s., remarquable) et de Faty (16e s.) • moulin de Wiège-Faty (privé, du 12e s.) • fontaine, pigeonnier du 18e s. à Romery et lavoir 1860 (hors circuit à 800 m) • village fleuri de Beaurain • château (privé, de style néogothique) de Wiège-Faty • château de Puisieux • château de L'Étang, privé (ferme), hors circuit • jardins du château de Puisieux hors circuit.

Infos pratiques ●●● hors circuit vers Beaurain, Puisieux et l'Étang • tronçon commun avec l'Axe Vert de Thiérache de 1 à 2.

A proximité • église fortifiée de Monceau-sur-Oise (16e s.) • château de Guise • familistère Godin (voir p. 129).

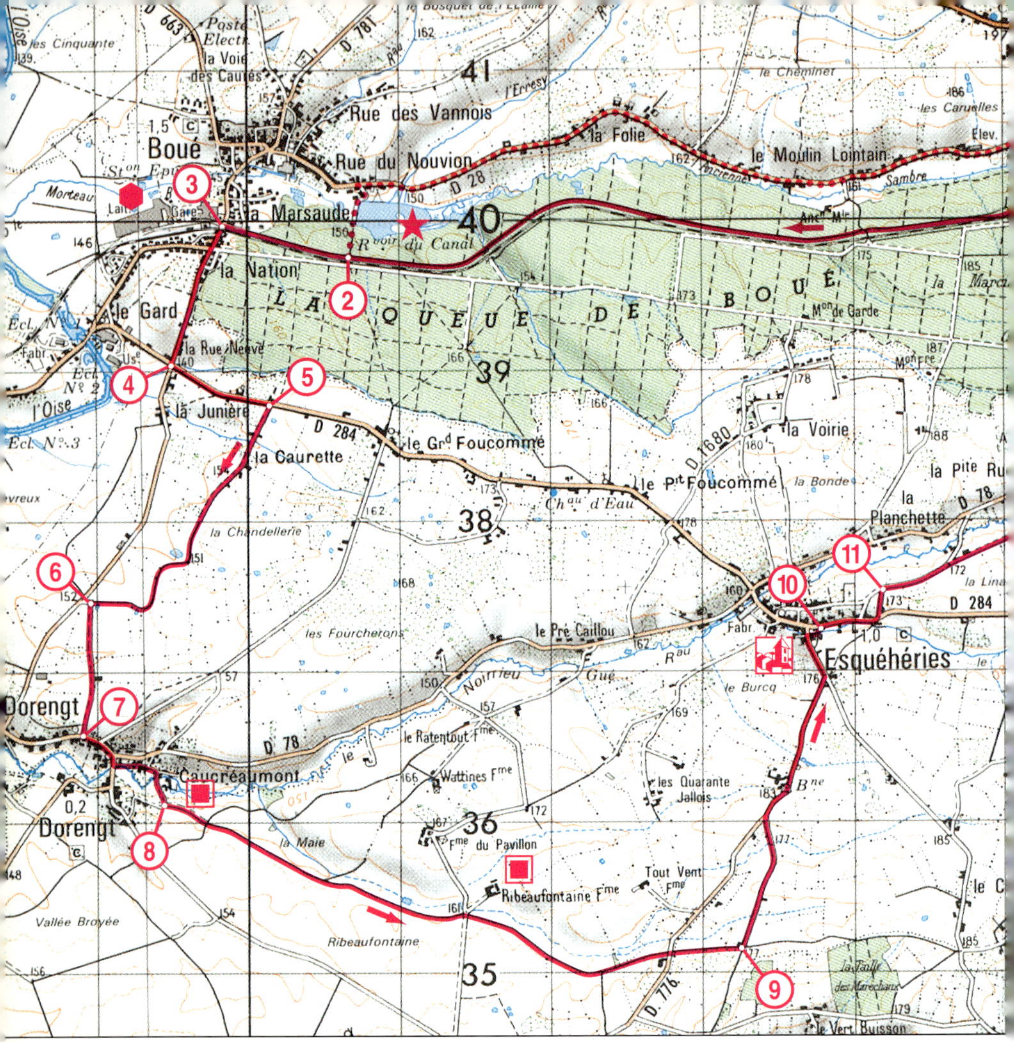

L'accès à l'Axe Vert entre 1 et 2 est impossible en période de chasse. De plus, l'ouverture de ce tracé, prévue pour juillet 1997, pourrait être retardée. Dans ces deux cas, l'impossibilité d'accès momentanée sera mentionnée sur des panneaux. Prendre alors la variante décrite ci-dessous. **D** Du parc de l'Astrée (parking). En sortant du club house, se diriger à gauche vers l'ancienne voie ferrée. **1** La suivre en direction de Boué. **2** Longer un étang, continuer tout droit. **3** Prendre à gauche la D 781 en direction de La Neuville **(ancienne gare et usine Materne en face)**. **4** Au stop, tourner à gauche, passer sur le pont, direction Esquéhéries (D 284). **5** À la troisième ferme, prendre à droite vers La Caurette. La route devient un sentier en pente douce. Passer sous la ligne à haute tension. **(À gauche, vue sur le clocher de l'église de La Neuville.)** **6** Avant la D 781, tourner à gauche sur un chemin qui rejoint l'église de La Neuville. **7** Tourner à gauche rue du Calvaire et dépasser le monument aux morts. Virer à gauche, rue Caucréaumont. Reprendre à droite la rue du Moulin, pour traverser le ruisseau du Noirieu. **8** Emprunter à gauche le GR 122 ; on traverse deux routes. **(Vue à gauche sur la ferme de Ribeaufontaine.)** On rejoint une ferme. **9** Quitter le sentier, tourner sur la petite route à gauche puis tourner à droite (plantation de peupliers). Continuer vers Esquéhéries à la fourche (à gauche). **10** Sur la place d'Esquéhéries, se diriger vers Buironfosse, à droite. Au calvaire, monter à gauche. **11** Au terrain de football, continuer à droite dans la courbe, puis encore à droite. **12** À la ferme de Sarrois, descendre la petite ruelle entre la maison et le hangar. En bas, dans le vallon, franchir une passerelle. Remonter le sentier caillouteux jusqu'aux premières maisons. Déboucher sur la D 78. Au stop, tourner à droite sur la D 28. À 200 m, au stop (café), prendre à gauche la D 26. **13** Au château, prendre l'allée Henri-d'Orléans. Passer l'étang et le camping. À la fourche, prendre à gauche pour retrouver le parc. **Variante : en D, se diriger à droite vers le terrain de basket. Dans le virage, quitter la route par la gauche, longer la forêt. À l'intersection, prendre à gauche le chemin en côte. Au Nouvion, passer le pont et virer dans la ruelle à droite (chapelle). 250 m après, emprunter la ruelle à gauche, déboucher sur la N 43 ; traverser Le Nouvion, prendre à gauche. À l'entrée de Boué, passer le pont, prendre à gauche, longer l'étang et rejoindre le point 2.**

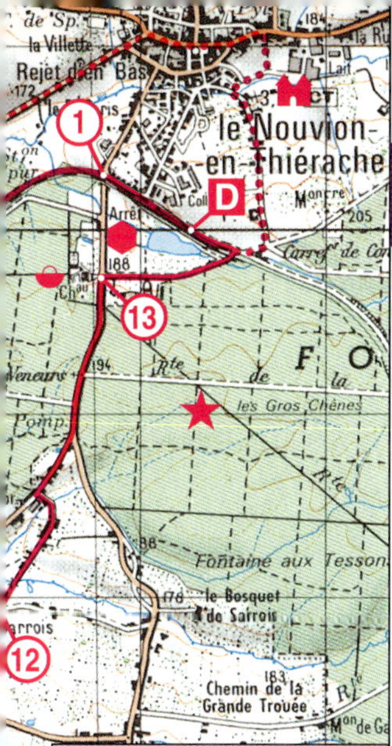

LA MARCILLETTE

LE NOUVION-EN-THIÉRACHE ■ ESQUÉHÉRIES ■ DORENGT ■ LA NEUVILLE-LÈS-DORENGT ■ BOUÉ

3

Accessible à tous, cette longue boucle à VTT passe en forêt du Nouvion, la Queue-de-Boué, puis revient, par le beau village d'Esquéhéries, à la base de loisirs de l'Astrée.

Circuit VTT

3 h 15 | **23 km**

~ 108 m ▼ 135 m ▲ 191 m

Balisage jaune et noir

Niveau : facile, circuit roulant.
Difficultés : quelques passages boueux.
Variante : par la D 28 entre **D** et **2** (obligatoire en période de chasse).

L'Astrée. On peut prolonger la journée au parc de loisirs de l'Astrée, au Nouvion-en-Thiérache : swin golf, bowling, baignades dans le lac de Condé, pêche et promenades dans la forêt du château de Leschelles, propriété du comte de Paris (ne se visite pas).

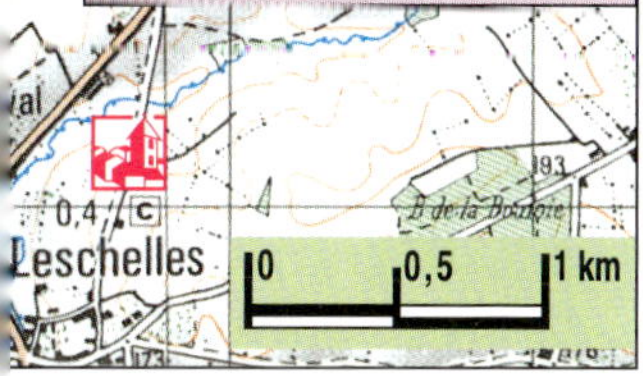

La folie douce

Dans le paysage gourmand et agricole, la Thiérache se distingue par ses productions de pommes et de fruits rouges, par la vitalité de ses petits producteurs aussi. Outre le maroilles, le cidre et le jus de pomme, le fin du fin dans ce répertoire gourmand réside dans la Folie douce, un apéritif non pétillant qui titre 15° d'alcool. Il est issu d'une vieille tradition familiale de vins de fruits, où le raisin est remplacé par un mélange de fruits rouges : groseille, fraise, framboise, cassis, mûre, plus la rhubarbe. Une production de près de 10 000 litres par an est distribuée directement aux consommateurs. Si l'alimentaire en Thiérache se décline avant tout dans une production artisanale (entreprises de moins de dix employés), l'industrie n'en est pas moins sérieusement implantée. Le groupe Materne, à Boué, travaille les fruits, et essentiellement la compote de pommes ; non loin, Nestlé s'est centré sur la transformation du lait, tout comme la fromagerie Bongrain, qui fabrique, en plus du maroilles, le fromage Belle-des-champs.
Les producteurs du pays voudraient aujourd'hui créer un label «Produits de la Thiérache».

La Folie douce, apéritif de fruits rouges. -PC-

Voir et savoir ★ forêt du Nouvion • réservoir du canal de la Sambre à l'Oise ✝ église fortifiée remarquable d'Esquéhéries (16e s.) • 3 calvaires ▣ moulin à eau et fontaine en **8** • ferme fortifiée de Ribeaufontaine ▲ Esquéhéries ▲ château du Nouvion (où naquit le comte de Paris), de brique et de pierre, du 19e s. ⬢ base de loisirs de l'Astrée • usines Materne et Nestlé à Boué.

Infos pratiques ● Folie douce à La Chapelle-Jérôme • foie gras on **13** : comté de Lalouzy

A proximité ▲ Leschelles : château (privé, fin 18e s.) • grange reconstituée • habitat (brique et ardoise) ▲ chênes séculaires en forêt du Nouvion.

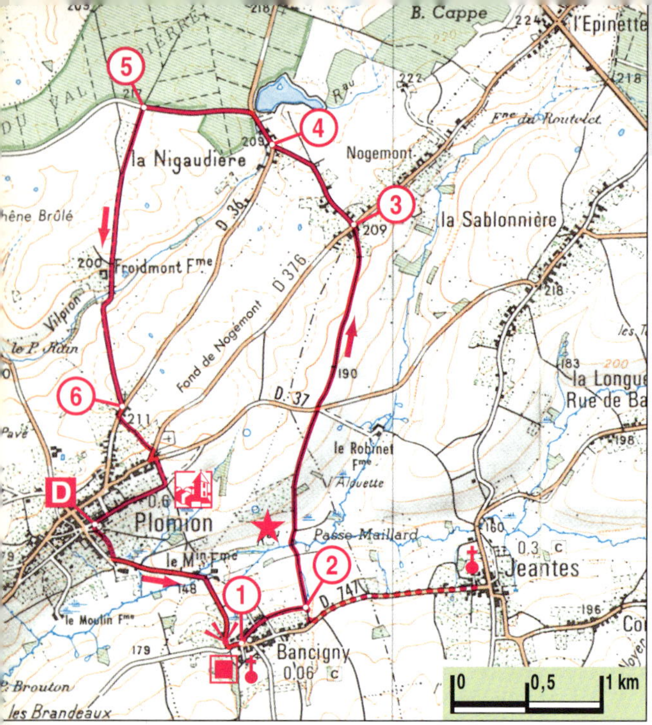

1 h 30

~ 122 m

Niveau : facile, circuit roulant. **Difficultés :** montée raide entre **2** et **3** – descentes abruptes après **6**.

Voir et savoir ★ bocage de Thiérache ✝ églises fortifiées remarquables de Plomion (16e s.) et de Jeantes (hors circuit), avec peintures murales et vitraux de Charles Eyck (1962) • église de Bancigny ■ halle en bois du 19e s., maisons du 18e s. et lavoir à Plomion • colombier-porche et moulin à Bancigny Plomion bois de Plomion.

4 - LA NIGAUDIÈRE

D De la place de Plomion. Prendre dans la descente un sentier herbeux à droite de l'église, puis prendre à gauche et poursuivre sur la D 747 jusqu'à Bancigny **(vue sur Plomion)**. **1** Prendre le chemin à gauche de l'église de Bancigny. **2** À l'intersection suivante, prendre à gauche vers La Nigaudière **(hors circuit vers l'église de Jeantes : 3 km AR).** Attention en traversant le ruisseau. Remonter le chemin caillouteux, traverser la D 37 et suivre le sentier en face. **3** Franchir la D 376 ; au calvaire, continuer en face vers Nogemont. **4** À l'intersection de la D 36 (calvaire), prendre à droite en direction du camping de La Nigaudière. À 200 m de l'entrée du camping, contourner le terre-plein et pénétrer dans le bois de Plomion par la route forestière fléchée. **5** À 800 m, au relais de chasse, prendre un chemin à gauche. Dépasser la ferme de Froidmont, le petit pont puis le château d'eau. **6** À la croix de Jérémie, tourner à droite, puis à 40 m à gauche. À l'intersection, prendre la route de Plomion sur 50 m puis le sentier à droite du calvaire. Regagner Plomion.

L'église de Plomion compte 42 meurtrières, qui permettent des recoupements de tir ne laissant aucun angle mort, avec des protections renforcées autour des portes. -SDa/CDT-

L'église fortifiée de Plomion

La Thiérache ne compte pas moins de 66 églises fortifiées. Véritables forteresses, ces constructions qui mêlent le religieux et le militaire sont nées de la volonté des paroissiens, au XVIe siècle, d'organiser leur survie face aux guerroiements et aux razzias incessantes qui ravagaient alors le pays.

Ces églises révèlent une architecture militaire et stratégique particulièrement efficace, autant comme bases défensives que comme postes de tir. Les tourelles d'escalier flanquent le donjon qui jouxte le transept, lequel protège le chœur ; des bretèches et des mâchicoulis surplombent chaque point faible. On trouve même, au donjon de Plomion, des meurtrières dont l'angle de tir est orienté vers l'intérieur de la nef, au cas où la défense de celle-ci aurait été percée ; ou cet autre dispositif original, l'assommoir, qui contrôle l'accès à la salle de refuge haute.

L'espace des églises fortifiées se répartissait généralement comme suit : en état de siège, le lieu du culte devenait l'endroit où se

LA NIGAUDIÈRE / LA CASCADE DE BLANGY

PLOMION ■ BANCIGNY — **4**

HIRSON — **5**

La première boucle permet de découvrir Plomion, qui regroupe ses toits d'ardoise autour d'une puissante église ; un hameau autrefois siège d'un comté important, Bancigny, et le plan d'eau de La Nigaudière. Tout près d'Hirson, la boucle de Blangy mène à une belle cascade avant de revenir le long de l'Oise naissante.

4	5
3 h 00	2 h 15
jaune et bleu	jaune et bleu
10 km	8 km
▼ 148 m	▼ 170 m
▲ 217 m	▲ 220 m

5 - LA CASCADE DE BLANGY

D Du terrain de football d'Hirson. Emprunter le chemin à gauche. Se diriger vers le gymnase. Franchir la passerelle jusqu'au petit parc. Quitter le parc en face de la salle colombophile en laissant à gauche le musée. Se diriger vers le tennis ; franchir le pont puis bifurquer à gauche en surplomb de la rivière. **1** Reprendre la route en montant côté droit. Traverser le passage à niveau et quitter la route pour continuer à gauche sur le chemin surplombant la voie ferrée, en direction de la forêt. Après le virage à gauche, rejoindre la route (château d'eau à gauche). **2** Prendre à droite une petite route sur 1,2 km. **3** Prendre le sentier à gauche en forêt, qui descend et traverse un ruisseau. **4** Longer par la gauche l'étang en contrebas, traverser encore un ruisseau. À droite : le camping de La Cascade. À la retenue d'eau, tourner à droite, se diriger vers le petit pont, passer le centre d'hébergement et de canoë-kayak. Passer le petit pont en face. Bifurquer à gauche : le sentier surplombe la cascade. **5** À l'entrée du camping, emprunter la route à gauche. Passer sous le pont ; quitter la route à 60 m pour entrer dans la forêt d'Hirson. Poursuivre sur 1,5 km. **6** À l'intersection de la route nationale, bifurquer à 90° à gauche. Rue Chanzy (DDE sur la gauche), passer le pont sur l'Oise. À la première intersection, prendre à gauche en direction du lycée (centre-ville fléché) ; dans la montée, à 150 m, s'engager à droite pour longer le lycée ; rue du Haut-Ramet, franchir le passage à niveau. Rejoindre le point 2 par l'itinéraire aller.

La cascade de Blangy. -FV-

Voir et savoir ★ cascade et étang de Blangy • Oise naissante ♠ forêt communale d'Hirson • ⬢ aquarellades d'Hirson.

Infos pratiques produits fermiers à Hirson.

A proximité site abbatial de St-Michel : voir p. 33 • ⬢ haras de La Neuve-Forge.

1 h 15

≈ 105 m

Niveau : assez difficile ; pour vététistes expérimentés.
Difficultés : brève montée raide avant **5** – descente abrupte après **3**.

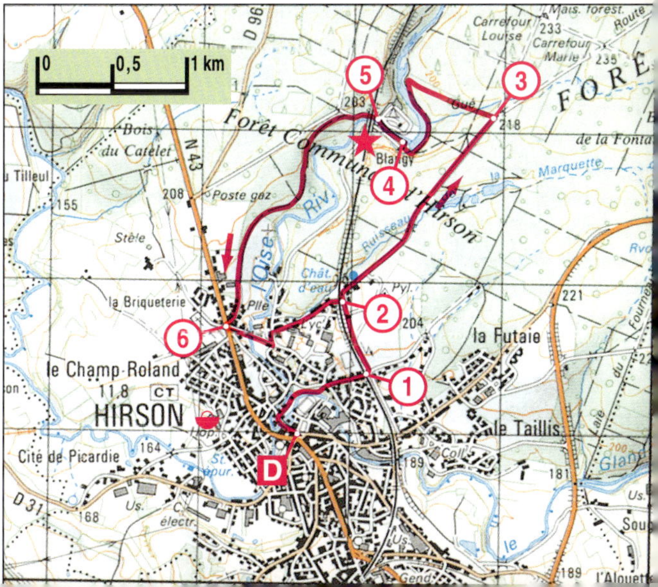

parquait le bétail, tandis que les femmes et les enfants se réfugiaient sous les combles. Le clocher, aménagé en donjon, comprenait des escaliers raides et étroits, et chaque étage avait sa cheminée, pour la chaleur, l'alimentation et la fabrication des munitions, deux ou trois personnes se relayant derrière chaque tireur pour le fournir en fusils chargés.

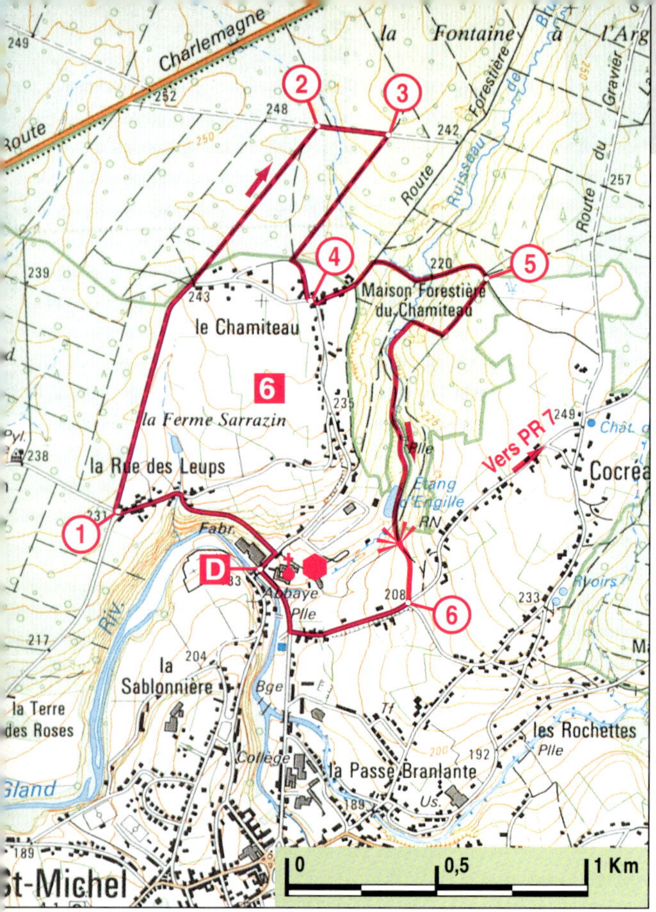

6 - L'ABBAYE ST-MICHEL

D Face à l'abbaye de Saint-Michel. Emprunter la route en direction du Pré-Lorquin. Longer le parking sur la droite et grimper. Surplomber la rivière, puis redescendre. À la fourche, se diriger à gauche. **1** Au croisement, tourner à droite vers Le Chamiteau. Au virage à droite, quitter le chemin pour entrer dans la forêt. **2** Déboucher sur une route forestière, la suivre à droite. **3** Virer à droite sur un sentier descendant en forêt. Passer le ruisseau à gué, monter en face. Sortir de la forêt à gauche, en direction du Chamiteau. **4** Au croisement, tourner à gauche et longer les maisons.

Après la maison forestière, descendre la route se transformant en passage herbeux. En bas, tourner à droite, prendre le sentier entre des sapins. À la fourche, prendre à gauche et passer le ruisseau à gué. **5** En haut, au croisement de sentiers herbeux, descendre à droite, puis longer les sapins avant de redescendre sur la droite et de repasser le ruisseau. Au croisement suivant, tourner à gauche. À 500 m, sortir de la forêt **(vue à droite sur l'étang du Cady Parc et l'abbaye)**. Monter la ruelle pour rejoindre la route. **6** Descendre à droite rue Jean-Jaurès, puis rejoindre l'abbaye.

0 h 45

~ 96 m

Niveau : facile.
Difficultés : deux passages humides entre **4** et **6**. Passages à gué après **5**.

Voir et savoir ensemble abbatial remarquable de St-Michel (du 12e au 18e s.) festival de musique sacrée • musée de la Vie rurale et forestière forêt domaniale de St-Michel.

Infos pratiques espace pique-nique vers **1**.

Les grandes orgues de Saint-Michel

À la lisière d'une forêt de 3 000 ha, aux confins de la France et de la Belgique, l'abbaye de Saint-Michel fut fondée en 945 par des moines irlandais. Ses grandes orgues auront survécu à une révolution, à deux guerres et à deux incendies (l'abbaye en a surmonté cinq !). À la Révolution, l'abbaye est sauvée par l'industrie, qui y installe des ateliers de verrerie et de filature, puis par un orphelinat, une fabrique de chaussures... En 1914, quand tous les intruments du pays sont fondus pour faire des canons, l'exceptionnelle sonorité de l'orgue le sauve. Classé monument historique en 1950, son mécanisme est remis à neuf, et il est une fois encore sauvé de l'incendie, en 1971.

L'instrument fut construit par Jean Boizard et livré en 1714. -PC-

L'ABBAYE DE SAINT-MICHEL / LA FONTAINE À L'ARGENT

SAINT-MICHEL-EN-THIÉRACHE

Au XVIIe siècle, un prêtre vénitien ajouta au chœur gothique des marbres ainsi qu'une façade Renaissance italienne. -PC-

Après ces deux courtes balades en forêt de Saint-Michel, non loin de la frontière belge, on sera libre de consacrer son temps à la découverte du site abbatial, dont la silhouette harmonieuse se dresse, intacte, en contrebas des collines boisées et, si l'on vient l'été, d'assister à un concert de musique sacrée.

6	7
1 h 30	1 h 00
jaune et bleu	bleu
5,5 km	3 km
▼ 183 m	▼ 220 m
▲ 248 m	▲ 257 m

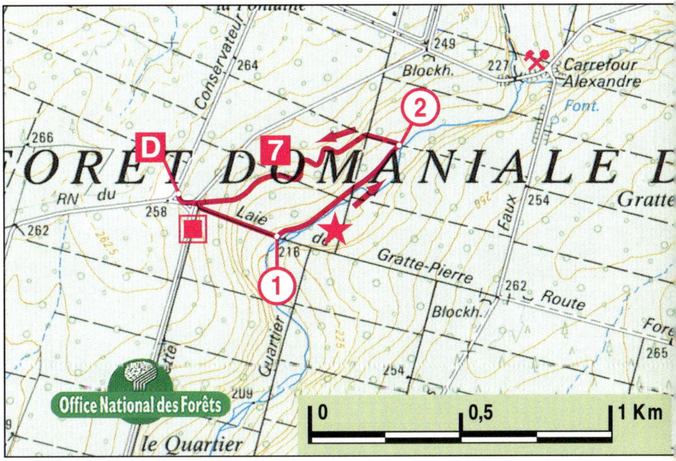

Aujourd'hui, l'abbaye, construite selon un quadrilatère monastique bénédictin conforme au plan de Saint-Gall, voit sa rénovation aboutir au développement d'un important centre de congrès et de manifestations en accord avec la vocation spirituelle du lieu.

Depuis 1984, l'orgue de Boizard est au centre d'un festival annuel de musiques sacrées qui rassemble, la deuxième quinzaine de juillet, près de 5 000 mélomanes venus redécouvrir Couperin, Marchand ou Nicolas de Grigny... Conduit par le Conseil général de l'Aisne et Radio France, ce festival a donné naissance à une collection de CD, sous le label « Tempéraments » (distribution Harmonia Mundi).

À côté, le musée d'ethnographie rurale et forestière présente l'élevage et la gestion de l'herbe en Thiérache, l'exploitation du bois, ainsi que la vannerie de Thiérache, industrialisée entre 1880 et 1930.

Voir et savoir ★ rivière l'Artoise • Fontaine à l'Argent (ancien puits) ♣ forêt domaniale de St-Michel.

A proximité ⚒ carrière Alexandre.

🚲 0 h 30 — ~ 42 m

Niveau : facile.
Difficultés : zones humides entre **1** et **2**.

7 - LA FONTAINE À L'ARGENT

Accès : dans Saint-Michel, prendre la direction de Cocréaumont. Après ce village, continuer sur 1,5 km. **D** De l'aire de jeu de la Fontaine à l'Argent. Traverser le carrefour. Descendre la laie de Gratte-Pierre jusqu'à la rivière. **1** Tourner à gauche en suivant la berge et monter le long du cours d'eau. **2** Tourner à gauche, atteindre la laie Sommière. Virer à gauche à travers bois et regagner la Fontaine à l'Argent.

Cette belle haie vive tressée en voûte relie l'abbaye au musée de la Vie rurale et forestière. -PC-

SAINT-QUENTINOIS VERMANDOIS

Le canal de la Sambre à l'Oise. -PC/CDT-

LE VERMANDOIS, DE L'ART DÉCO DANS LES MOISSONS GÉANTES

Yves-Marie LUCOT

Des quatre horizons, dans la plaine moutonnante du Vermandois, les chemins anciens, que les remembrements agricoles et les tracés d'autoroute n'ont pas effacés, semblent rayonner de la pointe fine de la collégiale gothique (XIIe) de Saint-Quentin. N'est-elle pas devenue basilique au milieu des moissons et des récoltes par un bref pontifical de 1876 ? Sur sa colline, le gréement de ses arcs-boutants à triple volée rappelle le pèlerin à la rigueur de l'ouvrage en toute chose et à la préséance des travaux des champs dont témoignent les moissons de blé au seuil de l'été et l'arrachage des betteraves à sucre à l'automne finissant.

Car ici, nous voici témoins de l'agriculture du XXIe siècle, tant agronomique qu'industrielle, qui utilise maintenant le satellite pour déterminer les dates optimales des récoltes. Quoique contrainte par la PAC à se diversifier et à réintroduire la jachère, l'agriculture du Vermandois, c'est le blé jaillissant. Ces grands plateaux limoneux appartiennent aux greniers de la planète. Des archipels de betteraves à sucre s'intercalent dans ces damiers dorés qui enserrent aussi la pomme de terre, les légumes de plein champ (petit pois, haricots verts, carottes, oignons et épinards) et les oléoprotéagineux (tournesol, colza, maïs-grain et pois protéagineux). Cette agriculture puissante et technicienne épaule la grande industrie agroalimentaire émaillant toute l'Aisne à l'instar de la coopérative Vico, de Panzani, d'Heudebert, de Belin, de la Sopad-Nestlé, de Vandamme-La-pie-qui-chante, de la Générale sucrière, de Materne-Fruibourg, de Bonduelle, de Dutoit...

Val d'Omignon. -PC-

Cependant dans le Vermandois, entre la haute vallée de la Somme, qui y prend sa source, et le ruban vert de l'Oise, qui en forme la frontière orientale vers Guise et Mont-d'Origny, et la frontière méridionale à Chauny, Tergnier et La Fère, les apparences sont trompeuses. Derrière les routes rectilignes et sous les clochers de brique coiffés de béton, des vallons secs dérapent vers des rus poissonneux fréquentés par les martins-pêcheurs, les

Le clocher Arts déco de Vermand. -PC-

Paysage du Vermandois. -DT/CDT-

colverts et les hérons. De petites vallées encaissées entre les collines emblavées cachent des étangs aux berges spongieuses et des halliers giboyeux où se dissimulent les chevreuils, les renards, les faisans et les lapins. Ce sont des courses vagabondes entre les saules et les peupliers, des courses pour explorer ces riviérettes ponctuées de villages reconstruits après la Grande Guerre et dominés par d'étranges églises néogothiques et Arts déco. Il faut monter pour s'en convaincre jusqu'aux sources de l'Escaut au nord du côté du Catelet et des ruines de l'abbaye du Mont-Saint-Martin, jusqu'à celles de la Somme à l'est à Fonsommes, et traverser la discrète et heureuse vallée de l'Omignon, qui mouille Vermand.

D'ailleurs, «Vermandois» est le prolongement de ce village par monts et par vaux, dominé par l'oppidum des Viromandui et hanté de l'ire des turbulents comtes de Vermandois convoitant l'onction royale. Double visage donc, de plaine laborieuse et mécanique et de pays secrets peuplés de gîtes de pêche, de vitraux du XXe siècle et d'arts populaires comme le tissage à Bohain ou la broderie à Beaurevoir. Le diptyque du Vermandois souligne les légendes de la batellerie des canaux de la Somme, de la Sambre à l'Oise et de Saint-Quentin. Ce dernier ouvrage exemplaire relie la Somme et l'Oise à l'Escaut en passant sous le Vermandois à travers deux tunnels, le Grand Souterrain (5 670 m) de Riqueval, équipé d'un spectaculaire touage, et le Petit Souterrain (1 098 m) de Lesdins.

Double visage plus encore dans la ville rouge de Saint-Quentin, autrefois surnommée «la Manchester du Nord», tant ses filatures y ont été nombreuses. Sous des dehors de cité industrielle que le textile nourrit encore et que côtoient des géants comme MBK ou L'Oréal, Saint-Quentin cache un hôtel de ville de style gothique flamboyant qui illustra les billets de la Banque de France, une réserve naturelle au milieu de la ville traversée par la Somme, un surprenant musée d'entomologie, les audaces architecturales de sa basilique dont les hauteurs de voûtes culminent à... 43 m, et, parmi les trésors de l'humanité, la collection des pastels de Maurice Quentin de La Tour au musée Antoine-Lécuyer.

Saint-Quentin fut détruite à 80 % par la Grande Guerre. La reconstruction (1919-1935) des usines textiles, des églises, des centres commerciaux, des ponts, des ports et des quartiers résidentiels y a décliné le style Arts déco. Pour qui veut se don-

Façade de cinéma rue des Toiles à Saint-Quentin. -DT/CDT-

Les circuits de ce secteur ont été conçus par la Communauté de communes du Vermandois et l'ADERMAS.

AU PAYS DU SUCRE ROI

Arrachage des betteraves et traitement industriel. -PC-

À l'automne, sous les ciels de traîne, les engins agricoles alimentent au bord des routes d'immenses tas de betterave à sucre. Les chargements des semi-remorques durent jours et nuits durant deux mois jusqu'à la disparition de la récolte, engloutie par les cinq grandes sucreries-distilleries de l'Aisne fonctionnant à Origny-Sainte-Benoite, à l'ouest de Saint-Quentin, à Marle, à Guignicourt, à Bucy-le-Long et à Vic-sur-Aisne. C'est alors que l'air sent la terre grasse et, aux abords des usines, que se répand l'odeur aigre-douce de la chimie du sucre, que projettent de grandes cheminées. L'Aisne fabrique près de 15 % de la production sucrière nationale. C'est le premier département betteravier de France avec 74 000 hectares emblavés. La saga sucrière a commencé au milieu du XIXe siècle en créant «une culture nouvelle» au triple sens du mot : agricole, industrielle et sociale. D'ailleurs, en 1865, le Vermandois et le Chaunois cumulaient 66 % des terres à betterave axonaises. Aujourd'hui, l'industrie sucrière réalise une mutation technologique et financière. Cependant, quelques chiffres renseignent sur ce règne du sucre qui n'est pas prêt de s'achever dans l'Aisne : en 1994, la récolte départementale atteignit les 5 millions de tonnes, soit 68 tonnes à l'hectare sur la base de 16 % de richesse saccharimétrique. Un record, d'autant que la richesse réelle en sucre de la betterave axonaise varie de 17,3 % à 18,1 %. Ainsi, les agronomes estiment-ils que l'hectare de betterave dans l'Aisne fournit environ 10 tonnes de sucre raffiné.

ner la peine de lever les yeux sur le XXe siècle, Saint-Quentin illustre l'utilisation décorative du béton armé, dont l'église du village de Roupy sur la route d'Ham constitue un chef-d'œuvre du genre.

Les architectes saint-quentinois des années vingt ont créé l'attraction des lignes verticales sur des façades claires, développant les bow-windows, les frises, les motifs de brique contrastés, les mosaïques de couleurs vives comme au buffet de la gare ou à la poste centrale, les vitraux d'atmosphère, l'usage des luminaires élancés, des grilles de fer forgé aux motifs géométriques ou inspirés de l'empire colonial.

Tout un nouveau monde qui allait s'adonner à la vitesse des chemins de fer, de la TSF et de l'aviation...

La masse orgueilleuse de la collégiale gothique de Saint-Quentin. -DT/CDT-

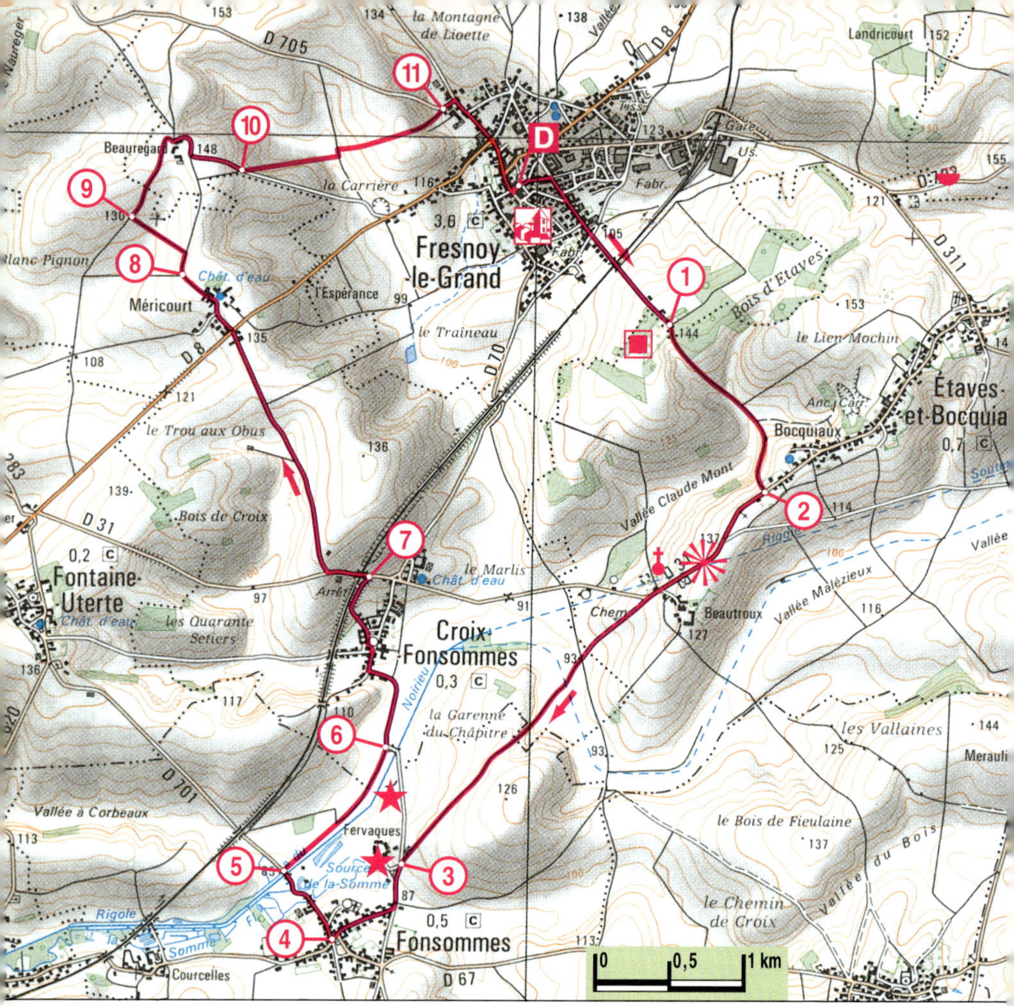

D Place Charles-de-Gaulle à Fresnoy-le-Grand. Prendre la rue des Patriotes. Tourner à droite rue Albert-Meunier, poursuivre rue Joliot-Curie. Passer sur la voie ferrée. **1** Quitter la route et emprunter le chemin de terre en face. **2** Tourner à droite sur la D 31. À hauteur du lieu-dit Beautroux, laisser la route et emprunter le chemin à gauche, tout droit vers Fonsommes **(vue sur la vallée)**. **3** Tourner à gauche sur la D 70 à la hauteur de la ferme de Fervaques, puis à droite vers les sources. **4** Virer à droite sur la D 701. Passer devant les sources de la Somme. **5** Tourner à droite. Longer la rigole du Noirieux. **6** Quitter le chemin agricole, obliquer à gauche vers Croix-Fonsommes. À l'entrée du village, prendre à droite vers l'église. Là, descendre par la route de gauche au bord de la voie ferrée. **7** Tourner à gauche après la gare et traverser la voie ferrée. Prendre la première route à droite en direction de Méricourt. Dans le hameau, continuer sur le chemin de droite. **8** Tourner à droite, puis de suite à gauche. **9** Virer à droite vers la ferme de Beauregard. La contourner par la petite route. **10** Emprunter à gauche le chemin agricole. **11** À l'entrée de Fresnoy, suivre sur quelques mètres la D 705. Tourner à droite rue J.-B.-Charlet. Dépasser les ateliers de La Filandière. Prendre tout droit la rue Gambetta, continuer rue du Général-Leclerc jusqu'à la place Charles-de-Gaulle.

2 h 15

~ 135 m

Niveau : facile.
Difficultés : montées entre **D** et **1** et en **2**, puis entre **7** et **10**.

Voir et savoir ★ sources de la Somme entre **4** et **5** • rigole du Noirieux entre **5** et **6** (alimente le canal de St-Quentin) chapelle en verre (privée) entre **2** et **3** Fresnoy-le-Grand, ancien village de tisserands (maisons avec atelier au sous-sol) ateliers de La Filandière bois d'Étaves en **1**.

Infos pratiques fraises, sirops et confitures de fraises à Étaves.

Les bâtiments de La Filandière (le dernier atelier de ce type) abritent 27 métiers à tisser classés monuments historiques. -SC- ▶

LES SOURCES DE LA SOMME

FRESNOY-LE-GRAND ■ ÉTAVES-ET-BOCQUIAUX ■ FONSOMMES ■ CROIX-FONSOMMES

8

De Fresnoy-le-Grand, ancien village de tisserands, aux sources de la Somme, au pied de l'ancienne abbaye de Fervaques, cette longue balade emprunte chemins et petites routes de la campagne vermandoise. Après Croix-Fonsommes, on remonte progressivement sur le plateau jusqu'à la ferme de Beauregard.

5 h 00
balisage jaune et marron
16,5 km
▼ 85 m - ▲ 148 m

La cité de la maille et de l'émail

La route du textile en Picardie passe bien sûr par le Saint-Quentinois, mais aussi par Bohain et le Vermandois. Implantée localement à Fresnoy-le-Grand, dénommée «cité de la maille et de l'émail» par référence aux entreprises Le Bourget et Le Creuset installées sur son territoire, l'entreprise La Filandière a porté haut sur le marché parisien les couleurs des tisserands vermandois.

La réputation des drapiers de cette région est faite dès le XIIe siècle. Dans les années 1810 à 1860, les fabricants parisiens font tisser à Fonsommes, à Étaves-et-Bocquiaux et à Fresnoy-le-Grand, des châles de cachemire imitant ceux des Indes. Tout ici évoque les belles heures de cette industrie textile. Une collection de catalogues d'échantillons et de motifs de tissus récemment léguée à la bibliothèque de Saint-Quentin prouve la créativité de ces tisserands.

En se promenant dans le bourg, on trouve ici et là des traces de cette activité qui se pratiquait beaucoup à domicile. Les tisseurs installaient leurs métiers dans les caves afin que l'humidité favorise la tension des fils de chaîne en lin. Dans certains villages du Vermandois, on devine encore la présence d'aménagements spéciaux, dénommés «blocu», destinés à éclairer les caves jusqu'à la fin du XVIIIe siècle. En 1834, on dénombrait dans un rayon de 100 km autour de Saint-Quentin environ 50 000 métiers à bras. Mais l'activité textile, saisonnière, n'occupait souvent les tisseurs que l'hiver. L'autre partie de l'année était consacrée aux travaux des champs.

Fonsommes : la source de la Somme

-PC-

Comparée à l'Oise, capricieuse et sujette aux débordements, la Somme fait figure de rivière tranquille. Elle prend sa source au pied de l'ancienne abbaye des religieuses de Fervaques (1 140) dans le petit village de Fonsommes. Autrefois perdue dans un paysage sauvage, la source a fait l'objet d'un aménagement touristique. On la retrouve dans le canton de Saint-Simon (PR 11) avant qu'elle ne franchisse les limites de l'Aisne pour filer vers le département auquel elle donne son nom, et plus loin encore vers la Manche à hauteur de Saint-Valery-sur-Somme, après un parcours de 245 km à travers la Picardie.

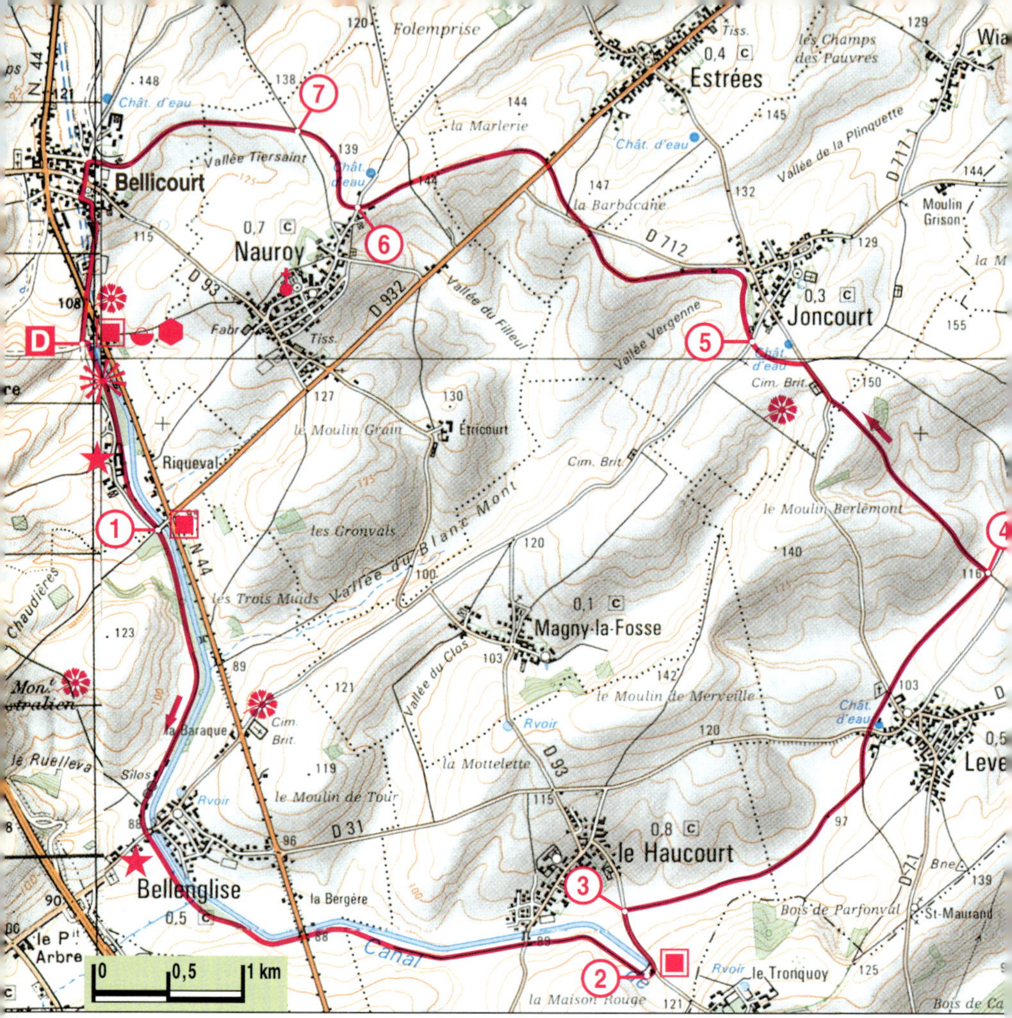

D De la Maison de pays du Vermandois. Emprunter le chemin de Quatre-Mètres en direction du pont de Riqueval **(vue sur le canal).** **1** Descendre au bord du canal et suivre la berge jusqu'à Bellenglise. Passer plus loin sous le pont. **2** Quitter les berges du canal à l'entrée du souterrain. Au-dessus de celui-ci, traverser l'aire de repos et prendre la route à gauche en direction du Haucourt. **3** Tourner à droite après la citerne et suivre le chemin à travers champs. Traverser deux routes à hauteur de Levergies. **4** Au carrefour, tourner à gauche sur le chemin agricole. Poursuivre sur la D 71. Passer devant le cimetière britannique. Tourner à gauche sur l'ancienne voie ferrée. **5** Traverser la route et continuer sur le chemin. Traverser la D 712 et continuer jusqu'à la D 932, que l'on traverse. **6** À hauteur de Nauroy, continuer tout droit en laissant le château d'eau à droite. **7** Couper le chemin allant à la ferme du Bois-de-Cabaret. Entrer dans Bellicourt, tourner à gauche en direction de l'église. Après le cimetière, virer à gauche. Traverser la N 44 (prudence) et emprunter la première route à droite pour rejoindre le parking.

Le musée du Touage à Riqueval. -DT/ CDT-

LES BERGES DU CANAL

9

BELLICOURT ■ BELLENGLISE ■ LE HAUCOURT ■ LEVERGIES ■ JONCOURT ■ ESTRÉES / NAUROY

Le dernier site de touage en France

Emblématique du canal de Saint-Quentin, l'ancien toueur électrique aménagé en musée est implanté en bordure de la route de Saint-Quentin à Cambrai. Dès son ouverture à la navigation en 1810, le canal fut signalé partout en Europe comme une œuvre incomparable. L'objectif était alors de relier par voie d'eau l'Oise, la Somme et l'Escaut. Aujourd'hui encore, le travail de ces hommes qui ont creusé le souterrain de Riqueval (5 670 m) à la demande de Napoléon force le respect. D'autant qu'à l'origine, le halage, qui permet aux péniches de passer le souterrain, se faisait à la force des bras. Les chevaux ont ensuite remplacé les haleurs, avant que des toueurs électriques ne viennent faciliter la manœuvre. Le toueur électrique a été mis en place en 1910. À raison de quatre rames par jour, le toueur, ce bateau-treuil, qui se déplace à l'aide d'une chaîne de 8 km de long, fixée au fond du canal, permet aux péniches et aux bateaux de plaisance qu'il tire dans son sillage de franchir le souterrain. Il se déplace à la vitesse de 2,5 km/h.
Un souterrain plus modeste, de 1 098 m, bâti à hauteur du Tronquoy n'a pas nécessité une telle installation.

Au départ de la Maison de pays du Vermandois et du musée du Touage, on longe le canal de Saint-Quentin entre le souterrain de Riqueval et celui du Tronquoy, avant d'effectuer une large boucle dans la campagne vermandoise, entre des villages voués à l'agriculture et des lieux de mémoire de la Seconde Guerre mondiale.

Circuit VTT

3 h 00	20,5 km
~ 56 m ▼ 90 m ▲ 147 m	
Balisage jaune et bleu	

Niveau : facile.
Difficultés : parcours accidenté (ornières) entre **D** et **2**. Prudence en traversant la D 932 après **5**.
Ce circuit spécifique VTT peut également être parcouru **à pied** en 6 h 30.

Quittant les berges du canal, le circuit passe au-dessus du grand souterrain de Riqueval, d'où sortent à heures régulières des rames de péniches et de bateaux de plaisance, tractées par des toueurs : un spectacle qui mêle histoire et exploit technique. –DT–

Voir et savoir ▣ grand souterrain et touage de Riqueval • canal de St-Quentin • aire de chargement des péniches à Bellenglise • pont de Riqueval en **1** • souterrain du Tronquoy en **2** ⬢ musée du Touage dans un ancien toueur en **D** ❁ blockaus en **D** • stèle commémorative britannique en **1** • cimetière militaire britannique avant **5** ▲ entre **D** et **1**.

Infos pratiques produits locaux en **D** • broderies à Bellicourt.

A proximité ✝ église et temple protestant de Nauroy ▣ rampe impériale de Riqueval (accès par la N 44) ❁ mémorial américain de Bellicourt • mémorial australien et cimetière britannique de Bellenglise.

La ligne Hindenburg.

Autres vestiges d'une histoire plus récente, les blockhaus situés le long des berges du canal appartenaient aux défenses de la ligne Hindenburg. Certains portent encore les traces des violents combats qui se sont déroulés ici. Les monuments commémoratifs sont nombreux sur ce chemin du souvenir. À Bellicourt, le mémorial américain, situé à l'aplomb du canal souterrain, fut érigé à la mémoire des unités américaines qui servirent pendant la Grande Guerre. La carte de la région avec le plan d'attaque des retranchements de la ligne Hindenburg est gravée au dos du monument. Chaque année à l'occasion du Memorial Day (au mois de mai), la nation américaine rend hommage à ses soldats dans le cimetière de Bony.

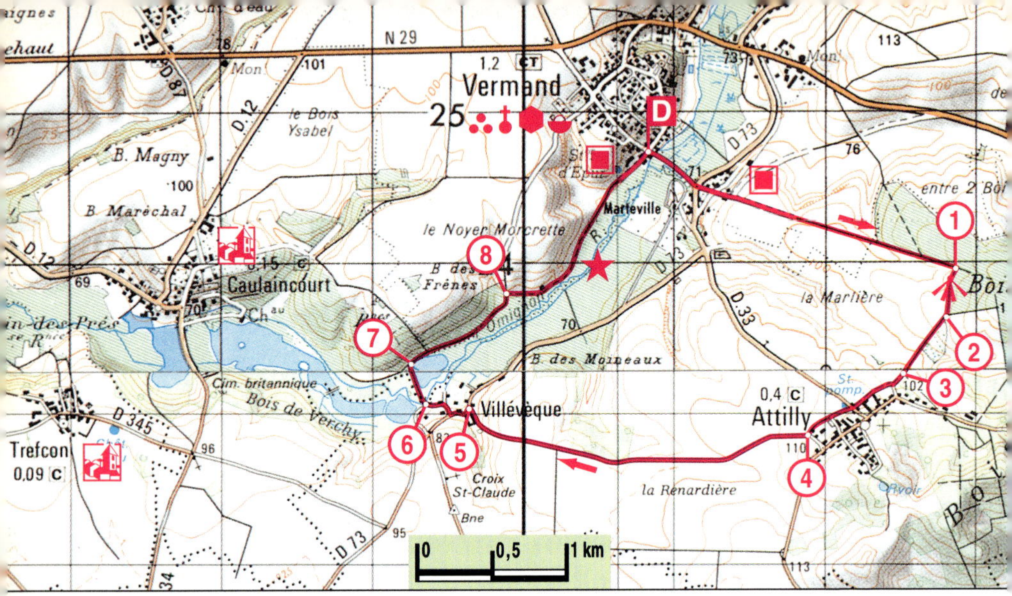

10 - LE VAL D'OMIGNON

D Du centre culturel «Le Moulin» (musée) à Vermand. Se diriger vers Marteville. Traverser la D 73, puis une petite route. Continuer tout droit et s'engager sur un chemin de terre. Longer le bois. **1** Tourner à droite sur le chemin **(vue sur Attilly)**. **2** À l'intersection, s'engager à droite. **3** À l'entrée d'Attilly, longer les habitations sur la gauche. Passer devant le terrain de football. Suivre le chemin jusqu'à la route. **4** Tourner à droite sur la route jusqu'à Villévêque. **5** Au carrefour, tourner à gauche sur la D 73. **6** La quitter avant le panneau d'agglomération en tournant à droite sur une petite route que l'on suit sur 300 m. Traverser l'Omignon et continuer tout droit le long des étangs. **7** Tourner à droite. Longer l'étang, puis un bois de sapins. **8** Laisser le chemin et obliquer à droite en direction de Marteville. Longer l'Omignon pour regagner Vermand.

L'oppidum de Vermand tel qu'il apparaît de nos jours. D'origine celtique mais remanié par les Romains, il fut certainement un camp militaire important. Sa forme se rapproche d'un rectangle arrondi aux angles (450 m sur 350 m). -SC-

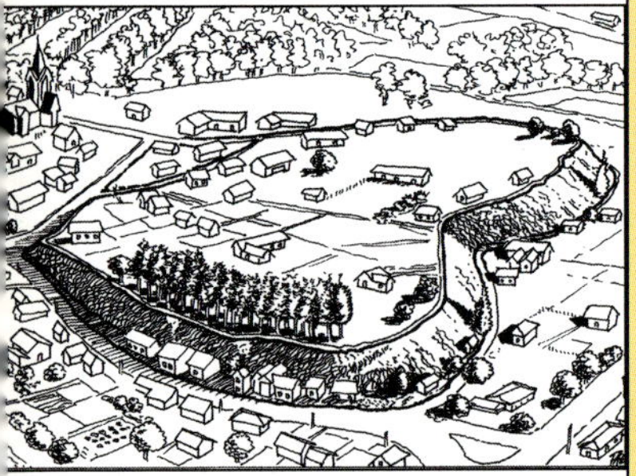

1 h 15

~ 51 m

Niveau : facile.
Difficultés : montée assez raide entre **D** et **1** – passage technique entre **7** et **8**.

Canoë sur l'Omignon

-DT/CDT-

LE VAL D'OMIGNON / FONTAINE

VERMAND ■ ATTILLY

SERAUCOURT-LE-GRAND ■ CASTRES ■ CONTESCOURT ■ FONTAINE-LÈS-CLERCS

10
11

Voir et savoir ★ bords de l'Omignon (rivières et étangs) de **7** à **D** ▣ chaussée romaine entre **D** et **1** • lavoir à l'arrivée ⬢ musée archéologique de Vermand.

Infos pratiques vin de fraise à Vermand.

A proximité oppidum gallo-romain de Vermand église de Vermand (clocher, fonts, vitraux) et chapelle St-Blaise Caulaincourt et Trefcon • ⬢ le Val d'Omignon

«Ch'est l'Omignon qui fait la verte vallée : vallée d'étangs, vallée de bois, villages de verdure, villages de haies», disait en picard ce conteur du Vermandois. Parmi ces villages, Vermand présente de nombreux vestiges. Quant au circuit de Fontaine, il se place sous le signe de l'eau (marais, étang, rivière, canal, halte nautique) et de la botanique.

10	11
2 h 30	2 h 30
jaune et vert	orange
9 km	9 km
▼ 66 m	▼ 68 m
▲ 115 m	▲ 76 m

Le vase «aux oiseaux», verrerie gallo-romaine de la fin du IVe siècle, est conservé au Musée archéologique de Vermand. -SC-

La Somme vers Saint-Simon. -DT/CDT-

11 - FONTAINE

D Sur la place Verte de Seraucourt, faire quelques mètres en direction de Contescourt avant de descendre à gauche l'allée goudronnée vers l'étang du Miroir et de longer le camping. **1** S'engager sur le sentier à gauche **(vue sur les marais, étangs, camping)**. **2** Franchir le petit pont, longer les étangs sur 600 m avant la sortie des marais. **3** À l'intersection, prendre à gauche un chemin jusqu'à la patte-d'oie, emprunter le sentier de droite en sous-bois. Passer sous le pont abandonné et poursuivre **(vue sur Contescourt)**. **4** Au carrefour, continuer droit devant, passer la clairière **(vue sur la Somme bordée d'arbres)** et poursuivre en sous-bois jusqu'aux abords de Castres. **5** Quitter le chemin rural, prendre à gauche dans le village. Bifurquer devant l'église et s'engager dans la rue de Fontaine, jusqu'à Fontaine-lès-Clercs. Au pont, vue sur la Somme. **6** Quitter la départementale à l'écluse pour emprunter le chemin de halage sur 3 km **(vue sur la Somme à gauche)**. **7** Au second pont, quitter le chemin de halage en empruntant le sentier de gauche, puis longer l'ancien canal jusqu'à la halte nautique. **8** Au stop, tourner à gauche vers le centre de Séraucourt, puis de nouveau à gauche après l'épicerie pour retrouver le point de départ.

Circuit interdit

Voir et savoir ★ vallée et marais de la Somme (zone floristique et ornithologique) peupleraie, aulnaie et saulaie ▣ ancien port de Séraucourt sur le bras mort du canal (très vieux saule à l'entrée), reconverti en halte nautique, entre **7** et **8**.

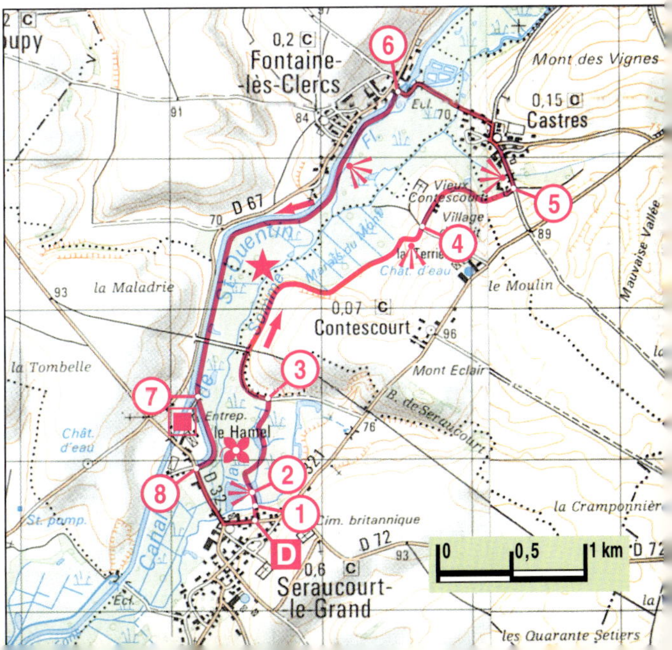

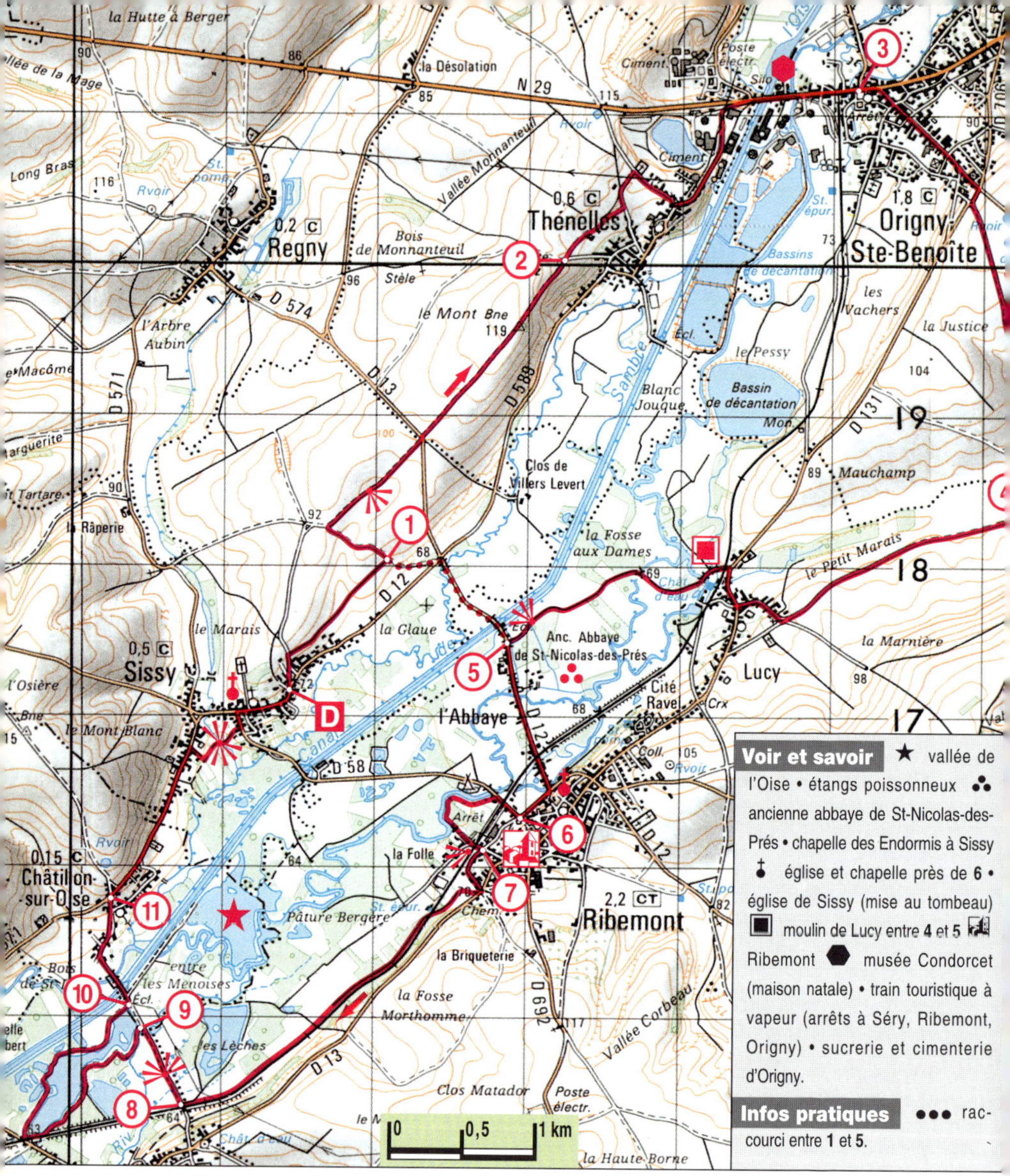

Voir et savoir ★ vallée de l'Oise • étangs poissonneux ●●● ancienne abbaye de St-Nicolas-des-Prés • chapelle des Endormis à Sissy ✝ église et chapelle près de 6 • église de Sissy (mise au tombeau) ■ moulin de Lucy entre 4 et 5 Ribemont ⬢ musée Condorcet (maison natale) • train touristique à vapeur (arrêts à Séry, Ribemont, Origny) • sucrerie et cimenterie d'Origny.

Infos pratiques ●●● raccourci entre **1** et **5**.

D À Sissy, de la chapelle des Endormis sur la D 12. Prendre le chemin à gauche, puis le premier chemin à droite. **1** Au croisement, virer à gauche. Prendre le chemin en épingle à droite, puis poursuivre tout droit **(vue sur la vallée)**. On traverse la D 13. **2** À l'entrée de Thénelles, laisser deux chemins et s'engager à gauche sur une voie goudronnée. Au cimetière, prendre à droite jusqu'à la rue principale. Au stop, tourner à gauche, traverser le village, prendre à droite et traverser les deux ponts d'Origny. **3** Passer devant le site de l'ancienne abbaye (aire de détente). Au feu, direction Ribemont, jusqu'au croisement avec la D 706. S'engager sur la D 131, et prendre aussitôt le chemin de gauche. Poursuivre tout droit (croisement avec un autre circuit). **4** Au carrefour en bas de la descente, tourner à droite. Au croisement suivant, prendre successivement deux fois à droite (calvaire de Lucy), et quitter la D 131, pour traverser la ligne de chemin de fer. Après deux ponts, bifurquer sur le sentier de droite **(vue sur le moulin de Lucy)** impraticable en période de crue. Franchir un troisième pont et rejoindre la D 12 **(vue sur l'écluse et le canal de la Sambre à l'Oise)**. **5** Raccourci possible à droite par la D 12 vers le point 1. Emprunter la D 12 à gauche **(vue sur l'ancienne abbaye de St-Nicolas-des-Prés)**, le long d'un bras de l'Oise. Retraverser la voie ferrée et l'Oise, puis tourner à droite à l'entrée de Ribemont. **6** S'engager sur la D 58 vers Sissy. Avant le pont sur l'Oise **(point de vue)**, prendre un petit sentier en boucle sur la gauche. À la sortie de la boucle, couper la voie ferrée, prendre la route à droite jusqu'à la D 13. **7** Aux serres **(point de vue, informations)**, prendre un chemin herbeux

LE CIRCUIT DES ÉTANGS

SISSY ▪ THÉNELLES ▪ ORIGNY ▪ RIBEMONT ▪ SÉRY ▪ CHÂTILLON-SUR-OISE

12

Cette grande boucle réserve d'émouvantes découvertes : une mise au tombeau d'une rare beauté, la mémoire du dernier philosophe des Lumières et, dans la coulée verte de l'Oise, des bras de rivière, des étangs, des moulins. Ces derniers, qui alimentaient briqueteries ou teintureries, jalonnent les chemins à travers les grandes plaines cultivées.

Circuit VTT

3 h 30 | **24 km**

~ 82 m ▼ 64 m ▲ 119 m

Balisage bleu

Niveau : facile.
Difficultés : montée raide entre **D** et **2** – prudence après **11** à proximité du lavoir.
Ce circuit spécifique VTT peut également être parcouru **à pied** en 7 h 00.

La maison natale de Condorcet a échappé aux destructions de la Première Guerre mondiale. Elle abrite aujourd'hui le musée consacré au philosophe. -DT/CDT-

Le marquis philosophe

Inauguré en octobre 1994, le musée Condorcet est établi dans la maison natale du mathématicien, encyclopédiste et philosophe. Le garçon vécut sa petite enfance à Ribemont, avant d'être envoyé chez les jésuites de Reims. Condorcet venait passer ses vacances à Ribemont, là même où l'écrivain Léon Hennique recevra Zola, Maupassant, Daudet, Flaubert et les frères Goncourt. Promis à une brillante carrière scientifique, Condorcet choisit une autre voie, marchant dans les traces de Voltaire. Philosophe engagé (il présentera au lendemain de la condamnation de Louis XVI un projet d'abolition de la peine de mort), économiste, homme politique (député de Paris, député de l'Assemblée législative, député de l'Aisne). Avec ses idées sur l'égalité des sexes, le droit à l'instruction pour tous, la liberté de religion et la suppression de l'esclavage, Condorcet a toujours été en avance sur son temps. La réhabilitation de cette maison et son utilisation comme pôle culturel (plusieurs expositions y ont été accueillies) servent la mise en valeur d'un riche passé historique.

en contrebas de la D 13. Longer la voie ferrée. **8** Au croisement, prendre à droite **(vue sur les étangs)**. **9** Au petit pont, une boucle à gauche permet de longer des étangs. **10** Prendre à gauche, traverser le canal, puis entrer dans Châtillon. **11** Au croisement, prendre la direction de Sissy. Face à la maison n° 36, emprunter le chemin en macadam à droite, puis le sentier herbeux à gauche. Traverser la passerelle (sentier étroit, boueux) **(vue sur le lavoir de Sissy, l'oratoire et l'église)**. Prendre la D 58 à gauche jusqu'au stop. Passer devant l'église et retrouver le point de départ.

De Sissy à Ribemont. À Sissy, l'église conserve une mise au tombeau exceptionnelle : onze personnages grandeur nature, sculptés en ronde bosse par un atelier picard du XVIe siècle. Ribemont était au Moyen Âge une importante place fortifiée (voir les restes de l'enceinte urbaine du XIVe siècle). D'importants vestiges subsistent de l'abbaye Saint-Nicolas-des-Prés (XIIe siècle). L'église Saint-Pierre-et-Saint-Paul de Ribemont renferme des stalles monacales sculptées, et la chapelle Saint-Germain contient une rare grille de chœur en chêne sculpté et ajouré.
-PC-

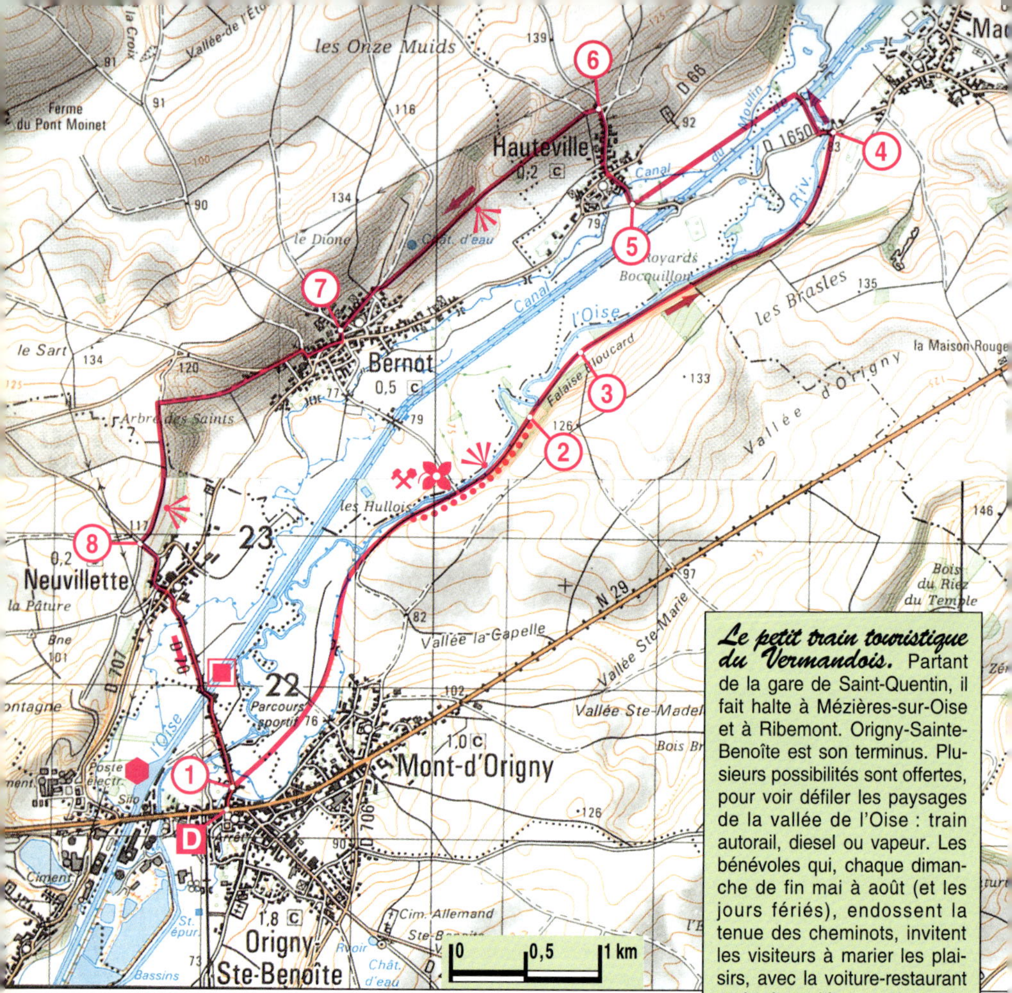

D Face à la gare d'Origny (parking) sur la N 29. Prendre le chemin bordé d'arbres : petit pont sur l'Oise. **1** Traverser la D 70 et, en face, emprunter l'ancienne ligne de chemin de fer **(aire de pique-nique et parcours de santé)**. Franchir la barrière de bois et poursuivre **(point de vue)**. **Variante : un escalier permet d'accéder au monument Crivelli (point de vue sur sept clochers et sur l'Oise), suivre la sente dans la falaise et revenir au circuit.** **2** Après les rayères **(aire de pique-nique et parcours de santé)**, longer tout droit la falaise (ancienne gare de Bernot). **3** Laisser le chemin de droite (circuit VTT des Bois) et prendre tout droit (passage en bord de carrière). **4** S'engager sur la D 1650 à gauche, puis après le pont, prendre à droite. Traverser le pont puis, à gauche, longer le canal jusqu'à l'écluse n° 23. **5** Reprendre la route en direction d'Hauteville et, au premier croisement à droite, franchir l'Oise et traverser Hauteville. **6** À la sortie du village, s'engager dans un chemin à gauche. Poursuivre tout droit **(vue sur la vallée de l'Oise)** jusqu'à l'entrée de Bernot. **7** Aller à gauche au croisement, au bout de la rue Lambert, puis à droite, au stop, s'engager dans la grande rue. À la patte-d'oie, suivre tout droit. Tourner à droite sur la D 66. À la sortie de Bernot, quitter la D 66 et suivre le chemin de gauche. En haut, au croisement, prendre à gauche **(vue sur la vallée)**. **8** Emprunter la D 70 à gauche, puis une départementale, que l'on quitte dans le virage par la première rue à droite. À la salle polyvalente, prendre la rue de gauche et traverser Neuvillette pour regagner le point 1 par la D 70, puis Origny.

Circuit interdit

Le petit train touristique du Vermandois. Partant de la gare de Saint-Quentin, il fait halte à Mézières-sur-Oise et à Ribemont. Origny-Sainte-Benoîte est son terminus. Plusieurs possibilités sont offertes, pour voir défiler les paysages de la vallée de l'Oise : train autorail, diesel ou vapeur. Les bénévoles qui, chaque dimanche de fin mai à août (et les jours fériés), endossent la tenue des cheminots, invitent les visiteurs à marier les plaisirs, avec la voiture-restaurant style Arts déco, typique de Saint-Quentin. L'association organise des visites, dont celle de la sucrerie...

-FD/ADERMAS-

LES RAYÈRES

13

ORIGNY-STE-BENOÎTE ■ MONT-D'ORIGNY ■ MACQUIGNY ■ HAUTEVILLE ■ BERNOT ■ NEUVILLETTE

Une balade entre rivière et «rayères», aux confins du Vermandois et de la Thiérache. Rendues célèbres par la descente de Stevenson en canoë, les boucles sauvages de l'Oise sont toujours très fréquentées. Les rayères, coteaux crayeux typiques du paysage, font l'objet d'une réhabilitation qui rendra à la vallée son aspect sauvage.

4 h 00
balisage rose
15 km
▼ 72 m - ▲ 125 m

Le sucre et les fleurs

Depuis peu, les «feux rouges des fours à chaux» dont parle Stevenson dans ses carnets d'aventure ont cessé de cracher leur fumée. Origny-Sainte-Benoîte, l'industrielle, l'agricole, doit sa réputation au ciment autant qu'à la betterave. Sous le sigle SDA (Sucreries et distilleries de l'Aisne), la sucrerie fait vivre aujourd'hui encore 260 foyers, plus 60 saisonniers recrutés pour l'automne. De la route qui traverse la commune, on ne retient souvent que le bruit de l'intense circulation (9 000 véhicules par jour), et plus particulièrement le va-et-vient des camions qui déchargent sur le site la production de 600 planteurs de betteraves ; plus encore l'odeur si caractéristique résultant de la fabrication journalière des 140 000 tonnes de sucre. À quelques mètres des entrées d'usine commence un autre monde. Ces quelques kilomètres de chemin sont d'une richesse floristique insoupçonnée et constituent un milieu original pour le nord de la France. Sur le coteau froid, celui des falaises Bloucart (exposées nord-nord-ouest), on rencontre des plantes de type montagnard : la seslérie bleutée, protégée en Picardie, ou le *Leontodon hyoseroides*, qui ressemble à un pissenlit, ou encore quelques espèces d'orchidées rares dans la région mais communes à toute la vallée de l'Oise. En face, sur le coteau chaud (sud-sud-est), les espèces sont d'un type plus méridional. Les falaises de craie et leur végétation impriment à cette partie de la vallée une ambiance montagnarde.

Analyse des sucres liquides.

Voir et savoir

■ pont tournant entre **8** et **1** ⚒ ✤ rayères (falaises) et flore spécifique (silènes des éboulis, orchidées) ⬢ sucrerie et cimenterie près de **D** • train touristique à vapeur en **D**.

Orchidée. -SC-

Navigation de plaisance sur le canal de la Sambre à l'Oise. -PC-

LAONNOIS ET ENVIRONS

Chef-d'œuvre du gothique, la cathédrale Notre-Dame domine la ville de Laon, véritable musée à ciel ouvert. -JPG/CDT-

LE LAONNOIS, DERNIÈRE DOUCEUR AVANT L'APOCALYPSE

Yves-Marie LUCOT

En France, il est des petits pays qu'on ne dissèque pas en tranches tertiaires ou quaternaires à la façon des géographes. Au regard de l'Histoire, si riche en événements nationaux dont le sentimental pays du Laonnois fut le théâtre, il serait bien indécent de soulever ici les frises calcaires des buttes témoins pour expliquer les batailles du dessus par la géologie des dessous. De surcroît, cette contrée du Laonnois que le compas de l'explorateur, la pointe plantée entre les tours de Notre-Dame de Laon, limite au sud au Chemin des Dames et à la vallée de l'Ailette, à l'est à l'abbaye de Vauclair et à Liesse-Notre-Dame, au nord à Crécy-sur-Serre et à l'ouest à la forêt de Saint-Gobain, bat d'un cœur stendahlien comme celui de Mme de Rênal. Exactement stendhalien : beauté et devoir de réserve, orgueil et tourments de l'âme dans de grandes et belles maisons de maître clôturées de hauts murs, agrémentées de charmilles, d'étangs et de balancelles. Douce France en pays laonnois.

L'esprit veille une guirlande d'églises villageoises, de prieurés et d'abbayes, Vauclair, Prémontré, Saint-Nicolas-aux-Bois, Saint-Vincent ou Saint-Martin de Laon... On en passe, de ces chefs-d'œuvre du silence environnés de toits bleutés et qui parfois forment le chœur d'une clairière en forêt domaniale. Au centre de cette douce France trône l'acropole de Laon sur son trapèze. C'est l'ancienne résidence royale des derniers rois carolingiens recluse dans 7 km de remparts. On dirait qu'un enchanteur perpétuel marche dans ses caponnières où s'étale à la verticale une histoire de l'architecture allant du XIe au XIXe siècle. Sentes romanes ? Chemins gothiques ? On ne sait plus au gré des quatre-vingt monuments laonnois classés. Ils constituent le plus grand secteur protégé de France. Malgré la beauté de cette haute cité, chacun sait à Laon combien le patrimoine pèse sur le présent. Et on comprendra plus tard, en apercevant la «Montagne Couronnée» dans les collines de Mons-en-Laonnois, de Bourguignon-sous-Montbavin ou de Bruyères-et-Montbérault, qu'on a traversé une histoire apocryphe du monde en assistant à Laon aux préliminaires amoureux de l'homme écrasé d'incertitudes avec une ombre plausible de Dieu gisant sur la pierre et le verre...

Sérénité d'une partie de pêche dans la rivière de l'Ailette. -JPG/CDT-

Au nord, par-dessus l'acropole, foisonnent les blés. Quelques landes et mamelons peuplés de bruyères cassent cette vastitude agreste semblable au Vermandois. Puis la houle des moissons cingle à l'ouest et heurte des collines taillées comme des citadelles sur la mer. Enfin au sud, brillantes sous l'ondée d'avril, les départementales serpentent entre les bois, les ruches, les coquelicots et les quetschiers, le long des

Aux environs de Bièvres. -PC-

chenues avant de s'étaler sur des fonds tourbeux dans les marais de la Souche.

En filigrane de l'épopée viticole, qui dura huit siècles et s'éteignit lors des épidémies de phylloxera à fin du XIXe siècle, virevolte d'une colline à l'autre l'aventure littéraire. Que de passagers des guerres, que d'enfants du pays ont laissé des récits, des poèmes, des romans et des mémoires sur le Laonnois : Ernst Jünger, Joseph Kessel, Anatole France, Guillaume Apollinaire, Louis Aragon, Jules Romain, Marcel Proust, Arsène Houssaye et Champfleury, l'inventeur du réalisme en littérature. Curieusement ce réalisme, au seuil de la modernité, si âprement théorisé à partir de 1850, puise ses sources populaires dans les toiles d'inspiration paysanne d'Antoine, de Louis et de Mathieu Le Nain, peintres du pays laonnois au XVIIe siècle. Et plus curieusement encore, dans chacun de leurs tableaux exposés dans les grands musées du monde, le verre de vin du Laonnois brille d'un rubis mystique. Il annonce une espèce d'apocalypse de la douceur de vivre.

Les circuits de ce secteur ont été conçus par l'ONF, le syndicat mixte du plan d'eau des vallées de l'Ailette et de la Bièvre, l'Association du pays laonnois, les Communautés de communes du pays de la Serre et de la Champagne picarde, le SIVOM des Verts Monts, les communes de Coucy-le-Château et de Blérancourt, avec l'aide d'associations : l'ARVS, l'UCM, et l'APCC.

contreforts escarpés du Chemin des Dames dont les flancs autrefois étaient parsemés de vignes. Pour nourrir d'innombrables lavoirs, un chevelu de sources descend de ce plateau calcaire barrant d'ouest en est l'horizon et l'accès à la vallée de l'Aisne. Vers Liesse-Notre-Dame, le frais Laonnois si propice à la vinification, d'ailleurs constellé des noms d'anciens chais, Chaillevois, Chavignon, Chailvet, Nouvion-le-Vineux, Chamouille, est traversé de routes

Les terres cultivées du Chemin des Dames : «la houle des moissons cingle à l'ouest...». -JPG/CDT-

QUELQUES MAISONS DE PLAISANCE

Deux vendangeoirs à Bourguignon (en bas, celui des frères Le Nain). -PC-

La civilisation de la vigne en pays laonnois a laissé vivantes et restaurées d'anciennes demeures familiales où jadis s'accomplissait le miracle du vin que des charrois transportaient en Flandre et dans le Hainaut et, parfois, selon la réputation du cru et l'énergie à commercer du maître de chais, en Europe centrale, en Russie aux portes de Minsk. Dans les villages de la ceinture sud-ouest et sud-est de la butte de Laon, là où les coteaux sont idéalement exposés au soleil, les vendangeoirs dorment aujourd'hui du sommeil des justes. Leur style architectural, unique au monde, allie la rusticité des travaux des vignes et des champs au souci d'élégance des bâtisseurs des XVIIe et XVIIIe siècles. Un vendangeoir toujours se marie aux accidents du terrain. Il est bâti avec les pierres blanches des «creuttes» du Chemin des Dames. Construit à mi-pente, il surélève un rez-de-chaussée de sorte que l'étage de la façade principale s'étale de plain-pied à l'arrière, là où fleurissaient jadis les lignes d'échalas. Dans la cour d'honneur grimpe un escalier souvent à double révolution comme à Laval-en-Laonnois, rue Haute. À l'entresol s'ouvraient autrefois les celliers superbement voûtés où se pratiquait la vinification.

Le comte Maxime de Sars, grand historien du pays Laonnois, s'il en est, leur consacra un recensement en 1935. Il démontra leur diversité et leurs charmes surannés. Il en existe à présent plus de trois cents. «Il y avait des châteaux-vendangeoirs, des abbayes-vendangeoirs, des presbytères-vendangeoirs, des vendangeoirs bourgeois et de modestes maisons vigneronnes...» Les petites routes ombragées quittant Bourguignon-sous-Montbavin, capitale des vendangeoirs, où est situé celui des frères Le Nain, traversent villages et coteaux où ces maisons de plaisance effeuillent encore le bel art de vivre à la campagne.

En franchissant les crêtes boisées, là-haut sur le Chemin des Dames, Adélaïde et Victoire, les filles de Louis XV, dont le carrosse empruntait cette route de laboureurs pour se rendre près de Craonne chez leur dame d'atours, la duchesse de Narbonne-Lara, les champs d'honneur n'en finissent pas de dégorger la Grande Guerre de ce plateau immense et désert. Il est peuplé de cimetières militaires et de cénotaphes. Pas un mètre carré de ses terres à betteraves n'évita la mort d'un soldat en 1814 puis en 1914, en 1917, en 1918...

Le château de Chailvet, avec sa galerie à l'italienne. -PC-

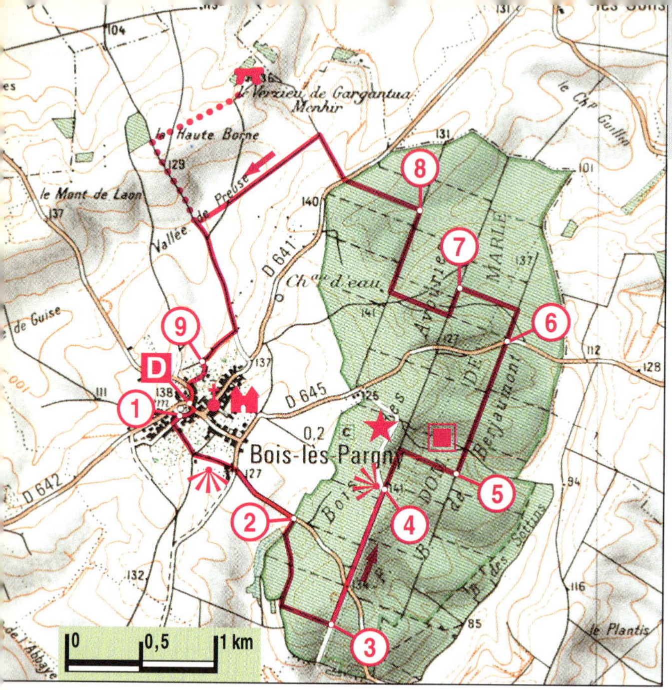

Bijou au musée des Temps barbares. -CDT-

Voir et savoir ★ fontaine d'Odin menhir Le Verzieu de Gargantua (hors circuit) église de Bois-lès-Pargny château de Bois-lès-Pargny (privé), avec donjon carré de 1611 polissoir entre **5** et **6** forêt de Marle.

Infos pratiques ●●● hors circuit entre **15** et **16** par le menhir.

Circuit interdit à la date de l'édition (demande en cours).

14 - LA FORÊT DE MARLE

Cet itinéraire traverse la forêt domaniale de Marle, ce qui implique deux choses : le respect scrupuleux de l'itinéraire balisé et l'existence de passages délicats (ornières et boue). Attention en période de chasse : respecter la signalétique.

D De l'église de Bois-lès-Pargny. Emprunter la rue M.-Carlier à droite. Au transformateur, suivre la route principale. **1** Bifurquer sur le premier chemin à gauche **(vue sur la forêt de Marle, le plateau et la cathédrale de Laon)**. Continuer tout droit au croisement suivant **(point de vue sur le plateau de Laon et sa cathédrale)**. **2** À l'entrée de la forêt, prendre le chemin en lisière à droite sur 100 m. Suivre le sentier montant à gauche sur 500 m jusqu'à la lisière, longer le champ sur 50 m. Emprunter la laie à gauche. **3** Prendre à gauche l'allée principale sur 950 m **(vue sur Bois-lès-Pargny : église et château)**. **4** À la patte-d'oie, continuer tout droit. Au fond du vallon, prendre à droite le chemin en lisière. **5** Au carrefour en T, prendre à gauche la laie. Franchir la D 645 et emprunter le sentier en face. **6** Après le thalweg, prendre à gauche en lisière. **7** Au carrefour, prendre à gauche, puis la deuxième laie à droite. Emprunter la grande allée à droite sur 600 m. **8** Après la clairière, prendre la première laie à gauche. Traverser la D 641, s'engager en face, puis virer à gauche. Au carrefour, à 1 km, prendre à gauche **(hors circuit à droite vers Le Verzieu de Gargantua : 2,5 km AR)**. Au calvaire, tourner à droite. **9** À 250 m, prendre le chemin à gauche. Au croisement, emprunter la route à gauche pour rejoindre Bois-lès-Pargny.

Labours et temps barbares

Que l'on arrive par le nord ou par le sud, il faut quitter les forêts, les buttes ou les bocages pour accéder à Marle et à la vaste plaine betteravière. Ici, pas de chemin creux, les lourds engins agricoles nécessitent des voies en dur pour circuler. Les entreprises de la Serre comptent plus de 100 ha par exploitation et fournissent Bonduelle ou les sucreries de Marle. Non loin de la ferme-château de Bois-lès-Pargny, avec son corps de logis en brique, se dresse le Verzieu de Gargantua, un menhir de 4 m.

Le musée des Temps barbares.-SC-

Le détour par Marle vaut la peine pour le sourire heureux de sa Vierge du XIIIe siècle, et pour son musée des Temps barbares situé dans un ancien moulin, le long de la Serre écumante. D'un côté, le moulin, où sont exposées les fouilles archéologiques, et, sur l'autre rive, une ferme mérovingienne reconstituée.

LA FORÊT DE MARLE / TAVAUX ENTRE TERRE ET EAU

BOIS-LÈS-PARGNY ■ DERCY

TAVAUX-ET-PONTSÉRICOURT ■ SAINT-PIERREMONT

15 - TAVAUX

1 h 45	~ 145 m

Niveau : difficile.
Difficultés : longue montée en **3**, boueuse par temps humide – descente avec obstacles entre **4** et **5**. Attention aux départementales.

Voir et savoir ★ côte des Chaudriers ✝ églises de Tavaux et de Pontséricourt ■ gués entre **6** et **7** et sur le raccourci • lavoirs avant **2**, près de **5**, de **6** et de **8** ▲ entre **4** et **5** Tavaux.

Infos pratiques ●●● raccourci en **9** (- 2,5 km).

A proximité château de Bosmont-sur-Serre (17e s.) ■ moulin de St-Pierremont • ferme St-Antoine (ancienne abbaye).

La première balade au «royaume d'Odin», typique du pays de la Serre, offre une succession de points de vue sur la Montagne Couronnée de Laon. Lavoirs, moulins et gués jalonnent la seconde, qui évolue entre villages et cultures.

14	15
3 h 00	3 h 45
jaune et vert	jaune et bleu
10 km	13,5 km
▼ 110 m	▼ 92 m
▲ 141 m	▲ 157 m

À Tavaux-et-Pontséricourt. -FV-

D Devant le café de Tavaux. Prendre la rue de la Résistance. À la dernière maison à gauche, emprunter le chemin. À 200 m, prendre le raidillon à gauche . **1** Tourner à gauche sur la D 25. Au carrefour, longer les maisons vers l'église. La contourner par la droite. Poursuivre un chemin herbeux jusqu'à la départementale. **2** Se diriger à droite. Suivre la route sur 1,1 km, puis le premier chemin à droite, en longeant le bois. **3** Au croisement, prendre à gauche, puis le premier chemin à droite. **4** À la haie, descendre à droite. Emprunter à 300 m le chemin courant dans le thalweg. **5** À la première maison, monter à gauche dans le chemin herbeux. Franchir la route goudronnée et prendre en face. Au croisement suivant, descendre la route et, à la deuxième maison à gauche, emprunter le sentier entre deux clôtures. **6** Prendre la route à droite et la première rue à gauche. Longer le ruisseau. Franchir la passerelle. À 150 m, prendre à gauche le chemin bordé d'arbres, puis à gauche la piste herbeuse. **7** Tourner à droite sur le chemin herbeux, puis continuer à droite. **8** Prendre à gauche sur la place et s'engager dans la rue à droite avant le pont. **9** **Variante : suivre la route à gué jusqu'à la départementale. Prendre à gauche pour rejoindre le point 11.** Franchir le gué et continuer en face. **10** **Hors circuit : reprendre à gauche pour voir l'ancien moulin à eau de St-Pierremont : 100 m AR.** Au carrefour, prendre à droite et emprunter la D 60 sur 200 m. S'engager dans la première voie à droite. La suivre sur 1,5 km, puis tourner à gauche sur le chemin jusqu'à la D 58. **11** Continuer à gauche. À 20 m, poursuivre entre les deux clôtures à droite. 250 m plus loin, descendre à droite vers la route pour rejoindre le point 2 et regagner le point de départ.

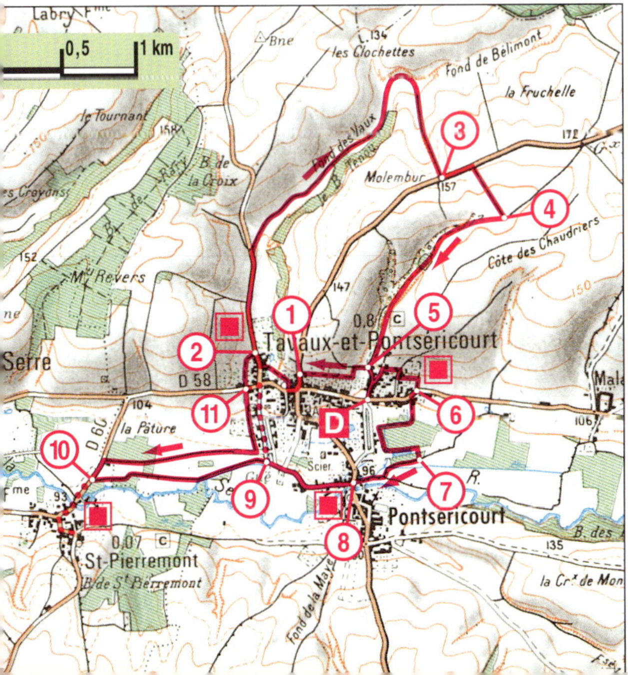

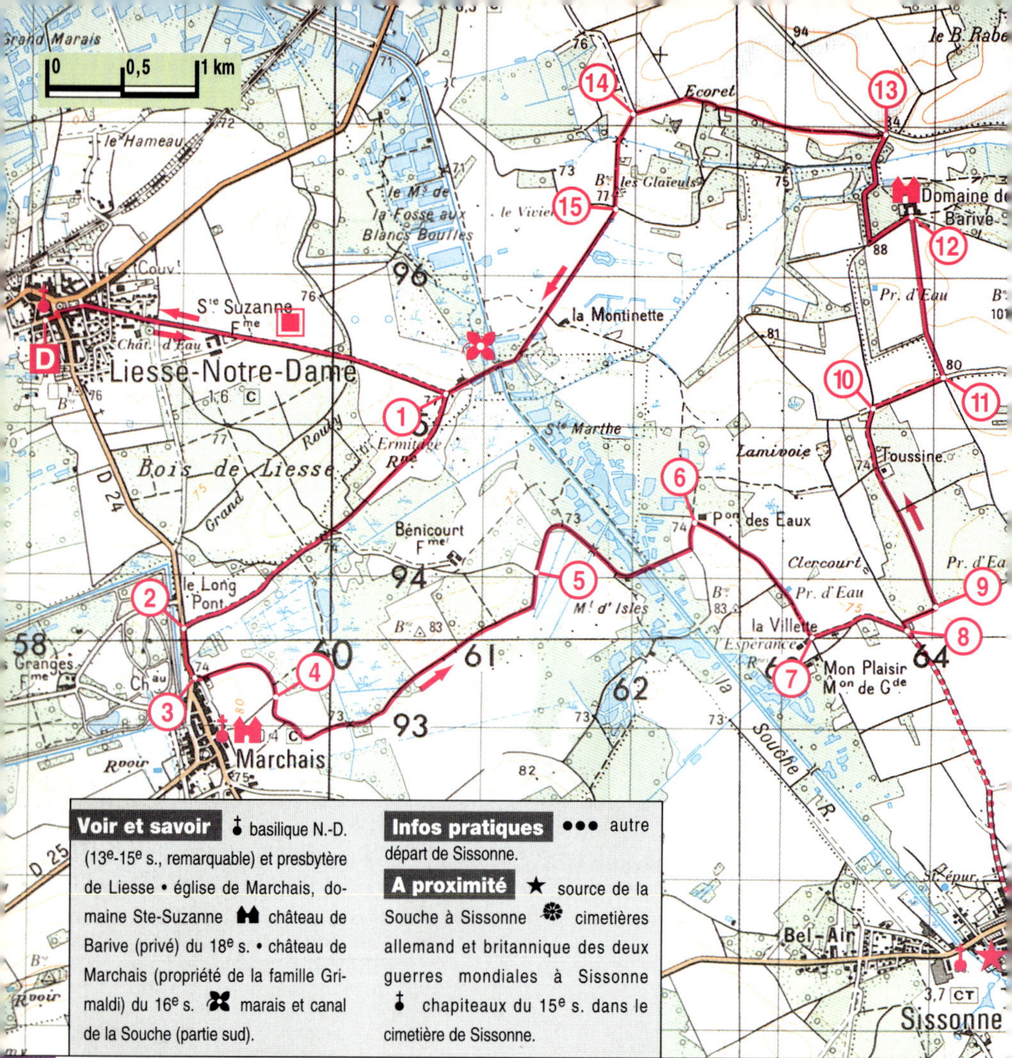

Voir et savoir ✝ basilique N.-D. (13e-15e s., remarquable) et presbytère de Liesse • église de Marchais, domaine Ste-Suzanne château de Barive (privé) du 18e s. • château de Marchais (propriété de la famille Grimaldi) du 16e s. marais et canal de la Souche (partie sud).

Infos pratiques ••• autre départ de Sissonne.

A proximité ★ source de la Souche à Sissonne cimetières allemand et britannique des deux guerres mondiales à Sissonne ✝ chapiteaux du 15e s. dans le cimetière de Sissonne.

La Vierge noire de Liesse. -PC-

D Place de l'Hôtel-de-Ville à Liesse. Prendre la voie piétonne à droite devant la basilique (rue du Séminaire). Poursuivre en face rue Ste-Suzanne, et tout droit sur 2,5 km. **1** Tourner à droite et traverser le bois de Liesse. **2** Prendre la D 24 à gauche. **3** À l'entrée de Marchais, prendre la rue du Grand-Logis à gauche. **4** Après une courbe, laisser un chemin à droite. Partir à gauche en lisière de bois et laisser des pistes privées. **5** Entrer dans le bois à gauche. Le chemin vire à droite puis à gauche et franchit la Souche, puis tourne à gauche après 300 m. **6** Au Pavillon des Eaux, prendre le chemin goudronné à droite. **7** À la ferme de La Villette, tourner à gauche. **8** Aux deux hangars, continuer en face. **9** Le chemin vire à gauche et pénètre dans le bois. **10** Passer la maison de Toussine et, au croisement, partir à droite. **11** Suivre la route à gauche vers le Domaine de Barive. **12** Face au château, virer à gauche. Après 250 m, la route vire à droite. **13** Juste avant une route, emprunter le chemin à gauche. **14** À l'intersection, tourner à gauche. **15** Au croisement, poursuivre en face entre un canal et une haie. Passer la maison de la Montinette, les marais de la Souche et rejoindre le point 1. Rejoindre Liesse par l'itinéraire de départ.

Liaison à partir de Sissonne : de la place de la Grande-Roize, prendre à droite «toutes directions», puis la D 18 vers Lapion, et, dans le même axe, rue Madeleine ; on rejoint le point 8 à 2 km.

LA MONTINETTE

16

LIESSE-NOTRE-DAME ■ MARCHAIS ■ SISSONNE ■ STE-PREUVE ■ CHIVRES-EN-LAONNOIS

Deux départs sont possibles pour ce parcours VTT très roulant, dans la plaine laonnoise, entre bois et marais : de Liesse, dont le pèlerinage attire les foules depuis le XIVe siècle, ou de Sissonne, près des sources de la Souche. Entre les deux pourront être aperçus le joli château Renaissance de Marchais, de brique et de pierre (propriété des princes de Monaco), et peut-être quelque héron cendré, ou une marouette ponctuée dans les marais de la Souche...

Circuit VTT

2 h 30	23 km
~ 38 m ▼ 72 m	▲ 89 m

Balisage jaune et vert clair

Niveau : très facile, itinéraire roulant.
Difficultés : quelques passages boueux en période humide.
Ce circuit spécifique VTT peut également être parcouru **à pied** en 6h00.

La Vierge noire de Liesse

Près de 80 000 pèlerins se rendent encore chaque année à la basilique de Liesse. Haut lieu de pèlerinage, Liesse l'est depuis le Moyen Âge, quand des croisés ramenèrent de leurs campagnes une Vierge noire en hommage à Ismérie, princesse égyptienne convertie au christianisme. Une autre théorie veut que la Vierge noire ait été installée à cet endroit pour séduire plus aisément les pratiquants du culte païen qui préexistait en ce lieu, comme souvent à proximité des marais, avec leurs brumes, les feux Saint-Elme... Si les bienfaits de la Vierge de Liesse furent d'abord associés aux heureux retours des croisades, comme l'étaient ses semblables à Vérignon dans le Var, à Bléneau dans l'Yonne, et à Nemours, elle fut aussi reconnue comme pouvant secourir ceux que l'on voulait faire mourir à tort. Ainsi, la chronique prétend qu'elle sauva un «pendu» en 1139. Elle fut très tôt patronne de la dynastie des Capétiens, qui associait lys, liesse et pureté. Le dévot Louis IX obligeait les bourgeois jugés irrespectueux de sa personne à se rendre en pèlerinage à Liesse. Mais c'est Charles VI qui, le premier, en 1413, vint en grande pompe reconnaître le lieu. On venait de Paris, d'Amiens... La porte ouest de Rethel (dans les Ardennes) s'appelait «Porte de Liesse».

Le château de Marchais, ancienne résidence des rois en pèlerinage à Liesse, est considéré comme un des fleurons du style Renaissance dans l'Aisne ; il est devenu, depuis 1852, propriété des Grimaldi, les princes de Monaco, et ne se visite pas.

Les marais de la Souche

-PC-

Les marais de la Souche (partiellement classés en réserve naturelle) constituent la plus grande zone humide de l'Aisne, où se sont réfugiées quelques espèces rares ou en danger d'extinction, ainsi le grand butor, le blongios nain, la marouette ponctuée (en bas à gauche) ou la bécassine des marais (ci-dessous). -SC-

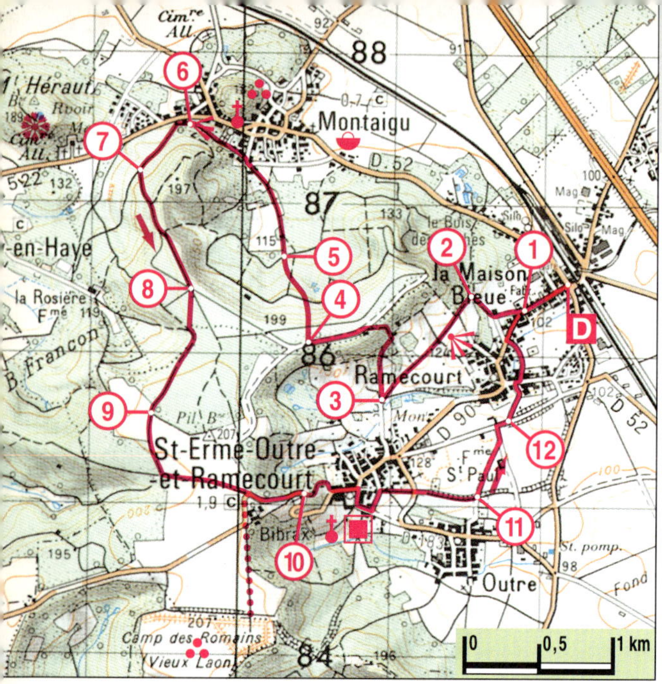

17 - LA MAISON BLEUE

D De la gare de Saint-Erme, prendre la D 90 vers le centre-ville. **1** Au n° 34, emprunter un passage à droite, passer devant l'école maternelle. **2** Juste après l'entrée dans le bois, le chemin part à gauche **(vue sur Ramecourt et St-Erme)**. **3** À l'aire pour les déchets, monter à droite. En haut, poursuivre à gauche la piste sur 300 m. **4** Prendre le chemin à droite, redescendre par un sentier. Il s'élargit sous des résineux. **5** En rejoignant une large piste, continuer tout droit. Aux premières villas de Montaigu, prendre la rue à gauche **(vue sur la butte)**. Au cimetière, prendre le chemin à gauche **(hors circuit à 100 m vers l'église)**. **6** À la première patte-d'oie, partir à gauche. À la suivante, laisser la piste privée à gauche, entrer ensuite à gauche en sous-bois de résineux. **7** Grimper le chemin creux à gauche. Tourner à droite ; à la bifurcation, s'engager dans le chemin creux à gauche. **8** Au carrefour de six pistes, prendre la piste non barrée à droite. **9** Au sortir du bois, continuer en face. À l'intersection, tourner à gauche, puis descendre en face sur la route **(hors circuit depuis la ferme de Bibrax : continuer à droite jusqu'au Camp des Romains : 1,5 km AR, site privé)**. **10** Au réservoir, descendre le sentier creux à gauche. À St-Erme, tourner à droite dans la rue Ste-Claire ; prendre un chemin à gauche bordé d'un mur et au bout tourner à droite. À 10 m, à la séparation, suivre le chemin à gauche. Couper la route. **11** Au croisement, virer à gauche, prolonger par la route et tourner à droite. **12** Prendre la rue St-Paul à gauche. Dans Ramecourt, continuer en face et emprunter l'avenue de la Gare à droite pour revenir au départ.

1 h 45

~ 215 m

Niveau : difficile.
Difficultés : montée courte et difficile après **2** ; montées très difficiles de **3** à **4** et entre **7** et **8** – descentes rapides et étroites entre **4** et **5** et après **10** – poussette de **3** à **4** et localement entre **7** et **8**.

Voir et savoir ★ plateau de St-Erme ∴ ancien château et oppidum à Montaigu † église en partie romane de St-Erme • église remarquable du 14e s. à Montaigu ■ fontaine à St-Erme ▲ bois entre St-Erme et Montaigu.

A proximité ∴ oppidum du Vieux Laon ou Camp des Romains (fortifications de la Tène) ✿ cimetières allemand du mont Héraut et britannique à St-Erme.

Le Camp des Romains

La butte qui surplombe Montaigu était jadis occupée par le château de Thomas de Marle. On peut encore distinguer le tracé de l'ancien fossé et des remparts, le long de la petite route qui grimpe vers la motte féodale. Cette place forte contrôlait l'ancienne voie romaine qui reliait Laon aux foires de Reims et de Champagne. Elle dominait alors la très belle église du XIVe siècle qui subsiste aujourd'hui.
Au-dessus de l'originale église composite de Saint-Erme se dresse l'oppidum de Saint-Thomas, appelé aussi Camp des Romains ou encore Vieux Laon. Une enceinte de pierre et de bois entourait ce relief et servait à protéger une garnison ou une famille féodale. L'oppidum s'apparentait plus à une ville fortifiée qu'à un château fort. Forteresse de 32 ha, le site de Saint-Thomas constituait au IIe siècle avant J.-C. un verrou important entre les territoires suessions (cette population belge occupait alors l'Aisne) et rèmes.
Dominant la vallée, l'oppidum, qui occupait toute la butte, correspond à ce qui devait être la

À l'épicerie-café de Saint-Thomas. -PC-

LA MAISON BLEUE / LES SARRINS

17
18

SAINT-ERME-OUTRE-ET-RAMECOURT ▪ MONTAIGU
ROUCY ▪ GUYENCOURT ▪ BOUFFIGNEREUX ▪ CONCEVREUX

Le cimetière allemand et la chapelle de granite rose du mont Hérault. -PC-

De La Maison Bleue au Camp des Romains, le premier circuit offre de jolis contrastes entre la plaine picarde, l'extrémité des monts du Laonnois et la colline de Montaigu. Entre trois villages typiques, la balade des Sarrins évolue de bois en marais et en cascade.

17	18
3 h 15	3 h 45
jaune et orange	jaune et rose
11 km	13 km
▼ 99 m	▼ 74 m
▲ 202 m	▲ 174 m

Vélo	
2 h 00	~ 209 m

Niveau : assez difficile.
Difficultés : montées avant **3**, avant **4**, de **10** à **11** (poussette), entre **11** et **12** – descentes raides après **1**, entre **3** et **4**, et après **11**.

Voir et savoir ★ cascade de Roucy ∴ ancienne motte féodale de Roucy ✝ église de Bouffignereux (portail du 13e s.) • ancien prieuré à Roucy (13e et 18e s.) et maison de l'écrivain Yves Gibeau dans l'ancien presbytère • église de la Reconstruction (après 1918) à Roucy ♜ ferme-château à Bouffignereux (privée) ▣ moulin à Roucy • lavoir à Guyencourt.

Infos pratiques produits fermiers et goûters à la ferme-découverte de Concevreux.

ville rème de Bibrax, qui se rallia aux Romains en 57 avant J.-C. et qui leur servit d'appui dans leur offensive contre la Gaule Belgique. Bibrax sera abandonnée après l'unification romaine, au profit de Soissons.

18 - LES SARRINS

D Place de l'Église à Roucy. Se diriger vers l'église et tourner à droite sur la D 19 vers Ventelay. **Variante balisée (jaune) autour du site du château : rattraper la ruelle du chemin de ronde (ancien prieuré) pour le contourner. Suivre le balisage pour rejoindre le point 1.** Dans le virage, emprunter un chemin à gauche. **1** Au bout du champ, descendre à gauche. Tourner à droite en bas dans le bois des Sarrins. **2** À hauteur d'une plantation, tourner à droite. Le chemin longe le champ, puis monte à droite. **3** Prendre à gauche un chemin perpendiculaire **(vue sur Guyencourt)**. **4** Au sortir du bosquet, tourner à droite sur le premier chemin, qui part ensuite à gauche. **5** À Guyencourt, prendre sur 30 m à droite la rue Trouvelot, puis la rue Terrière à gauche. Au n° 15, prendre à gauche. Au croisement, descendre à droite, couper la départementale. Au hangar, tourner à gauche. **6** À la patte-d'oie prendre à gauche entre les marais privés du Béreau et emprunter le chemin à gauche. À Bouffignereux, poursuivre vers l'église. **7** Prendre à gauche vers Guyencourt. À 250 m, suivre la rue de Roucy sur 900 m. **8** Prendre à droite un chemin en lisière d'un bois **9** À Roucy, prendre en face le chemin des Grillots. Laisser un chemin à gauche à 150 m. **10** Monter un chemin perpendiculaire à gauche. Sur la crête, au croisement, partir à droite dans un chemin creux **(vue sur la vallée de l'Aisne, Chaudardes et le bois des Couleuvres). 11 (Vue sur Roucy et le bois des Sarrins.)** Descendre ce chemin perpendiculaire à gauche. À 300 m, monter à droite au croisement de chemins **(vue sur la cascade)**. **12** Pour revenir à Roucy, prendre à gauche. **Hors circuit à droite : passer la rigole à droite sur les troncs, suivre le talus et monter vers la cascade : 10 mn AR.**

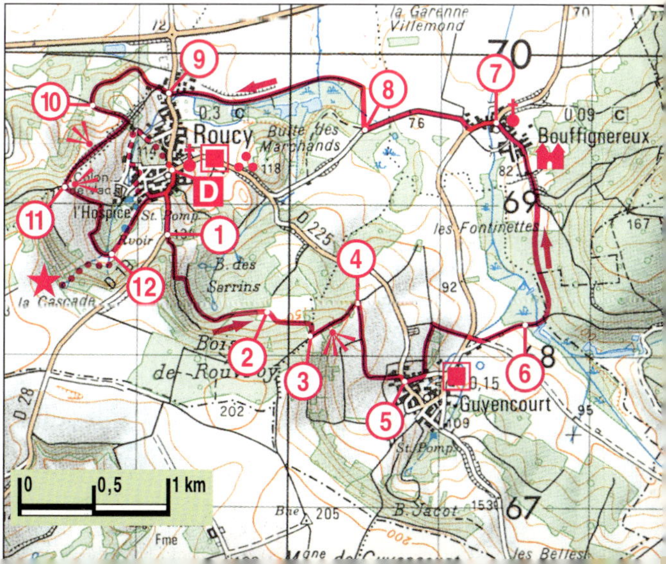

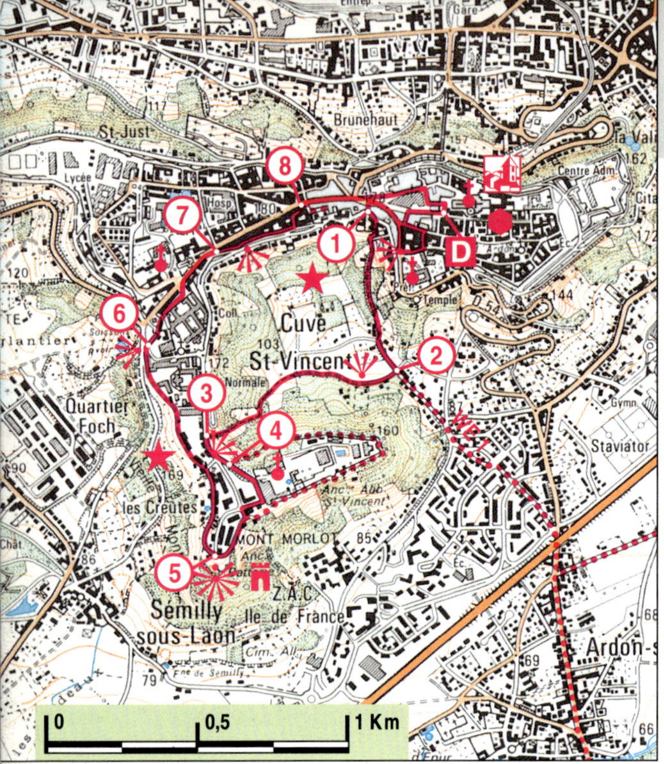

Circuit interdit

Cette situation atypique est due à la virgule que forme le plateau de Laon et qui dessine un triangle parfait entre les trois anciennes abbayes de Saint-Jean, où siège actuellement la préfecture, de Saint-Martin, qui fait désormais fonction d'hôpital, et la troisième, celle de Saint-Vincent, un lieu qui fut sacralisé dès 513 et où subsiste le palais abbatial.
Entre ces «trois points cardinaux», la balade dessine comme une histoire sociale et architecturale en relief, où les pas mènent des cathédrales aux potagers, des remparts militaires aux «grimpettes» vigneronnes, des maisons ouvrières aux demeures Renaissance...
Sortant par la porte des Chenizelles, on laisse la ville disparaître dans son dos et le

D De l'office du tourisme, prendre la rue Châtelaine puis la ruelle des Neufliers. Tourner à gauche rue des Cordeliers, puis à droite rue Clergot. Par la rue de Signier, on longe l'hôtel du département (ancienne abbaye St-Jean). **(Panorama sur la cuve St-Vincent et la ville haute : ancienne abbaye St-Vincent à l'extrémité du plateau, tours de l'église St-Martin.)** Remonter à droite rue Paul-Doumer pour rejoindre l'extrémité de la rue Châtelaine. Poursuivre à gauche (place du Général-Leclerc) et encore à gauche. **1** À la porte des Chenizelles, descendre la rue pavée sur la gauche, puis l'escalier du panorama, prolongé par une sente abrupte. **2** En bas de cette sente, s'engager dans le second chemin à droite, dit des Froids-Culs **(panorama sur la ville haute et la cuve St-Vincent)**. On remonte sur le plateau St-Vincent.

La porte d'Ardon. -PC/CDT-

3 Prendre à gauche l'allée qui longe la cuve **(panorama sur la ville et la cathédrale)**, puis l'avenue de la République. **4** **Variante (promenade de la Madeleine) : à l'extrémité de l'allée, descendre l'escalier ; un sentier contourne les fortifications de l'abbaye.** Après l'entrée de l'abbaye, prendre à droite, puis à gauche : la rue Gabriel-Hanoteaux conduit à la batterie Morlot. **Hors circuit (150 m AR) : panorama de la batterie sur la ville haute, la cathédrale, le palais abbatial St-Vincent, la butte de Mons et le massif de St-Gobain.** **5** Poursuivre à flanc de la butte, rue des Creuttes. Le chemin longe ensuite une caserne **(vue à gauche sur les plaines, la butte de Mons et le massif de St-Gobain)**. On longe la fontaine St-Martin, puis la Tour Penchée. **6** À droite, passer sous la Porte de Soissons, emprunter l'escalier vers l'église St-Martin. **7** Bifurquer à droite, poursuivre rue Thibezard (ancien chemin de ronde) **(vue sur la cuve St-Vincent et sur l'hôtel du Petit-St-Vincent)**. **8** Descendre la rue St-Jean **(variante par la rue du Cloître-St-Jean : bel hôtel de style Louis XIII)**, jusqu'à la place du Général-Leclerc (hôtel de ville), puis s'engager rue Sérurier, tourner rue du Change, et regagner la cathédrale par la rue Jules-Fouquet (hôtellerie du Dauphin).

Voir et savoir ★ butte de Laon et cuve St-Vincent (remarquables) • les creuttes, anciennes caves creusées dans la roche Laon cathédrale (12e s.), anciennes abbayes St-Jean, St-Martin et St-Vincent remparts • ancienne batterie Morlot (19e s.) • portes de ville médiévales • Tour Penchée ancien hôtel-Dieu • fontaine des Meuniers • nombreuses maisons du 12e au 18e s. • ancien hôtel de ville (18e s.) • ancien palais épiscopal (du 12e au 17e s.) • hôtel du Petit-St-Vincent • hôtellerie du Dauphin Musée archéologique.

Infos pratiques ●●● variante : promenade de la Madeleine.

A proximité ★ promenades, chapelle des Templiers, refuges d'abbaye, etc.

LA CAMPAGNE DANS LA VILLE

«...Accrochant aux herbes des haillons d'argent [...] c'est un petit val qui mousse de rayons». Dans ce creux de vallée, l'on produisait jadis le vin le plus prestigieux de France, celui qui fêtait le sacre des rois : le saint-vincent. De ces vignobles, il ne reste rien : le «centre de gravité» de Laon se retrouve habité de potagers : poésie d'un centre-ville en pleine campagne.

1 h 30
balisage jaune et vert
4,5 km
▼ 95 m - ▲ 180 m

creux bucolique de la cuve Saint-Vincent s'étendre à nos pieds. On quitte la ville pour la campagne sans pour autant en quitter le centre. Au contraire, on se le réapproprie lors de la remontée vers Saint-Vincent. La ville réapparaît alors sur l'horizon comme un lever de soleil, dévoilant, pas après pas, cette acropole qui réunit près de 800 ans d'architecture française, avec, tel un bouquet, les quatre tours finement ouvragées de la cathédrale, qui seules émergent d'entre les toitures.

Passé la butte Saint-Vincent, c'est l'immensité du paysage sud de la ville qui s'ouvre au sommet de l'ancienne batterie du mont Morlot. Puis, contournant les remparts ouest qui dominent les creuttes, les potagers et la caserne Foch, on passera par la Porte de Soissons, du XIIe siècle, pour rejoindre le quartier médiéval par l'église de Saint-Martin, l'ancien refuge du Petit-Saint-Vincent, les anciennes demeures avec leur portiques sculptés... La cuve Saint-Vincent, alors à nos pieds, subsiste comme l'idée d'un paradis perdu.

1 Cour du Dauphin
2 Ancien hôtel de ville
3 Place de l'hôtel de ville et ancienne église
4 Porte des Chenizelles
5 Escalier du panorama
6 Rue Châtelaine
7 Cathédrale Notre-Dame
8 Ancien palais épiscopal
9 Ancien hôtel-Dieu
10 Musée et chapelle des Templiers
11 Anciens couvents et refuges
12 Rempart du Midi
13 Porte d'Ardon
14 Préfecture (ancienne abbaye St-Jean)
15 Ancienne abbaye St-Martin
16 Porte de Soissons
17 Tour Penchée
18 Ancienne abbaye St-Vincent
19 Maisons troglodytiques
20 Petit-St-Vincent
21 Batterie Morlot *-PH-*

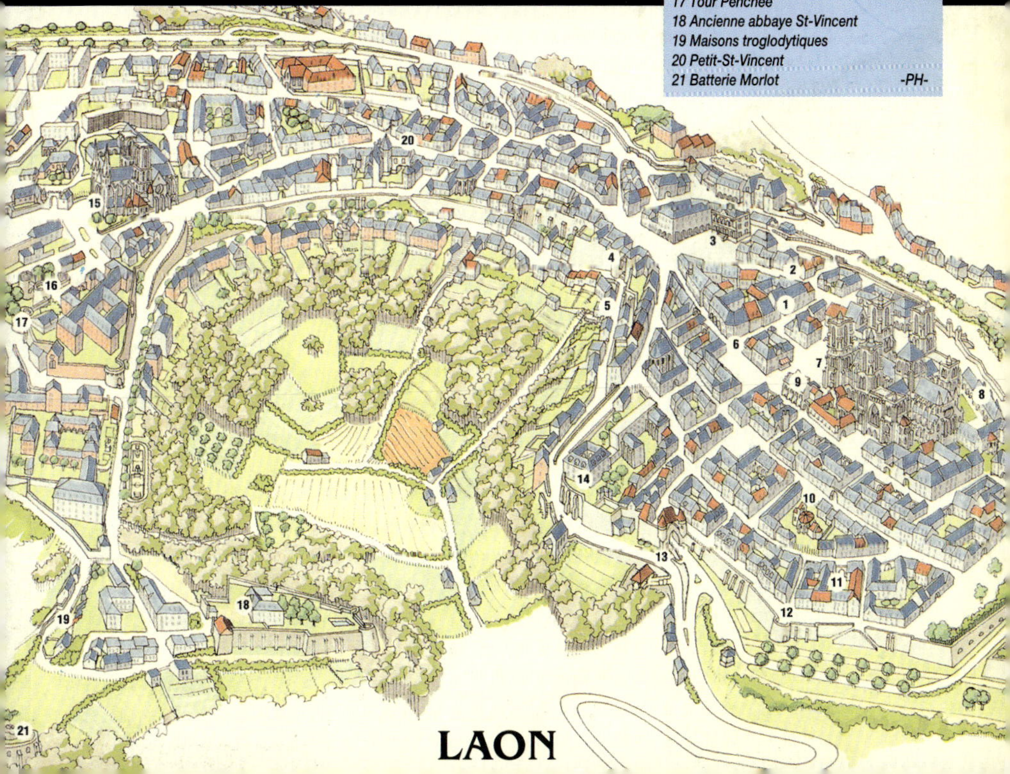

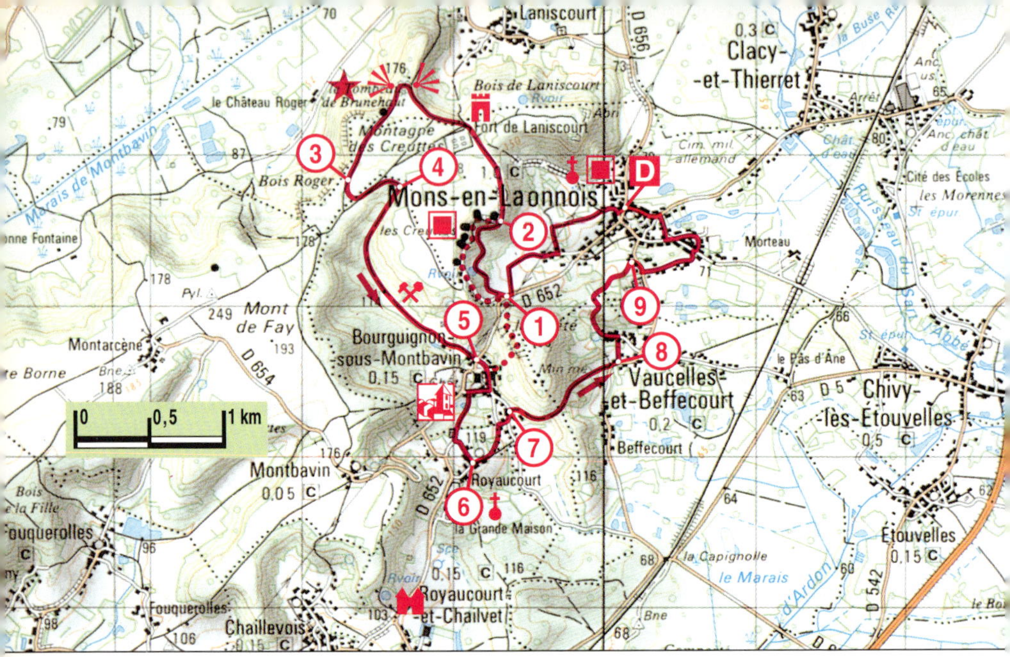

D De Mons, place d'Aix-en-Provence. Prendre la ruelle au-dessus de la boulangerie (direction les Creuttes et Montarcène). Au bout de celle-ci, prendre le chemin rural des Faveresses. Suivre ce chemin sur 500 m, puis descendre à gauche. Remonter une rue à droite, puis emprunter le chemin des Bersicourts, puis celui des Courettes. Gagner la route et partir à droite. **1** À droite, avant le virage, s'engager sur un chemin, le suivre sur 1 km environ. **(Variante : à gauche, avant le virage, emprunter le chemin des Creuttes pour parvenir au panorama ; rejoindre le point 2.)** **2** Monter par le GR 12 A à travers bois au fort de Laniscourt. À droite du fort, dans une clairière, suivre le chemin le plus à gauche qui contourne le fort. Continuer sur 1,5 km environ **(vue sur le vallon de Laniscourt et les marais de Cessières)**. On surplombe le tumulus protohistorique dit «tombeau de la reine Brunehaut». **3** À l'intersection, quitter le GR 12 A en virant à gauche. Se maintenir à droite. **4** Descendre le chemin des Molières en direction de Bourguignon (on longe la fontaine Ursule). **5** Au square, emprunter la rue des Vendangeoirs. Passer place des Frères-Le Nain. Tourner à droite immédiatement après la mairie (rue de l'École). **Raccourci pédestre vers 1 (épargne 3 km) : remonter à gauche la place des Frères-Le Nain et contourner leur vendangeoir par la droite. S'engager dans un petit chemin et remonter un sentier pentu. Rejoindre une creutte, un calvaire, et continuer à gauche par le chemin de croix du Chété.** Prendre le chemin du cimetière à gauche. En haut, partir à gauche et longer l'église de Royaucourt. **6** À gauche, prendre la rue du Chanoine-Fox et continuer jusqu'au sous-bois. Descendre la première sente à gauche, traverser un élevage de daims, prendre la ruelle à droite. À l'intersection, tourner à gauche en direction d'une placette. **7** Au transformateur EDF, grimper la sente des Pointes et descendre jusqu'à Vaucelles. Prendre la route à gauche. **8** Bifurquer à gauche entre la 2e et la 3e maison le long de la haie. Remonter à gauche et s'engager sur le chemin. Après 30 m, monter le chemin le plus à droite. Après 20 m, bifurquer de nouveau à droite. Aux potagers et vergers, virer à droite pour rejoindre une route. **9** Aller à droite, et aussitôt à gauche (rue de la Vieille-Moncelle). Traverser et rattraper légèrement à droite la rue de la Moncelle-Prolongée. Tourner à gauche à la première intersection. Place de l'Abbé-Toulouse, prendre à droite rue de l'Osoy, tourner à gauche et remonter à la mairie. En haut, tourner à gauche pour rejoindre la place d'Aix-en-Provence.

Fête de l'art à Bourguignon. -PC-

1 h 30

~ 259 m

Niveau : facile.
Difficultés : montée de 1 km après **1** et petite côte après **8**.

Voir et savoir

★ site légendaire du tombeau de Brunehaut (tumulus protohistorique) • église de Mons (13e s.) • église gothique de Royaucourt (rose, arcs-boutants) • à Mons : vendangeoirs et maisons typiques • habitat troglodytique privé des creuttes (variante) • à Bourguignon : vendangeoirs du 18e s., dont celui des frères Le Nain (17-18e s.) • maisons vigneronnes à pignons à redans, dits «à pas de moineau» (18e s.) • nom-

Églises, creuttes et vendangeoirs

Cette balade est l'une des plus belles du pays laonnois. Entre ses creux étroits et ses sommets, le chemin se fait champêtre, architectural ou social, selon qu'il nous conduit des creuttes aux vendangeoirs, ou de l'église de Mons à celle de Royaucourt, en passant par Bourguignon, le village des trois frères Le Nain, peintres du XVIIe siècle réputés pour leurs portraits paysans.

3 h 30

balisage jaune et blanc

10,5 km

▼ 70 m - ▲ 188 m

Si l'église massive de Mons est surtout remarquable pour l'équilibre de ses proportions intérieures, ses chapelles à 45° et ses rosaces, elle est aussi un contrepoint parfait à l'église «trop belle» de Royaucourt, perdue en pleine campagne, à quelques kilomètres de son village. Son élégante hauteur étagée sur trois niveaux, le clocher flanqué de quatres clochetons qui la poussent vers le haut lui valurent d'être surnommée «fleuron de la couronne de Notre-Dame de Laon». À elles deux, elles marquent parfaitement le passage du roman au gothique.
Social aussi, ce chemin qui nous fait longer, sur les crêtes de la butte, ces creuttes troglodytiques qui servaient jadis d'habitat aux tailleurs de vignes. Là où la crête s'arrondit, les hommes taillèrent d'abord une plate-forme avant de creuser la craie ; d'abord pour en sortir des blocs de construction, ensuite pour en faire un habitat rudimentaire qui sert aujourd'hui de remises. Non loin en contrebas, d'une fortune tout à fait opposée, se tient le village classé de Bourguignon. Les vendangeoirs étaient ces maisons d'été du XVIIe et du XVIIIe siècles où la bourgeoisie laonnoise, pour la plupart vigneronne, venait séjourner le temps des soins nécessaires à apporter à la vigne. Alors, la justice même, raconte la chronique, cessait de fonctionner. De hauts murs ceignent ces propriétés où l'habitat côtoyait les pressoirs et les caves. Et il n'est pas un espace de ce village qui puisse encore recevoir l'offrande d'un mur où la pierre tendre et dorée du calcaire semble contenir en ses poussières toute la lumière des soleils passés et à venir.

La ferme de Montarcène *est aménagée pour permettre la visite de son élevage de vaches salers et de son pigeonnier. Mais ce sont ses goûters, faits de mousses et de tartes aux fruits ou au sucre, son cidre ou son jus de pomme, que l'on appréciera le plus, avant d'aller contempler les lavoirs de Montbavin, les abreuvoirs en cascade et la fontaine de Saint-Fiacre.*

Les creuttes, grottes de calcaire, ont longtemps servi d'habitat ou de cave. -SC-

breux lavoirs et fontaines ⛫ château de Bourguignon (privé, du 19e s.) ⛫ fort et batterie de Laniscourt (fort Séré-de-Rivière, 1880, propriété de l'armée) ⚒ sables riches en fossiles (ère tertiaire) entre **3** et **6**.

Infos pratiques ●●● variante par les creuttes • raccourci entre **1** et Bourguignon.

A proximité ⛫ château de Chailvet, du 16e s. (galerie à l'italienne).

Vendangeoir à Bourguignon. -PC-

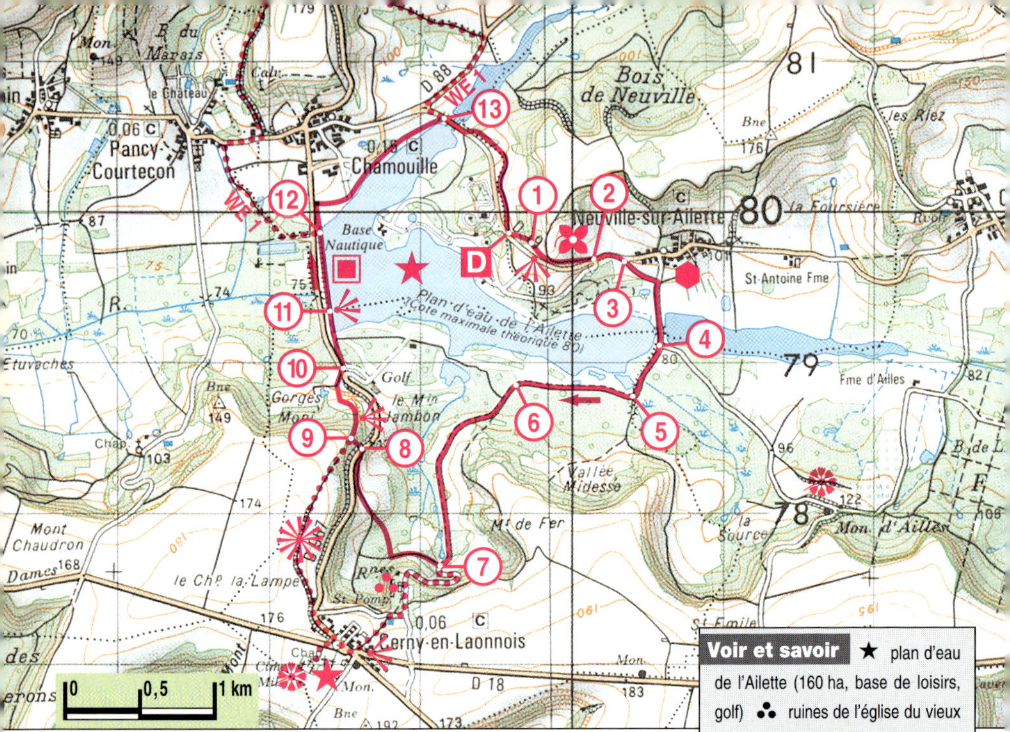

D Face à l'entrée de la base de loisirs de l'Ailette. Suivre à droite le balisage jaune et violet. **1** Un court raidillon à travers bois offre un **point de vue sur le lac et les crêtes boisées du Chemin des Dames**. Le chemin rattrape la route. **2** La prendre à gauche sur 200 m. **3** Avant l'entrée de Neuville, bifurquer à droite sur un chemin goudronné qui franchit le plan d'eau. **4** Continuer tout droit sur le chemin de terre. **5** À l'embranchement, prendre à droite pour longer le golf. **6** Le chemin bifurque légèrement à gauche et redevient goudronné pour s'élever en pente douce. **7** Quitter la route dans une épingle, pour le chemin qui monte vers la droite. Poursuivre toujours vers la droite pour rejoindre les hauteurs du terrain de golf. **Variante du Chemin des Dames (plus 2 km) : continuer sur le chemin goudronné jusqu'au cimetière (vestiges du village rasé en 1917). À l'embranchement situé plus haut, prendre à droite (GR 12), puis tourner à gauche vers le carrefour de Cerny ; point de vue 50 m à gauche sur le lac. Reprendre la D 967 ; hors circuit de 150 m vers les cimetières français et allemand ; point de vue au fond de ce dernier sur la vallée de l'Aisne. Bifurquer, 300 m plus loin, dans un virage, dans le chemin qui remonte à gauche. On rejoint le point 9.** **8** Traverser la route (attention : faible visibilité) et monter en face. **9** À l'orée du bois, tourner à droite pour descendre le long des champs **(vue sur le lac, les villages de Chamouille et de Neuville)**. **10** Retraverser la route. À l'entrée du terrain de golf, prendre aussitôt à gauche pour redescendre sur la digue. **11** Emprunter le chemin sur la digue. **12** Contourner l'hôtel pour rejoindre le bord du plan d'eau. Suivre le sentier qui traverse l'ancienne route (roselières). **13** À l'extrémité du lac, tourner à droite et franchir la Bièvre. 50 m après le pont, sur le côté gauche de la route, le sentier repart en surplombant la route. Il rejoint le point de départ.

Voir et savoir ★ plan d'eau de l'Ailette (160 ha, base de loisirs, golf) ∴ ruines de l'église du vieux Cerny (village rasé en 14-18) dans le cimetière, sur la variante ▣ barrage de l'Ailette (1984) ✿ orchidées sauvages sur le savart (coteau calcaire) entre **1** et **2** mémorial du Chemin des Dames et nécropole nationale à Cerny (variante).

Infos pratiques ••• variante entre **7** et **9** (voir descriptif).

À proximité ✲ monument d'Ailles ⬢ musée de l'Oiseau à Neuville-sur-Ailette.

La crête du Chemin des Dames. -PC-

Le Chemin des Dames vu par les écrivains. Le Chemin des Dames fut au carrefour d'une activité littéraire impressionnante, qui ne doit pas tout, loin s'en faut, aux seuls récits de guerre. Lors de son passage, en juin 1940, le

LE TOUR DU LAC DE L'AILETTE

CHAMOUILLE ■ NEUVILLE-SUR-AILETTE ■ CERNY-EN-LAONNOIS

Un lac pour les loisirs et les oiseaux

Le circuit évolue entre le Chemin des Dames, entré dans la mémoire universelle, et le plan d'eau de l'Ailette, consacré aux loisirs. Le plaisir que procure ce lac tient à la variété de ses berges : ici aménagées en plage là herbeuses et ombragées pour quelque pique-nique...De partout, cette étendue apaise par la sérénité qu'elle dégage.

2 h 45

balisage jaune et violet

10 km

▼ 81 m - ▲ 130 m

Vélo : **1 h 15** — **~ 90 m**

Niveau : facile, sur de bons chemins.
Difficultés : montées raides mais courtes entre **D** et **1**, par paliers entre **6** et **9**. Prudence en traversant la D 967 et à l'entrée du terrain de golf.

Entre le site historique et multiséculaire de la Montagne Couronnée de Laon, à 13 km au nord, et celui ô combien plus dramatique et récent du Chemin des Dames, à 3 km au sud, s'étale le parc nautique de l'Ailette : un plan d'eau de 160 ha au milieu d'un parc trois fois plus grand. Il s'agit d'un imposant lac artificiel où la population de la région vient goûter, dans la détente ou pour quelques compétitions de prestige, aux joies des activités aquatiques.

Sur la berge nord, Chamouille est le plus ancien village répertorié du département. Il est cité dans les miracles de saint Gibrien, écrits au VIe siècle. Le village fut détruit en 1917 ; reconstruit ensuite, il dut encore abandonner quelques maisons au lac, lorsque celui-ci, en 1984, envahit la vallée. En amont, le lac entretient une vaste zone de bas-fonds marécageux, propices aux oiseaux comme aux ornithologues en herbe. Près de 150 espèces ont été reconnues, et un centre ornithologique, à Neuville, propose une collection de près de 500 oiseaux naturalisés. En matière de pratiques sportives, notons, au-delà des désormais classiques parcours de santé, locations de VTT et balades pédestres : un golf international de 18 trous, et un d'entraînement de 9 trous, des locations de planches à voile, de catamarans et autres dériveurs, ainsi que les célèbres compétitions internationales d'aviron, qui se tiennent habituellement fin mai.

Le plan d'eau de l'Ailette. -PC-

capitaine allemand Ernst Jünger – qui évoquait déjà la Grande Guerre dans son roman *Orages d'acier* – intervint pour protéger le plateau de Laon des pillages. Le 17 mars 1917, au bois des Battes, à Pontavert, Guillaume Appolinaire, volontaire parmi les poilus, recevait l'éclat d'obus, à la tempe, qui allait le laisser affaibli et fragile jusqu'à sa mort, en novembre 1918. Le 27 mai 1918, à Vailly-sur-Aisne, un autre éclat d'obus handicapait Joë Bousquet pour le restant de ses jours : 32 années qu'il passa immobilisé sur un lit à écrire une œuvre géniale et des plus singulières. Dans ce chaos de chairs et d'obus, Aragon écrira des poèmes, et Barbusse *le Feu*. Joseph Kessel situera l'action de *l'équipage* au-dessus de la vallée de l'Aisne, et les mutineries de 1917 inspireront le célèbre film de Stanley Kubrick, *les sentiers de la Gloire*, ainsi que le roman de Sébastien Japrisot, *un long dimanche de fiançailles*.

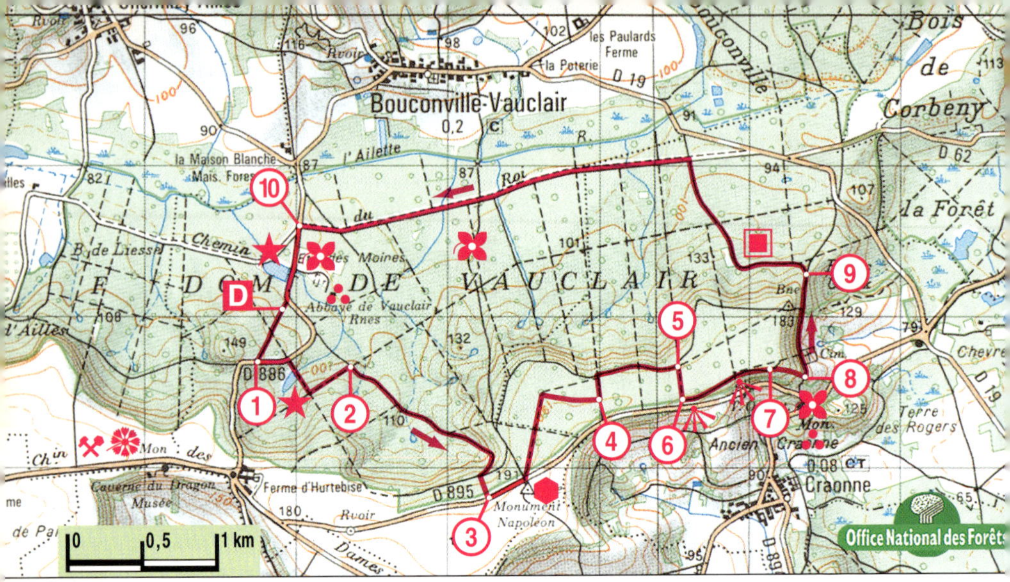

Le Chemin des Dames

-SC-

Il fut pavé en 1770 à la demande du comte de Narbonne, dont la dame recevait alors régulièrement, en leur château de la Bove, les princesses Marie-Adélaïde et Victoire, filles de Louis XV. Cette barrière naturelle entre les forêts du Soissonnais et les plaines du Laonnois contribua déjà à la victoire de César contre les Suessions, en 57 avant J.-C. Et c'est du plateau de Craonne, dit «de Californie», que Napoléon lança et gagna son offensive contre les troupes russes de Vorontzov, en mars 1814. Tandis que les habitants de Craonne fêtaient le centenaire de cette victoire, les combats réapparaissaient pour quatre ans, détruisant tout. Aujourd'hui, l'impériale silhouette au bicorne rappelle la première victoire, tandis que, à quelques kilomètres seulement, au carrefour de la ferme d'Hurtebise, un autre monument évoque ce siècle, entre 1814 et 1914, au cours duquel la guerre ne cessa de prolonger ses boucheries.

Accès depuis Bouconville : suivre la D 19 ; à la maison forestière de Vauclair, tourner à gauche sur la D 886. **D** Du parking de l'abbaye de Vauclair. Suivre le chemin forestier longeant le parking par la droite. Passer une barrière et monter. **1** Traverser la route, se diriger à gauche, tourner à droite et longer l'étang de La Bonne-Fontaine. Tourner à gauche. **2** Monter à droite par la piste empierrée. **3** Emprunter la route à gauche sur 250 m. Face à la butte de Napoléon (à droite), prendre à gauche et emprunter le chemin le plus à droite, passer une barrière. Longer des plantations puis tourner à droite. **4** Rejoindre la laie pare-feu à gauche. Faire 250 m et prendre à droite en sous-bois. **5** Passer une barrière, tourner à droite et descendre. Pour rejoindre le belvédère de Californie, continuer tout droit et traverser la route. **6** **(Table d'orientation du plateau de Californie à 25 m : vue sur la vallée de l'Aisne.)** Prendre à gauche le chemin bordé de pins **(vues sur Craonne et la plaine)**. **7** Descendre le sentier longeant le blockhaus par la gauche (marches). **8** **(Hors circuit vers l'arboretum.)** Au chemin, tourner à gauche, dépasser le cimetière du vieux Craonne, descendre un chemin encaissé. **9** Tourner à gauche, longer un ancien champ par la droite, traverser la piste empierrée, rejoindre à gauche le chemin empierré du Roi et le suivre (chêne du gl-Cuif à gauche). **10** À la route prendre à gauche, passer devant le verger conservatoire. Laisser l'étang des Moines à droite et les ruines de l'abbaye de Vauclair à gauche, pour regagner le point de départ.

L'abbaye de Vauclair

Comme celle de Longpont, l'abbaye qui se dressait dans cette clairière au cœur des 1000 ha de la forêt de Vauclair était du modèle cistercien, fille de l'abbaye de Clairvaux, elle-même fille de Cîteaux. Saint Bernard, premier abbé à Clairvaux, fonda Vauclair en 1134. Cet ordre exigeait que ses monastères fussent construits dans l'isolement des forêts et des déserts, et ce pour un recueillement plus rigoureux. L'impressionnante abbaye échappa à la Révolution mais fut anéantie par les bombardements de 14-18. Ironie de l'Histoire, la creutte dont furent extraites la plupart de ses pierres est cette fameuse Caverne du Dragon qui survit dans l'Histoire comme témoignage de la guerre, qui détruisit l'abbaye.

Outre ces vestiges minimalistes, le site est remarquable pour son jardin situé sur l'ancienne apothicairerie et qui répertorie près de 200 espèces de plantes médicinales, auxquelles s'ajoutent 200 autres plus classiques, dans les jardins monastiques. Non loin, un verger conservatoire tend à retrouver les 88 espèces de pommes du Laonnois telles qu'elles étaient répertoriées en 1880.

À quelques kilomètres, mêlant toujours botanique et histoire, l'arboretum de Craonne se dresse sur l'emplacement de l'ancien village, entièrement détruit par les batailles et que l'on voit reconstruit en contrebas. Les espèces communes du pays : le pin, le hêtre et le chêne grandissent entre les anciens trous d'obus, ce qui donne au lieu un caractère grave un peu fantastique. Il suffit de grimper la route qui conduit au plateau de Californie pour comprendre l'enjeu stratégique et militaire que devait représenter l'endroit dans l'esprit des militaires. Là, le versant de cette barrière naturelle qu'est le Chemin des Dames se dresse presque vertical, d'autant plus aisément défensif.

Un jardin médicinal près d'une ancienne abbaye, un arboretum dans un champ d'obus, un verger conservatoire pour retrouver des pommiers disparus : c'est une balade entre botanique et histoire qui vous est proposée, sur les traces de Napoléon, des moines cisterciens et des poilus.

3 h 00

balisage : flèche cerclée de bleu

11 km

▼ 87 m - ▲ 191 m

🚲 **1 h 30**

~ 185 m

Niveau : difficile.
Difficultés : terrain accidenté – longue montée entre **2** et **3** – descente raide avant **9** – zone humide entre **3** et **4** – barrières sur le parcours.

Voir et savoir ★ anciens étangs monastiques de La Bonne-Fontaine après **1** et des Moines avant **D** ancienne abbaye cistercienne de Vauclair, remarquable monument Napoléon commémorant la bataille de Craonne (1814) arboretum (hors circuit en **8**), aménagé sur les vestiges de l'ancien village de Craonne, rasé en 1914-18 • chêne du Général-Cuif • jardin des plantes médicinales à l'abbaye et verger conservatoire (pommiers) ancien lavoir après **9**.

Infos pratiques ⬢ aire de pique-nique en **D**.

A proximité musée de la Caverne du Dragon.

Les vestiges de la grande abbaye cistercienne de Vauclair -PC-

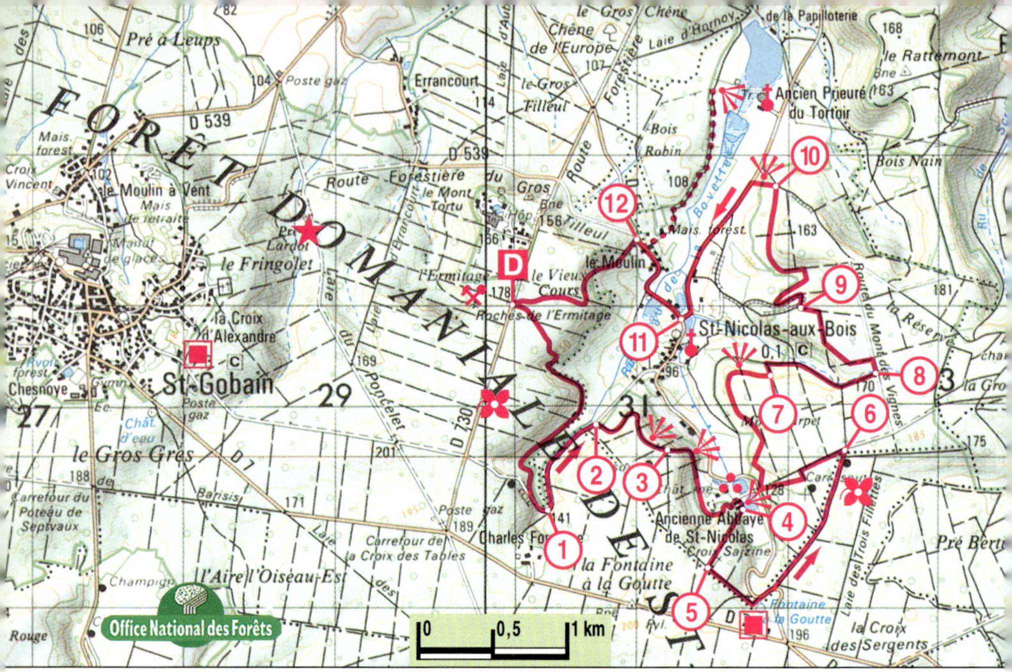

Saint-Gobain, de la forêt à la verrerie

L'abbaye des Prémontrés, surnommée aussi, le «Versailles monastique» est tout près, mais la forêt doit d'abord son nom à l'évangéliste irlandais qui s'arrêta là, stupéfié par le mystère de ces formations calcaires et à côté desquelles il décida d'installer son ermitage, vers l'an 600. Ces rochers de l'Ermitage sont issus de calcaire à nummulites, ou pierres à liards, du lutécien inférieur et moyen (éocène). Le climat et la végétation en ont creusé facilement le ciment peu cohérent pour dégager ces cailloux «ovniesques». Les verreries se sont installées à Saint-Gobain au XVIe siècle, avant de devenir Manufacture royale des glaces en 1665 et d'être rachetées en 1692 par la Compagnie de Saint-Gobain, qui a perduré jusqu'à nos jours pour devenir, intégrée à un groupe industriel plus large, un des fleurons de l'industrie internationale.

Les rochers de l'Ermitage. -PC/CDT-

Accès depuis St-Gobain : prendre la D 7 en direction de Laon. Après 2 km, tourner à gauche (D 730) ; le parking est à 1,5 km à gauche.

D Du parking des Roches-de-l'Ermitage (petit circuit de découverte : ronds blancs). Traverser la route, passer la barrière. À 50 m, emprunter à droite un sentier dans la hêtraie. Descendre le chemin forestier en laissant à gauche des plantations de peupliers. **1** Emprunter à gauche le chemin goudronné. **2** Monter à droite le chemin forestier fermé par une barrière **(vue en descendant sur le village de St-Nicolas). 3** Descendre un chemin. À l'intersection, continuer tout droit en sous-bois. **4** Monter des marches **(vue sur l'ancienne abbaye de St-Nicolas). 5** À La Croix-Saizine, prendre à gauche, gagner la source de la Fontaine-à-la-Goutte. Remonter la route sur 150 m. Virer à gauche sur le chemin empierré des Trois-Fillettes. **6** À l'intersection, virer à gauche. Emprunter à gauche un sentier encaissé, dans une plantation de pins. Traverser la laie et descendre un chemin creux. Déboucher sur la route et prendre de suite à droite un sentier montant et serpentant à flanc de coteau **(vue sur le prieuré du Tortoir). 7** Tourner à gauche et dévaler le raidillon. En bas, prendre à droite. Au bout du vallon, bifurquer à gauche et monter. **8** Obliquer à gauche sur la piste empierrée, longer un grillage, puis encore à gauche (plantations de pins). Tourner à droite, puis à gauche. **9** Descendre dans une ancien-

Le Tortoir et Saint-Nicolas-aux-Bois

Douze étangs ponctuaient jadis le ruisseau de la Bovette jusqu'à son confluent avec la Serre. Près de l'un d'eux se dressait la ferme du Tortoir. Les moines y pratiquaient une activité de pressoir ou de moulin à foulon, et le grand bâtiment solitaire qui demeure aujourd'hui dans cette clairière lumineuse servait jadis à héberger les hôtes de l'abbaye. C'est du moins ce que semblent indiquer ces restes d'une architecture qui porte la trace de nombreuses transformations. Les archéologues ont comparé le Tortoir à d'autres bâtiments semblables où l'on distingue encore un cellier surmonté d'un dortoir ou d'une chapelle. Mais un riche industriel belge, le baron Coppée, voulut en 1924 convertir le site en un espace agricole expérimental. Cela explique le bétonnage du sol, l'occultation des ouvertures, l'effacement de nombreuses traces, et donne au bâtiment rescapé cette indéfinissable aura poétique.
À deux ou trois kilomètres en amont se dresse un très beau logis abbatial du XVe siècle flanqué de tourelles et des douves d'une ancienne enceinte fortifiée. C'est tout ce que les guerres ont laissé de l'abbaye de Saint-Nicolas-aux-bois, fondée par Philippe Ier vers 1080 pour héberger des ermites bénédictins. C'est juste assez pour nourrir chez le promeneur quelques rêveries bucoliques d'un autre temps.

Plus que toute autre, la forêt de Saint-Gobain se prête, par nature et par l'Histoire, à la méditation. C'est un chemin entre lisières et clairières, entre étangs et vestiges de bâtiments saints, quasiment millénaires, dans une forêt de hêtres parsemée de chênes aux noms évocateurs : chênes de l'Europe, des Trois-Fillettes...

4 h 30

balisage : flèche et cercle rouge

15 km

▼ 90 m - ▲ 187 m

L'ancien prieuré du Tortoir, élégant bâtiment du 14e siècle situé entre étangs et prairies. -PC-

ne carrière. Rejoindre à droite un chemin en fond de vallon. Tourner à gauche, continuer en limite de forêt. **10** Au chemin empierré, descendre à gauche **(belle vue sur le Tortoir)**. Tourner à gauche sur la D 556. Traverser St-Nicolas. **11** À l'intersection, prendre la D 55 à droite. **Hors circuit : 200 m avant 12, prendre à droite le chemin du bois Robin, face au restaurant, passer devant la maison forestière avant de bifurquer à gauche à la patte-d'oie. Continuer sur 1 km : vue sur le Tortoir.** **12** Rejoindre à gauche la route forestière du Gros-Tilleul, tourner immédiatement à gauche après l'intersection. Monter et serpenter à travers une hêtraie, puis rejoindre le point de départ.

2 h 00

~ 380 m

Niveau : très difficile, voire déconseillé.
Difficultés : techniques et physiques sur le parcours, risques de dégradation du sol par érosion. Poussette entre **7** et **8** (descente dangereuse) et en **9** (passage dangereux en carrière).

Voir et savoir ★ vallon de la Bovette en forêt de St-Gobain (anciens étangs monastiques) • Fontaine-à-la-Goutte ♁ ancienne abbaye de St-Nicolas-aux-Bois (15e s.) • ancien prieuré du Tortoir • Croix-Saizine (monument érigé en 1259 par le sire de Coucy) ✖ chêne des Trois-Fillettes avant **6**.

A proximité ★ étang de Pré-Lardot ■ manufacture de St-Gobain • pavillon de la Croix-des-Sergents ⚒ roches de l'Ermitage ✖ chêne des Quatre-Frères.

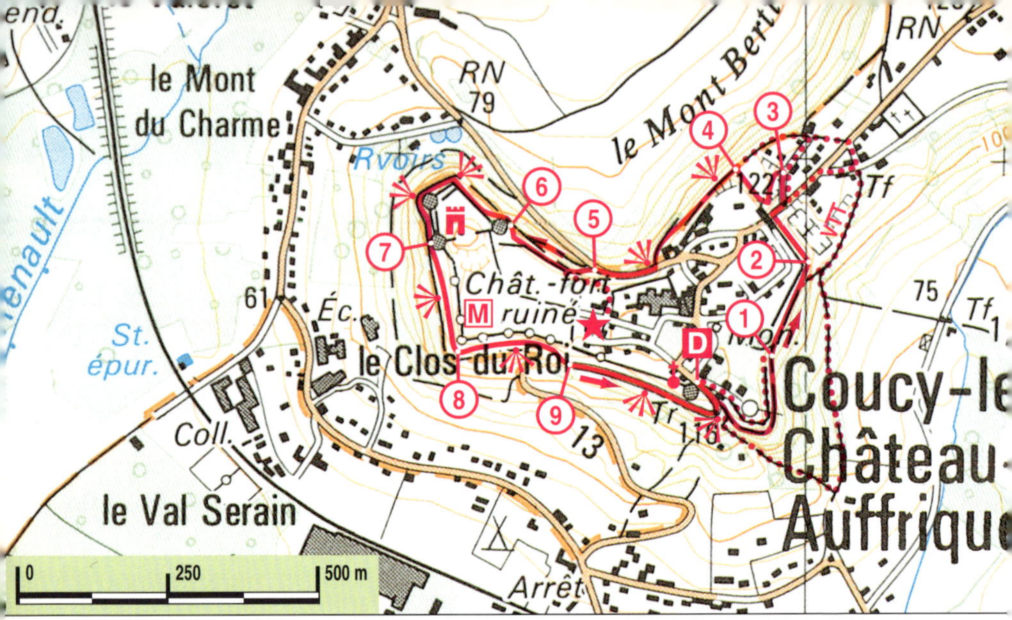

D Porte de Soissons (office de tourisme). Descendre la côte de Soissons sur 20 m **(panorama sur la vallée de l'Ailette)**. **Variante de D à 2 : face à l'office de tourisme, s'engager dans l'impasse St-Sauveur. Contourner l'église par la droite. Suivre le chemin des remparts qui franchit la gloriette du parc Lhermitte. Tourner à droite 15 m, descendre l'escalier pour rattraper le chemin de ronde.** S'engager à gauche sur le sentier qui longe le rempart au pied de l'église. Suivre le chemin de ronde. **Variante pédestre jusqu'à 2 : bifurquer à droite dans la sente de la montagne d'Étrelles. Hors circuit : emprunter le premier sentier à droite pour découvrir les champs et Moyembrie.** **1** On croise l'escalier qui remonte sur le rempart. Longer la tour Lhermitte, puis des terrasses. **2** Aux tennis, longer le rempart en prenant à gauche vers la Porte de Laon **(variante VTT de 3 à 7)**. **3** Traverser la route pour accéder à l'autre extrémité de la barbacane **(panorama sur Verneuil-sous-Coucy, Folembray et la forêt de Coucy)**. Longer le parapet vers la droite. À l'entrée du vieux chemin d'Anizy, descendre à gauche l'escalier. En traversant le fossé, on rejoint le chemin de ronde **(même panorama qu'en 4, ainsi que sur Coucy-la-Ville et la forêt de St-Gobain)**. **4** Tourner à gauche vers la Porte de Chauny. Prendre à droite et descendre sur 100 m. À hauteur du troisième candélabre, traverser la route pour prendre l'escalier. Suivre le chemin et remonter au pied du rempart. **5** **Hors circuit vers le centre-ville : suivre le chemin de ronde jusqu'au pied d'un escalier. Emprunter la rue Maître-Eudon jusqu'à la rue du Château.** Franchir le portillon. Le chemin de ronde s'élargit (pâturages). Passer entre le chaos de pierres et l'arbre isolé et contourner le château **(large panorama sur la vallée de l'Ailette, le massif de St-Gobain, Coucy-Basse et la vallée de l'Oise)**. **6** Après la tour de l'Artillerie, on longe la salle des Preuses, puis celle des Preux. **7** Poursuivre le long d'un large fossé. **8** Obliquer à gauche et longer le rempart de basse-cour. **9** Au portillon, descendre sur 10 m pour rejoindre la côte de Soissons (vigne). Tourner à gauche et remonter sur 200 m **(panorama sur la vallée de l'Ailette)**, pour revenir à l'office de tourisme.

La forteresse de Coucy-le-Château. La devise des sires de Coucy était : «Roy ne suis, ne prince, ne duc, ne comte aussi, je suis le sire de Coucy.» -DT/CDT-

Voir et savoir ★ site et ville fortifiée de Coucy-le-Château · château de Coucy (vestiges du donjon et, hors circuit, ceinture de remparts, ancienne porte) · église St-Sauveur (12e-13e s., par la variante) · gloriette (17e s.) sur la variante • source couverte entre **2** et **3** · tour-musée en **D** : maquette du château • vignes reconstituées entre **14** et **D**.

A proximité forêts de Coucy-Basse et de St-Gobain.

À L'OMBRE DES REMPARTS

COUCY-LE-CHÂTEAU

0 h 30
~ 32 m

Niveau : difficile.
Difficultés : descentes abruptes entre **D** et **2** – montées raides entre **5** et **6** et entre **9** et **D** – portage localement entre **5** et **D** – poussette après **8**.
Variante : entre **2** et **4** (voir descriptif).

Sur le plateau de Coucy, en éperon au-dessus du passage de la vallée de l'Ailette à la vallée de l'Oise, se dressent les vestiges de ce qui fut la plus grande forteresse d'Europe. Ce petit circuit qui épouse le tracé des remparts offre une succession ininterrompue de points de vue sur la campagne et la forêt environnantes.

0 h 45
balisage jaune et vert
2 km
▼ 106 m - ▲ 125 m

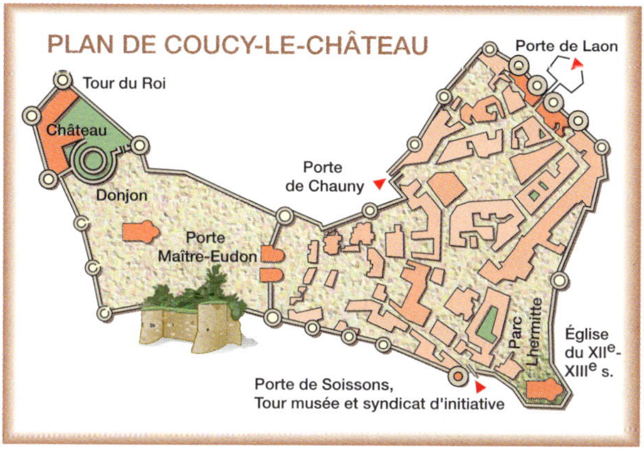

Coucy, une référence pour Viollet-le-Duc

Dans son encyclopédie des châteaux forts, Viollet-le-Duc fait référence à Coucy à chaque chapitre comme à un modèle de savoir-faire. Les remparts, qui courent sur près de 2,5 km autour de la ville, comprenaient 28 tours dont les angles de tir se croisaient. Un fossé de 6 m cernait le puissant donjon, qui s'élevait à 54 m, égalant ainsi les tours de N.-D. de Paris ; ses 32 m de diamètre permettaient au seigneur de recevoir tous ses vassaux dans la seule salle voûtée du troisième étage. L'ouvrage serait directement inspiré de la tour de Talism, construite à Bagdad en 1220. Le château de Coucy fut le premier à être entièrement conçu sur plans avant que soit entamée sa construction.

La turbulente famille de Coucy se distingua essentiellement entre le XIe et le XIVe siècle, sous la dynastie des Enguerrand, qui furent des plus belliqueux avec la royauté, allant jusqu'à construire cette forteresse entre 1225 et 1230, et à pactiser avec l'Anglais. L'affront dura jusqu'en 1652, quand Mazarin vint démanteler l'essentiel des fortifications. Louis-Philippe en racheta les restes en 1829, et Viollet-le-Duc, qui y voyait encore la plus belle construction du Moyen Age, les restaura sous Napoléon III. Des trois portes qui ouvraient à la ville, deux subsistent, dont celle de Laon, chef-d'œuvre de l'art militaire.

Salle d'une tour d'enceinte à Coucy- le-Château.
-DT/CDT-

La maquette exposée dans la salle de garde de la porte de Maître-Eudon, qui ouvre l'accès à la basse-cour, illustre la perfection architecturale du château originel. Or, ce que Mazarin laissa debout en 1652 était encore si remarquable que le site fut l'un des trois monuments les plus visités de France, avec Versailles et le mont Saint-Michel, avant que les Allemands, dans leur défaite, n'en fassent exploser une part importante, dont le fameux donjon, le 27 mars 1917. Dans la tour-musée de Coucy, on peut voir des maquettes et divers documents qui témoignent de ce qu'était le château avant cette date.

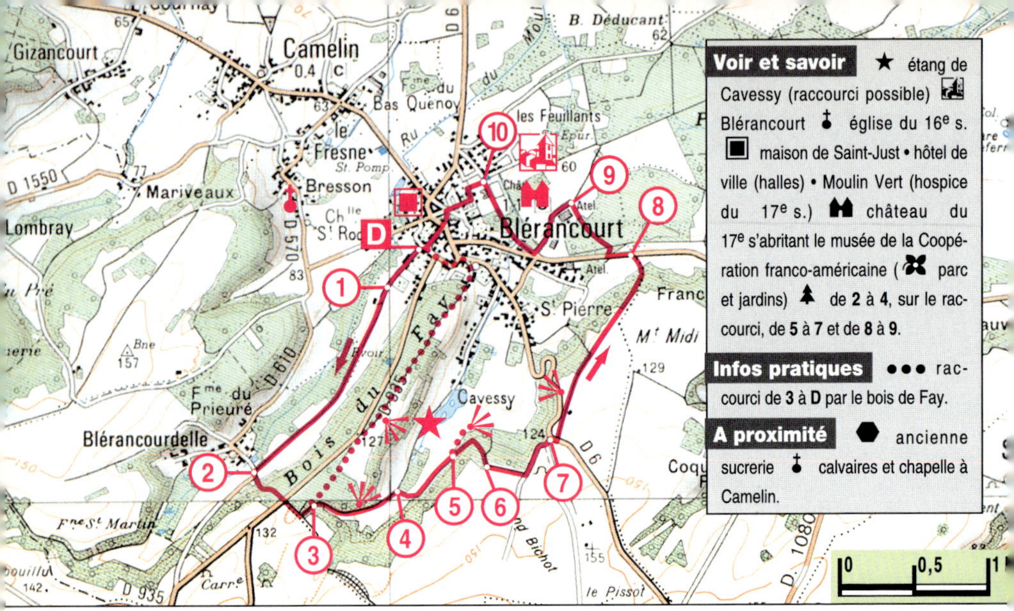

Voir et savoir

★ étang de Cavessy (raccourci possible) Blérancourt église du 16e s. maison de Saint-Just • hôtel de ville (halles) • Moulin Vert (hospice du 17e s.) château du 17e s'abritant le musée de la Coopération franco-américaine (parc et jardins) de **2** à **4**, sur le raccourci, de **5** à **7** et de **8** à **9**.

Infos pratiques

●●● raccourci de **3** à **D** par le bois de Fay.

A proximité

ancienne sucrerie calvaires et chapelle à Camelin.

D De la maison de Saint-Just à Blérancourt (à l'angle des rues de la Chouette et de Saint-Just). Emprunter la rue de la Chouette pour quitter le bourg. Elle cède la place à un chemin (GR 12A). **1** Après l'étable, suivre le chemin sur 1,5 km (chemin rural de Blérancourdelle à Blérancourt). **2** Après une haie, tourner à gauche (chemin de la Croix-Loudière). Après 10 m, s'engager dans le sentier à gauche qui gravit le versant, à travers le bois de Fay. Traverser la D 935. **3 Raccourci vers la maison de Saint-Just, à 2,5 km par le 1er chemin à gauche.** À 100 m, emprunter le second chemin à gauche, qui coupe ensuite à travers champs. **4** Juste avant la peupleraie, tourner à droite dans le chemin en légère montée. **Raccourci vers Blérancourt : tout droit par le chemin de Cavessy (étang)**. Puis tourner à gauche et longer le bois de Cavessy. **5** Emprunter à droite le chemin à travers le bois de Cavessy. **Hors circuit : suivre la lisière du bois (vue sur le clocher de l'église)**. Il effectue un coude à droite. **6** Le chemin s'ouvre sur le plateau cultivé du Soissonnais. Tourner tout de suite à gauche. Face aux carrières, tourner à gauche pour atteindre la D 6 (attention aux camions). **7** Remonter la D 6 sur 20 m et s'engager dans le chemin à gauche. À l'intersection avec le GR, continuer tout droit le long de la pâture. Le sentier pénètre dans le bois et la pente s'accentue. Passer à travers champs en empruntant un fossé 50 m après la lisière. **8** Tourner à gauche et descendre la D 934 avant de s'engager à 150 m dans le sentier qui descend à droite dans la peupleraie. Continuer jusqu'aux bâtiments industriels à 400 m. **9** Obliquer à gauche dans la sente des Bries, goudronnée, pour rejoindre la route. La quitter immédiatement en s'engageant sur le chemin à droite le long du dépôt d'autocars. Poursuivre sur 500 m. **10** Avant les pavillons, abandonner l'allée arborée pour emprunter à gauche le sentier qui longe le château. **Hors circuit : à la hauteur des peupliers, tourner à droite pour découvrir à 20 m le monument aux morts dédié à Piatt Andrew.** Gravir le petit escalier : **hors circuit vers les jardins**. Tourner à gauche pour longer les bâtiments de brique, puis à droite pour sortir du parc. Traverser la place arborée jusqu'à la fontaine et rejoindre l'hôtel de ville. Traverser la D 935 pour emprunter à droite la rue Faidherbe (direction Pierrefonds) et tourner à droite au bout de cette rue pour retrouver la maison de Saint-Just.

1 h 30

~ 108 m

Niveau : difficile.
Difficultés : montées abruptes après **2** (portage, poussette), moins fortes entre **5** et **6** (poussette) – descentes soutenues entre **3** et **4**, **7** et **8**, et par le raccourci.
Raccourci : de **3** à **D** : 3,5 km au total, beaucoup plus facile.

Le Moulin Vert, hospice du 17e siècle. -PC-

Entre Noyonnais et Soissonnais, cet «anneau vert» emboîte le pas à Saint-Just, qui vécut ici une grande partie de sa jeunesse. Après les pâturages, les versants boisés de la vallée de l'Oise et les larges cultures du plateau, on retrouve l'Histoire à Blérancourt, qui abrite en son château le Musée de la Coopération franco-américaine.

2 h 00
balisage jaune et bleu
8,5 km
▼ 62 m - ▲ 129 m

Une découverte de l'Amérique

À l'ombre de sa mairie-halle dressée sur ses piliers comme sur autant de pilotis de pierre, Blérancourt laisse le choix entre deux parcours d'Histoire : soit remonter au cœur de la Révolution française sur les traces de Saint-Just, théoricien de la Terreur ; soit aborder l'Amérique par le musée de la Coopération franco-américaine qui occupe les restes d'un château du XVIIe siècle. Le musée fut créé par une Américaine fortunée, Ann Morgan (comme la banque du même nom), qui décida en 1917 de consacrer sa vie à l'aide humanitaire aux civils français victimes de la guerre (l'American Field Service). L'armée française lui confia alors le domaine de Blérancourt, où elle continua d'œuvrer après la guerre. C'est en hommage à cette solidarité entre les deux nations qu'est né le musée, qui ouvre à un contact avec la culture, l'histoire et l'art des États-Unis. On peut y admirer une collection permanente d'œuvres françaises et américaines que le fonds possède, soit près de 500 peintures et sculptures (A. Calder, Arthur B. Davies, F. Léger, José Maria Sert, John Peto...), 2 500 dessins et 5 000 photos ; des expositions ponctuelles (autour des photographes Elliott Erwitt, H. Cartier-Bresson, des peintres Thomas Paine, Jean Hugo...) ; des collections historiques et une bibliothèque de documents et d'imprimés du XVIIIe siècle. Mais c'est la collection de matériel des ambulanciers américains de la Grande Guerre qui demeure la fierté du musée. En été, l'espace est particulièrement remarquable pour la beauté de ses jardins à la française, ses deux jardins d'essences florales, où se côtoient capucines, tabacs, dahlias, phlox et asters, et son arboretum, avec des érables, des tulipiers de Virginie et des chênes d'Amérique : toutes essences issues d'espèces «made in USA».

-SC-

Saint-Just est né à Decize, dans l'Allier, en 1767. En 1776, sa famille s'installait définitivement à Blérancourt. Leur maison, longtemps abandonnée et menacée de ruine totale, fut tout récemment restaurée pour abriter l'office du tourisme et une exposition qui retrace la vie de celui qui fut un des fondateurs de la république et grand meneur de la Révolution. On le disait d'une intelligence froide, impitoyable contre tout ce qui s'opposait à l'établissement de la république. Il fut à l'origine des «décrets de Ventôse» qui redistribuait la terre à ceux qui la travaillaient... Pour beaucoup, Saint-Just est resté une figure emblématique de la résistance et d'une certaine radicalité politique, notamment pour ce qui touche aux avantages sociaux. En 1792, il était président du club des Jacobins. Six mois avant d'être exécuté, il contibuait à la victoire militaire contre les Prussiens et les Autrichiens, à Fleurus. Il fut guillotiné le 28 juillet 1794 pour avoir défendu la prédominance des institutions contre l'absolu de l'arbitraire, fut-il populaire.

Les quatre pavillons du château de Blérancourt. -PC-

SOISSONNAIS ET VALLÉE DE L'AISNE

Ressons-le-Long. -JG/S-

Soissons, traversé par l'Aisne, et sa Communauté de communes constituent aujourd'hui le pôle picard du traitement des métaux, notamment de la chaudronnerie. Pour autant, Soissons objectif de conquête des armées traversant les frontières du nord et de l'est entretient obstinément une certaine qualité de vie au bord de l'eau entre les seins de Clio. Soissons est riche de monuments et dans ses rues aérées courent quelques légendes de l'Histoire de France qu'ont ânonnées à la communale des générations de petits Français.

LE SOISSONNAIS : BIENVENUE À L'ÉCOLE DES LÉGENDES

Yves-Marie LUCOT

Du haut des panoramas de la N2 Paris-Bruxelles dévalant les plateaux céréaliers qui tenaillent Soissons au nord et au sud, on voit monter du halo de la ville blanche les flèches en grisaille de la façade de Saint-Jean-des-Vignes. Voilà une planète géante de l'architecture gothique. Orphelins d'une nef, d'un transept et d'un chœur, son gigantisme et sa statuaire abbatiale renvoient l'étrange impression qu'ici se sont mises en branle les avant-gardes de la nation. D'aucuns croient apercevoir en Saint-Jean-des-Vignes les tours de la cathédrale Saint-Gervais-et-Saint-Protais, joyau du premier gothique, malgré sa façade inachevée et les bombardements de la Grande Guerre. Qu'importe la méprise.

D'une flèche à l'autre en Soissonnais, de Braine à Vic-sur-Aisne et d'Oulchy-le-Château à Margival, sur des plateaux grandioses ponctués de fermes fortifiées, sur des paysages horizontaux martelés d'immenses damiers agricoles, dans les mailles de vallons encaissés et de vertes vallées, entre les pignons à redans des maisons traditionnelles, se sont joués les plus beaux mystères mérovingiens.

Victor Hugo, de passage dans la cité de 2 000 ans, n'y est pas allé du dos de la plume : «Elle a vu Jules César vaincre, Clovis régner et Napoléon chanceler.» En 486 en effet, Clovis écrasa Syagrius le gallo-romain à Soissons. Dans les villes du sud de la Belgique, y compris Reims à l'époque, les Francs rasèrent et pillèrent jusqu'aux églises. Un vase liturgique en argent fut dérobé dans le diocèse rémois. Selon la coutume du tirage au sort entre le roi et ses soldats, l'armée franque rassembla les prises de guerre à Soissons, sa nouvelle capitale. Le vase réclamé par saint Remy, évêque de Reims et

La cathédrale Saint-Gervais-et-Saint-Protais de Soissons : «Il n'y a point d'heure dans cette cathédrale, il y a l'éternité.» (Auguste Rodin). -PC-

Dans la vallée de la Crise. -DT-

Les circuits de ce secteur ont été conçus par les Communautés de communes du Soissonnais, de la vallée de l'Aisne, du Val de l'Aisne, le SEP du canton de Braine, l'AMCBV, le SEPOAS, avec l'aide de l'APCV, l'AIPS 14-18, le club VTT de Missy-sur-Aisne et l'Association de la vallée de la Crise.

que Clovis tenait en grande estime, n'échut pas au roi des Francs, qui pourtant l'exigea. Toute l'armée approuva le passe-droit sauf un soldat vindicatif qui frappa le vase de sa hache, le cabossa et le renversa. Clovis dut s'incliner devant la coutume. Le vase lui revint plus tard après une tractation. Puis il le rendit à l'évêque. Chacun connaît la suite de cette histoire filée en légende par les maîtres de l'école républicaine. Mais qu'on se le dise une bonne fois pour toutes : personne n'a cassé le vase de Soissons puisqu'il était en métal !

Cependant, c'est à Soissons, et singulièrement à l'abbaye de Saint-Médard que la légende surfile l'Histoire dans l'impressionnant cortège des Mérovingiens, des Carolingiens et des premiers Capétiens. La crypte préromane de Saint-Médard abritait jadis les tombeaux du fils et du petit-fils de Clovis : Clotaire Ier, fondateur de l'abbaye, et Sigebert Ier. Son atmosphère est si étrange qu'on entend presque dans le silence des pierres murmurer les rois de France qui s'y sont succédé. Saint-Médard devint le tabernacle de la dynastie carolingienne. Dans l'abbatiale, maintes fois ruinée et rasée à la Révolution, les fantômes des rois défilent comme dans un manuel de cours moyen : Pépin le Bref y fut sacré par saint Boniface, Carloman s'empara sous ses voûtes de la couronne d'Austrasie, Charlemagne y amena le pape Léon III, Louis le Débonnaire et l'impératrice Judith s'y recueillaient sur les reliques de saint Sébastien et de saint Grégoire, Charles le Chauve assista à la dédicace de la nouvelle basilique...

Et l'Histoire et ses légendes rebondissent dans les longues vallées du Sud soissonnais. Celle de la Crise qu'Hugo parcourut avec Juliette Drouet durant l'été 1835 est encore constellée de vieux donjons tel Septmonts dont l'architecture fantastique évoque la chevalerie imaginaire de nos contes pour enfants. Des routes chenues virevoltent entre Moyen Âge et romantisme jusqu'à l'étrange donjon du XIVe siècle de Droizy (voir également PR 34). Histoire, légende, hasard ? C'est le dernier vestige du château d'Étienne de Vignolles dit La Hire, le compagnon de Jeanne d'Arc. N'incarne-t-il pas le valet de cœur de nos jeux de cartes ?

CHRONIQUES DE LA CULTURE RUBANÉE DANS LA VALLÉE DE L'AISNE

La sinueuse et large vallée de l'Aisne a constitué, bien avant que Jules César n'y sanctifie une victoire décisive de la Guerre des Gaules, un axe de civilisation. Sur les terrasses dominant la rivière, le sol était plus fertile et plus facile à semer que celui des plateaux du Soissonnais. Au mésolithique (8 000 à 5 000 ans avant notre ère), caractérisé par le développement d'outils de petites dimensions tels les microlithes (pointes de flècheen silex), le retour d'un climat tempéré après la glaciation s'accompagne de l'arrivée d'une faune forestière. Les gisements d'objets mésolithiques sont nombreux dans le Tardenois, au sud-est du Soissonnais. Le terme éponyme «tardenoisien» désigne à présent une partie de l'histoire de ces industries microlithiques.

Il a 7 000 ans, tandis que les derniers chasseurs-pêcheurs-cueilleurs du mésolithique vivent en groupes clairsemés dans la vallée de l'Aisne, des colons originaires d'Europe centrale descendent la rivière. Ce sont de petites communautés paysannes, les premiers agriculteurs-éleveurs. Ils sont partis de Bohême en déplaçant leur village au gré des pâturages. En cinq siècles ils peupleront la moitié de l'Europe du Nord. Cette civilisation est appelée «danubienne». Ses plus anciennes implantations se caractérisent par le décor de rubans en lignes incisées sur des céramiques. C'est la culture du «rubané».

Au début du néolithique, il y a 5 000 ans, les «rubanés» s'installent dans l'est de la vallée de l'Aisne, bâtissant des villages distants de quelques dizaines de kilomètres. En 1971, les scientifiques axonais, conscients de cette importance archéologique, entreprennent des repérages grâce à la photo aérienne. Aujourd'hui, sur 250 km², plus de 300 sites ont été découverts sur un potentiel estimé à 5 000 (soit un par hectare).

Avec d'autres endroits des vallées de la Marne et de l'Yonne, la vallée de l'Aisne forme un chapitre singulier de la colonisation vers l'ouest appelé «rubané récent du Bassin parisien». Quinze de ces sites le long de l'Aisne sont bien connus des archéologues. Une dizaine ont été fouillés. Il s'agit surtout, comme à Menneville, à Berry-au-Bac, à Cuiry-lès-Chaudardes, à Chassemy ou à Missy-sur-Aisne, de trous de poteaux de maison et de fosses dispersées.

La surface des villages du «rubané récent du Bassin parisien» dans la vallée de l'Aisne varie de 1,4 à 7 hectares.

Les différences de taille reflètent les durées d'occupation.

Ainsi les trente maisons de Cuiry-lès-Chaudardes ont-elles traversé les deux siècles du rubané dans l'Aisne, tandis que les six maisons de Missy-sur-Aisne ont constitué un village de courte durée à l'extrémité du rubané.

Maison néolithique reconstruite près du site de Cuiry-lès-Chaudardes.
-CNRS-

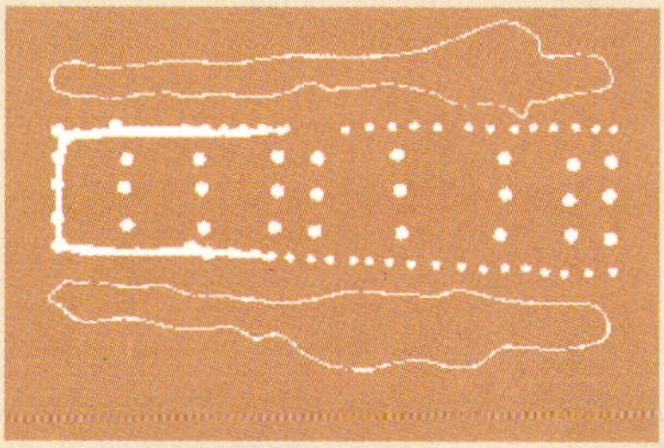

Plan d'une maison néolithique.

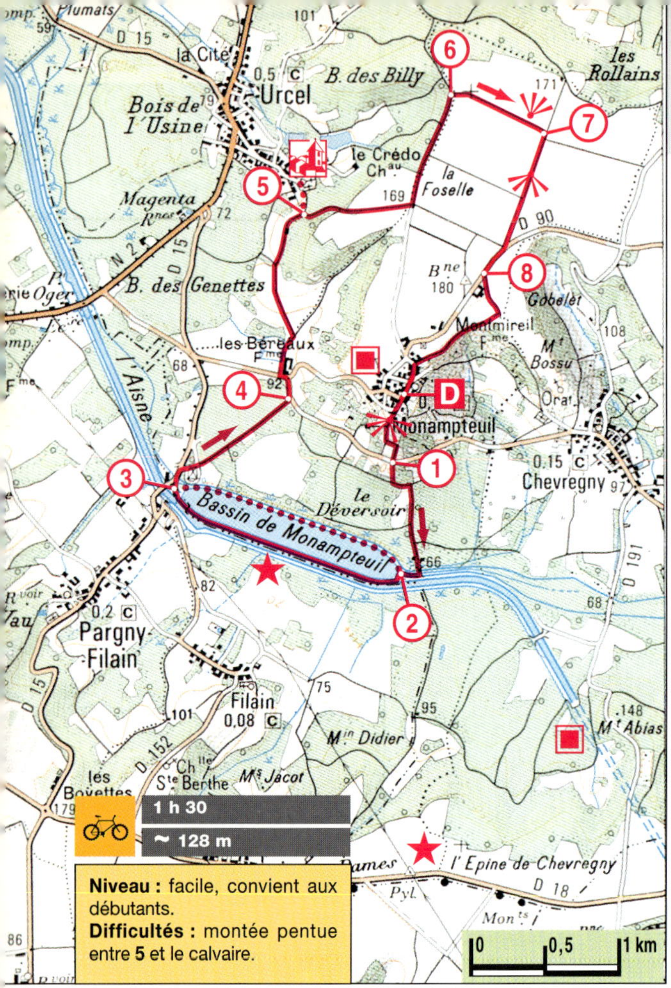

1 h 30

~ 128 m

Niveau : facile, convient aux débutants.
Difficultés : montée pentue entre **5** et le calvaire.

Le tunnel de Braye- en-Laonnois. -PC-

LE FONCTIONNEMENT D'UNE ÉCLUSE. Chaque passage de péniche nécessite un volume de 780 m³ d'eau, et il en passe à Monampteuil entre 5 et 21 par jour. -SC-

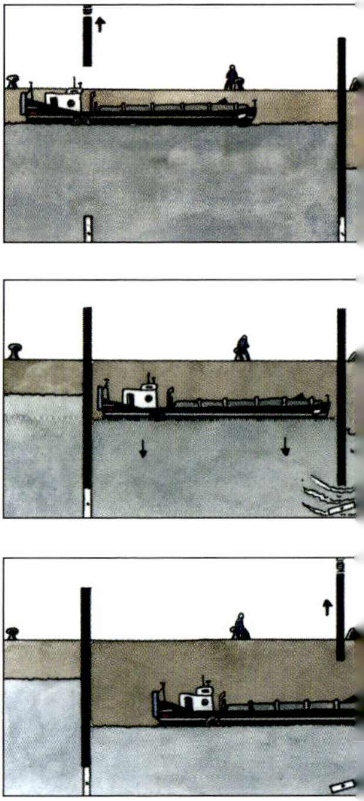

Voir et savoir ★ canal de l'Oise à l'Aisne (écluse, bassin de retenue) • lac de Monampteuil (⬢ activités aquatiques et sportives) • vallée de l'Ailette ⛪ bourg et église remarquable d'Urcel (hors circuit) ✝ calvaire entre **5** et **6** ■ fontaine (hors circuit en **D**) • ancien lavoir à Monampteuil ♣ bois d'Urcel.

Infos pratiques ••• variante entre **2** et **3**.

A proximité ✻ Chemin des Dames ■ sortie du tunnel de Braye-en-Laonnois sous le Chemin des Dames.

D Place de la mairie à Monampteuil. Emprunter la rue de l'Enclos. Descendre la colline en tournant à gauche pour atteindre la route de Chevregny. **1** Traverser la route et continuer en descente pour arriver en amont du lac. **2** Longer le lac par la gauche, le long du canal en terrain découvert. **Variante : en sous-bois par la droite.** **3** Au bout du lac, passer devant le tennis et l'entrée des installations nautiques, et poursuivre tout droit jusqu'à la route. **4** Rejoindre à gauche la ferme des Béreaux et prendre le chemin sous la ferme. Au bout des pâtures, tourner à gauche et continuer dans l'axe. **5** **Hors circuit vers l'église d'Urcel : tourner à gauche.** En lisière du bois, prendre à droite pour atteindre le plateau. Après le calvaire, suivre le chemin et tourner à gauche le long des bois d'Urcel. **6** Au bout du plateau, tourner à droite et continuer jusqu'au point culminant **(vue sur Laon et sa cathédrale)**. **7** Prendre le chemin sur la droite en direction du village **(vue sur le Chemin des Dames en surplomb)**. **8** Avant la première ferme (La Terrière), obliquer sur le chemin à gauche, puis à droite vers le village **(vue sur Chevregny et la vallée de l'Ailette)**. Continuer jusqu'à la place de Monampteuil.

LE LAC DE MONAMPTEUIL

MONAMPTEUIL ■ URCEL ■ PARGNY-FILAIN

Entre lac et canal, vallée et plateau, ce parcours offre de belles échappées sur le Chemin des Dames, en surplomb du lac de Monampteuil, ainsi que sur la Montagne Couronnée de Laon avec sa cathédrale. Hors circuit, la belle église d'Urcel déploie toute l'originalité et la luxuriance de sa décoration, à l'extérieur comme à l'intérieur.

3 h 00
balisage jaune et bleu
10 km
▼ 66 m - ▲ 187 m

Le canal de l'Oise à l'Aisne

Avec 300 km de voies navigables (rivières et canaux), le département de l'Aisne peut s'enorgueillir de son patrimoine fluvial (2e rang national). Bien que moins nombreuses qu'autrefois, les péniches continuent de transporter céréales, engrais et matériaux pour les industries.

Certains ont encore en mémoire les tracteurs ou les chevaux tirant les péniches sur le chemin de halage. Aujourd'hui, les écluses sont entièrement automatiques. Sur le canal de l'Oise à l'Aisne, 13 écluses (9 sur le versant Oise et 4 sur le versant Aisne) permettent de récupérer des pentes de 14 à 25 m. Chargé de la surveillance des installations, l'éclusier n'est plus, comme par le passé, un lien entre les mariniers et la famille restée à terre ; les usages anciens ont disparu en raison du déclenchement automatique du processus. Ouvert à la navigation en 1890, le canal de l'Oise à l'Aisne avait pour objectif d'éviter le détour par Compiègne. Sur une longueur de 48 km, il présente deux ponts-canaux : à Abbécourt pour l'Oise et à Bourg-et-Comin pour l'Aisne. Le bief de partage comporte un souterrain de plus de 2 000 m de long, entre Chevregny et Braye-en-Laonnois, construction qu'il a fallu creuser dans des terrains argileux. L'Ailette alimente le lac de Monampteuil, ainsi que l'Aisne par une prise d'eau à hauteur de Berry-au-Bac. À quelques mètres du site, une autre écluse,. celle de Chavignon, a connu son heure de gloire lorsqu'en 1960 l'on y tourna le film *le Baron de l'écluse* avec Jean Gabin.

Malgré l'automatisation, à hauteur de Monampteuil notamment, on peut encore rencontrer un éclusier. -SC-

La base de loisirs.

Créée en 1941 à partir du réservoir de 1 million de mètres cubes, la base de loisirs de Monampteuil accueille aujourd'hui les touristes étrangers (Hollandais, Anglais, Belges, Allemands, Scandinaves) et les amateurs de sports nautiques. En 1941, les jeunes de la Société nautique laonnoise avaient aménagé en plage la parcelle louée au club (80 x 16 m) avant d'obtenir une plus grande superficie (300 m de berge), permettant l'implantation de nouvelles infrastructures, installées entre 1947 et 1963 avec à l'ouest la plage, les cabines et les pédalos ; au centre le club-house, les garages à bateaux, les pontons ; à l'est, le parc à bateaux avec pontons.

-PC-

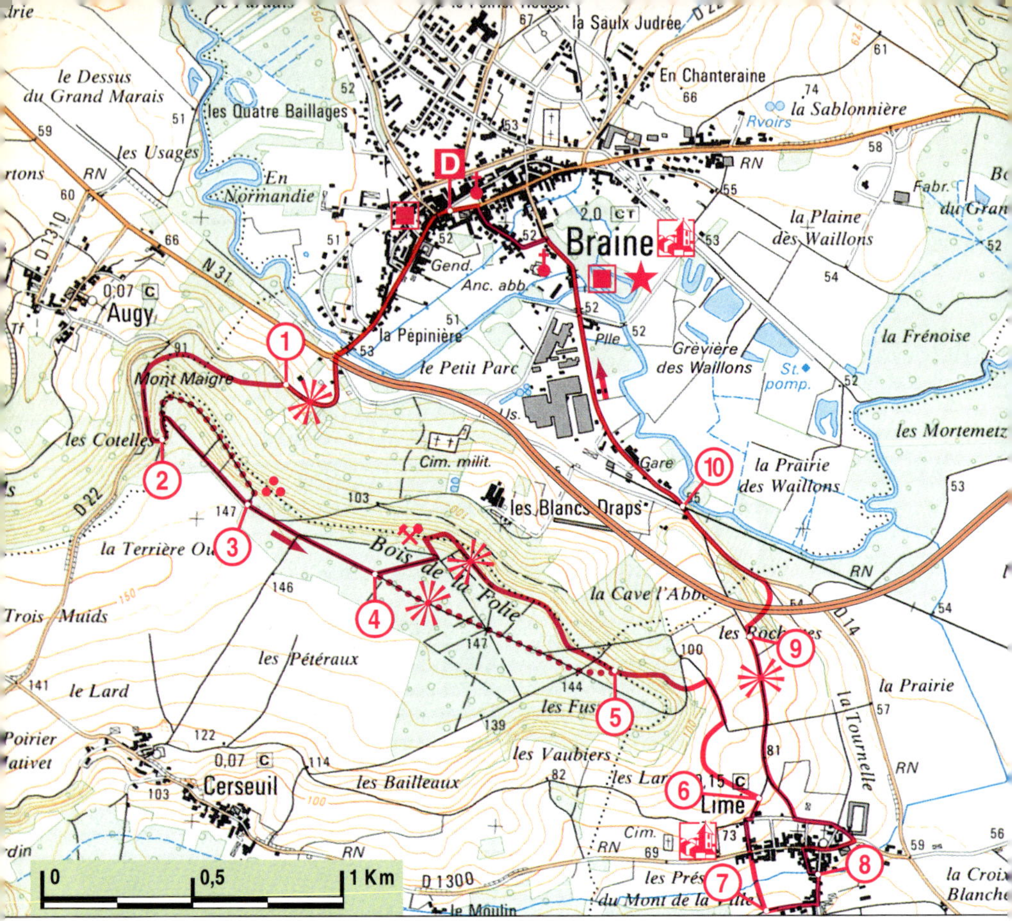

D Place Charles-de-Gaulle à Braine. Prendre la direction de Soissons. Passer le pont sur la Vesle, le carrefour des Cadrans solaires et le pont de la N 31 en direction de Fère-en-Tardenois. **1** Pénétrer dans le bois de La Folie en empruntant le sentier à gauche jusqu'à la plate-forme de stockage. **2** Prendre à gauche et rejoindre à droite la grande allée. **(Variante : continuer tout droit sur le chemin de crête.)** **3** **(Hors circuit : emprunter à gauche le sentier qui mène aux ruines du château de La Folie.)** Poursuivre sur la grande allée. **4** Au carrefour des six chemins, virer à gauche vers le Gros Hêtre **(vue sur Braine, et sur une creutte sous le Gros Hêtre)**. Continuer sur le chemin de crête. **(Variante pour rejoindre 5 : continuer sur l'allée centrale et, au deuxième carrefour, bifurquer à gauche.)** **5** Obliquer à gauche pour atteindre la lisière du bois. Suivre le sentier herbeux à droite. À hauteur de l'enclos, virer à droite et descendre vers Limé. **6** S'engager sur la voie goudronnée à droite. Prendre la rue Marchand et continuer tout droit sur la sente. Franchir le ru et longer la haie. **7** Poursuivre à gauche. Face à l'arbre de la Liberté, virer à gauche jusqu'au n° 77. **8** Se diriger vers le lavoir. Franchir la passerelle. Au bout de la rue, rejoindre l'église. Passer la mairie-école et tourner à gauche. Longer un grillage et obliquer à droite. Suivre le chemin sur 1 km **(vue sur la vallée de la Vesle)**. **9** Au niveau de la route, descendre vers les ronds-points. Prendre la direction de Braine. **10** Continuer avenue Pierre-Bécret. Après le pont, le barrage des Vantaux et l'ancien moulin, se diriger à gauche vers la collégiale. Regagner la place par la rue Saint-Yved.

Limé, ou la douceur de vivre. Régulièrement récompensé aux concours départemental et régional des villages fleuris, ce petit village de 165 habitants sait retenir l'attention par son charme. Les habitants ont à cœur de fleurir leurs maisons, et la municipalité, sur les conseils d'un architecte paysagiste, aménage les espaces publics. De la N 31, qui traverse le village, on aperçoit une tour inscrite à l'Inventaire général des monuments, vestige d'une ancienne abbaye. L'église de style Arts déco réclame une halte à plus d'un titre : autel, vitraux, chemin de croix en mosaïque, narthex. Dans la rue qui mène au château du XVIIIe siècle, on remarquera la plaque de bronze incrustée dans une grosse pierre. L'arbre de la Liberté planté en juillet 1989 trône à quelques pas du sentier du lavoir restauré, et les constructions, avec leurs pignons à «pas de moineau», ont pris le style du Soissonnais.

LA FOLIE

Une maison de campagne royale

Cité fortifiée implantée sur la rive droite de la Vesle, Braine fut le siège d'un important comté féodal. Un élément du Moyen Âge demeure sur la place de Braine : une pittoresque maison à colombages, près de l'hôtel de ville. Ces grandes maisons anciennes sont le témoignage de l'aisance qu'a connue Braine, en raison de son importante activité commerciale. En effet, la présence des comtes permettait la tenue dans cette ville de trois foires annuelles.

Des ouvrages de fortification, il ne reste que quelques vestiges du château «du haut» dit «de la Folie». De la forteresse médiévale elle-même, seul subsiste un pan de mur, la construction ayant été fort abîmée pendant la guerre de 14-18. En gravissant le chemin qui mène au site, le promeneur pourra, des hauteurs du bois de la Folie, méditer sur cette page d'Histoire en apercevant la ville de Braine, objet de toutes les convoitises à l'époque médiévale. «Folie» est tiré de *foleya* qui, en bas latin, signifiait «maison de campagne» : ce château fort a été aménagé en maison de plaisance des premiers rois mérovingiens et carolingiens. Après avoir subi le siège des Armagnac en 1423, la forteresse fut reprise par le duc de Bourgogne, et, en 1780, le comte Casimir d'Egmont l'aménagea en maison d'habitation et en rendez-vous de chasse. La maison des Dreux, dont Robert Ier et sa femme, Agnès de Baudrement, ont fait construire l'église abbatiale, avait également fait édifier le château «du bas», aujourd'hui disparu.

La retenue d'eau des Vantaux. -PC-

Établie au creux de la large vallée de la Vesle et connue pour son abbatiale du premier âge gothique, Braine est le point de départ de cette balade au cœur du Soissonnais, qui nous entraîne vers la forteresse en ruines de La Folie, puis dans le village fleuri de Limé, à travers bois, herbages et labours.

3 h 00
balisage jaune et bleu
9 km
▼ 52 m - ▲ 147 m

Voir et savoir ★ vallée de la Vesle ✤ château de La Folie ✝ abbatiale St-Yved (13e s., remarquable) • vitraux de l'église de Limé ▣ retenue d'eau des Vantaux (en pierre, fleurie) • pont sur la Vesle (chaire en pierre avant **D** • cadrans solaires avant **D** ▦ Braine : maison à colombages et à encorbellement du 15e s., maisons à pignons à redans du 18e s., tourelle et lavoirs, hôtel de ville • Limé (village fleuri) ⚒ creutte après **4** ✽ parc de La Folie.

Infos pratiques ••• variantes en **2** par le chemin des crêtes et en **4** par l'allée centrale.

L'abbatiale Saint-Yved de Braine est regardée comme un chef d'œuvre d'architecture du XIIIe siècle. -PC-

1 h 30
~ 105 m

Niveau : difficile, mais sur de bons chemins.
Difficultés : fortes montées au départ et entre **1** et **3** – descente assez abrupte entre **9** et **10**.

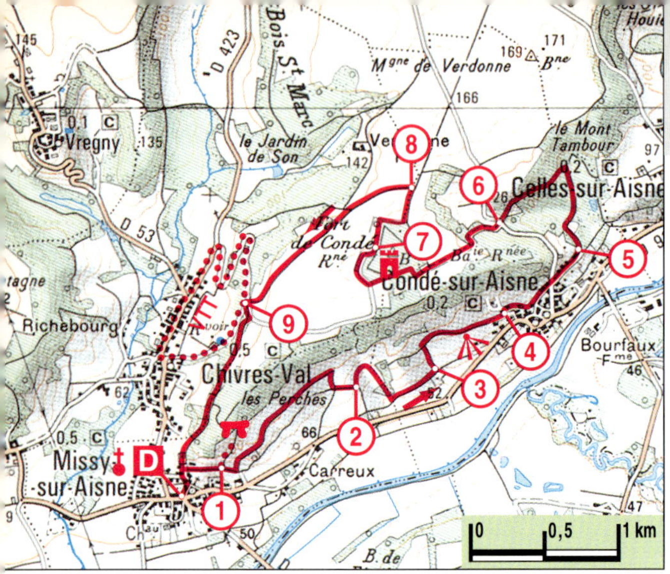

28 - LE FORT DE CONDÉ

D Place de Verdun à Missy-sur-Aisne. Contourner l'église par la gauche, sortir de l'enclos, prendre tout droit la rue du Mont-de-Missy. Tourner au bout à droite dans le chemin des Larris. **1** **Hors circuit vers la fontaine Ste-Radegonde : au calvaire, prendre le sentier à gauche jusqu'au bois. AR : 800 m.** Continuer et tourner à gauche au carrefour. À environ 1 km, virer à droite, puis à gauche. **2** À l'intersection, prendre à gauche le long des arbres et traverser le bosquet. En bas, bifurquer dans le chemin remontant à gauche. **3** À 300 m, après le bosquet et le raidillon, prendre de suite à gauche en angle serré ; au croisement, tourner à droite en direction du relais hertzien **(vue sur la vallée de l'Aisne)**. **4** À l'entrée de Condé, aller à gauche au croisement, puis s'engager à 100 m à droite dans le «chemin au-dessus de la ville». En bas, emprunter à gauche la rue des Godets. Au stop, traverser la rue des Grignons. **5** Après la dernière maison, s'engager à gauche dans le bois. Aller tout droit aux deux pattes-d'oie et monter. **Attention : en période de chasse, de septembre à décembre, rejoindre le fort de Condé par la route de Chimy, à gauche au stop.** À la sortie du bois, bifurquer à gauche et longer les arbres jusqu'à la route. **6** Prendre à droite, puis, à 30 m à gauche, le chemin goudronné sinueux vers le fort de Condé. Continuer tout droit sur le chemin de terre, rejoindre la route et tourner à droite. **7** Face à l'entrée du fort, emprunter le sentier à gauche et déboucher près du pylône EDF. **8** À environ 200 m, en plein champ, tourner à gauche et rejoindre tout droit la route. Au croisement, prendre la route à gauche sur 100 m. **9** Emprunter à droite le chemin. A l'entrée du bois, entamer la descente (10 %) vers Missy. Rejoindre la place de Verdun.

1 h 30

~ 195 m

Niveau : facile, mais **déconseillé en 5 pendant la chasse.**
Difficultés : montées en **1**, **5** et **6** – descentes avec virages serrés en **1** et en **9**, ravin à l'arrivée.
Variante : par Chivres-Val en **9**.

Voir et savoir ★ vallée de l'Aisne et source Ste-Radegonde (hors circuit) pierre de Ste-Radegonde † église restaurée de Missy (portail Ste-Radegonde, remarquable) • église romane et chapelle de Condé • église de Chivres-Val (12e-15e s., par la variante) fort de Condé château de Condé (privé).

Infos pratiques ••• hors circuit en **1** vers la source Ste-Radegonde • variante par Chivres-Val fraises au Petit-Missy.

Condé, fort des hautes creuttes.

Après une période d'abandon et de détérioration, le fort de Chivres-Val dit, de Condé, revit grâce à l'action de bénévoles. Le «fort Pille», ou «fort des hautes creuttes», comme l'appelaient les soldats, faisait partie intégrante du système de rideaux défensifs imaginé par le général Séré de Rivière, technicien militaire, pour repousser les troupes ennemies. Sa capacité en hommes et en armes était de 600 hommes en temps de paix, 800 en période de conflit. Bâti en 1877 sous la forme d'un pentagone, ce fort, l'un des premiers dont les casemates furent construites en béton armé, fut assailli lors de la Première Guerre mondiale. Français et Allemands se sont ensuite battus régulièrement pour regagner la place. Détruit par quatre années de combats, déclassé militairement, cet «outil de guerre», joyau du patrimoine militaire français du XIXe siècle, était tombé dans l'oubli, relégué à l'état de carrière. Après 1918, ses pierres avaient servi à reconstruire les maisons des environs.

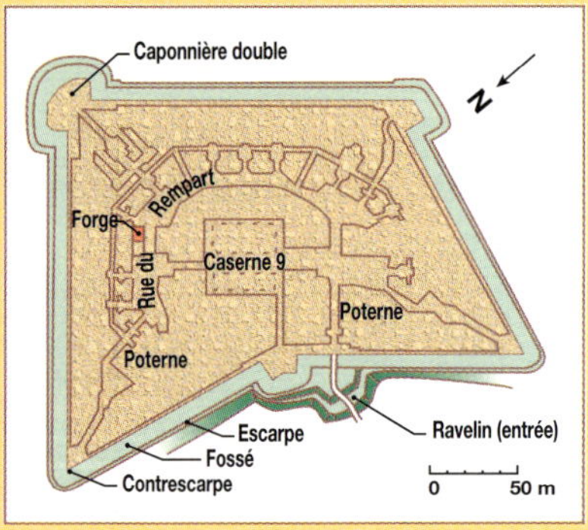

LE FORT DE CONDÉ / LES MONTS

28
29

MISSY-SUR-AISNE ■ CONDÉ-SUR-AISNE ■ CHIVRES-VAL

SOISSONS ■ POMMIERS ■ PASLY ■ CUFFIES ■ CROUY

Deux itinéraires, deux approches de la vallée de l'Aisne : le premier nous entraîne de la source Sainte-Radegonde au fort de Condé. Le second explore les chemins de halage et multiplie les vues sur Soissons.

28	29
3 h 00	6 h 30
jaune et bleu	voir descriptif
9,5 km	19 km
▼ 152 m	▼ 40 m
▲ 173 m	▲ 150 m

29 - LES MONTS

Balisage : entre D et 5, pas de balisage, suivre toujours le chemin de halage ; entre 5 et 6, jaune et rouge ; entre 6 et avant 10, jaune + n° 10 ; avant 10 et jusqu'à 11, jaune + n° 8 ; après 11, pas de balisage (repérage par les noms de rues).

D Du parking de la halte nautique de Soissons. Remonter le chemin de halage, passer sous un viaduc et suivre le mail. **1** Longer l'écluse et suivre le chemin de halage **(vue sur la vallée de l'Aisne)**. **2** Passer sous le pont d'accès à Cuffies et à Pasly **(vues sur St-Jean-des-Vignes et la cathédrale)**. On longe des étangs. **3** Au croisement, continuer entre l'Aisne et les étangs. **4** Emprunter le chemin de halage à droite à la patte-d'oie **(vue sur la ferme de Rochemont)**. **5** Remonter sur la route à hauteur du pont, le franchir avant de tourner à gauche rue de la Vallée. **6** Remonter à droite la ruelle St-Martin, longer l'église de Pommiers, emprunter successivement la route de Cuffies, une rue à gauche puis celle de la Sablière **(vue sur Soissons et la vallée)**. **7** Obliquer à gauche pour remonter sur le plateau. On rejoint le hameau du Villé **(belle vue sur les cuvettes de Pasly et de Soissons)**. Prendre à gauche, à droite et encore à gauche. **8** Descendre la route avant de prendre à gauche pour rejoindre l'école d'équitation du Mont-de-Pasly. **9** Prendre le chemin de droite. Après le monument des Instituteurs, reprendre à gauche, puis à droite. On surplombe la vallée de Vaurezis. Au croisement avec la route, virer à angle droit sur le chemin de droite **(vue sur la cuve et Le Mont-de-Cuffies)**. **10** Emprunter un petit sentier encaissé qui descend à Cuffies. **11** On aboutit, par la rue des Malpeignés, à la rue Dabremont. Rejoindre l'église par la gauche et s'engager dans le raidillon. Au sommet, bifurquer à droite dans un autre chemin **(belle vue sur Soissons)** et descendre dans le village par une sente à droite. **12** Prendre en face la rue de la Mairie, puis à gauche la sente de la Pantoufle et encore à gauche la Grand-Rue. Emprunter alors la sente de la Vieille-Voie (escalier), la rue des Aridons et celle du Moulin. **13** S'engager rue du Belvédère par la gauche (on passe sous un viaduc). **14** Reprendre un chemin à droite (rue du Pressoir-Chevalier) entre les étangs de Clémencin. **15** Revenir au départ par l'avenue de Laon.

Voir et savoir ★ vallée de l'Aisne (chemin de halage et écluse) • étang de Clémencin entre **14** et **15** • cuvettes de Pasly et de Cuffies Soissons : voir p.108 église de Pommiers (11e-13e s.) oppidum de Noviodunum monument des Instituteurs flore des carrières de Mahy • étangs privés avec réserve ornithologique autour de **4** centre équestre en **9** • base nautique de Pommiers • verrerie (groupe St-Gobain) en **1** autour de Cuffies.

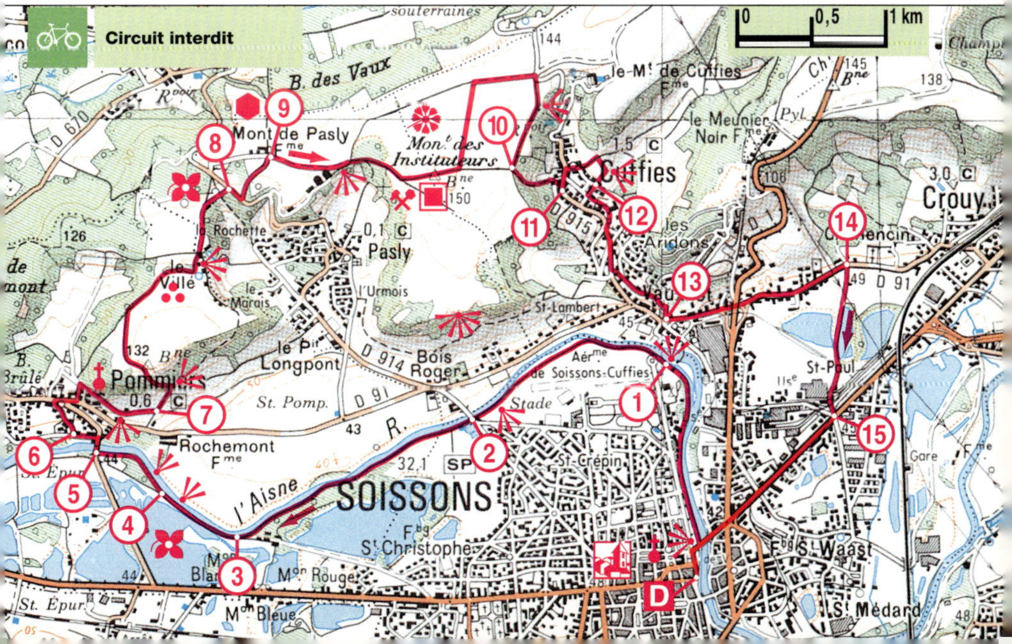

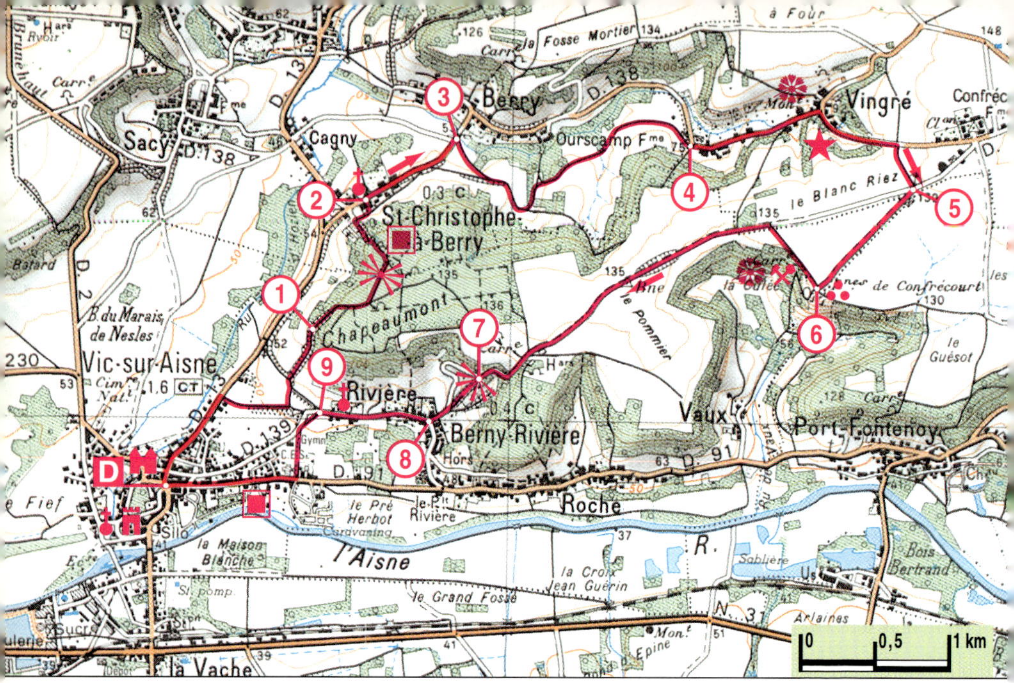

D Sur la place de Vic-sur-Aisne, face au château. Prendre à droite près du monument aux morts vers Coucy-le-Château. Suivre sur 800 m la rue St-Christophe, puis prendre à droite la rue de Presles. Après 100 m, tourner à gauche vers Berny-Rivière (chemin rural). Prendre après 300 m le premier chemin à gauche en direction du bois. À la deuxième fourche, prendre «Chapeaumont» à droite. **1** Après une légère montée, franchir la barrière (chicanes, propriété privée de chaque côté), suivre de petits piquets blancs sur 500 m. Prendre deux fois à gauche en direction de Fontaine-Ste-Anne. Sortir à gauche par le portail. **(Vue à droite sur Fontaine-Ste-Anne.)** Amorcer la descente sur 300 m vers St-Christophe. En bas, avant la route, prendre à droite sur 100 m, puis à gauche. **2** Face à l'église de St-Christophe, virer à droite et se diriger vers Berny. **3** À 800 m, prendre le chemin à droite avant le pont. Parcourir 1 km et prendre à droite vers Vingré. **4** Traverser le village. Laisser le monument des Fusillés à main gauche et prendre à droite au calvaire. Monter et reprendre à droite. **5** Au monument de la Croix-Brisée, virer à droite de la plaine et traverser le plateau. **6** Face au bois, prendre à droite. **Hors circuit : à 150 m, descendre à gauche par les escaliers vers la carrière de Confrécourt.** À l'intersection, prendre à gauche le chemin de Berny-Rivière. **7** Dans la descente, prendre à gauche la sente menant au village. **8** A hauteur de la mairie-école, prendre à droite vers Vic-sur-Aisne. **9** Traverser le village et prendre deux fois à gauche. Virer à droite sur la D 91 (rue de Fontenoy) et regagner le centre de Vic.

Le donjon de Vic-sur-Aisne. -SD-

2 h 30

~ 178 m

Niveau : difficile, surtout par mauvais temps.
Difficultés : montées en **1** vers Chapeaumont, entre **4** et **5** – descentes en **1** vers St-Christophe et en **7** vers Berny – portage après **6**.

SUR LES TRACES DES POILUS

30

VIC-SUR-AISNE ■ ST-CHRISTOPHE-À-BERRY ■ NOUVRON-VINGRÉ ■ BERNY-RIVIÈRE

Ce parcours en terrain calcaire associe la découverte de beaux villages à celle, émouvante, du patrimoine de la Première Guerre mondiale, qui a tant marqué la culture de cette région. De vallée en plateau boisé, de coopérative agricole en ancienne ferme monastique, une longue balade pour prendre l'air du Soissonnais.

4 h 30
balisage jaune et vert
14 km
▼ 40 m - ▲ 139 m

«Les ruines redeviendront des villes et les tranchées des champs»

Aujourd'hui utilisées pour le stockage de pommes de terre par la société Vico, les carrières du Soissonnais portent le témoignage de violents combats. Leurs sculptures, bas-reliefs et graffiti sont autant de messages, d'évocations et de souvenirs laissés par les soldats.

Elles seraient au nombre de 250 ces carrières qui ont tant pesé dans la décision des Allemands de se fixer dans la vallée de l'Aisne en septembre 1914. Cette succession caractéristique du Soissonnais de plateaux et de vallées aura fini de convaincre les chefs d'état-major. Face à l'ennemi «accroché depuis des mois aux falaises rocheuses», les troupes françaises se sont abritées dans ces «creuttes». La carrière de Confrécourt, la plus célèbre par sa position sur le front et ses sculptures, a abrité plus de 400 blessés. Elle fait actuellement l'objet d'une importante action de restauration. À la fois pour tromper l'ennui et pour laisser une trace, les soldats au repos dans ces carrières, tout comme dans celles du Chemin des Dames, ont inscrit dans la pierre le témoignage de leur passage. Conservé en l'état (pas question d'y installer l'électricité), le lieu recèle de précieux témoignages de la vie souterraine des soldats. Qui d'inscrire le nom d'un camarade tué au combat, qui de graver le coq gaulois ou la Marianne (thème souvent traité dans la région de Vic-sur-Aisne). Les soldats bretons du 262e R.I. ont construit une chapelle : *«Doue hag er vro»* (Dieu et le pays). Deux autres chapelles sont encore visibles à quelques pas de Confrécourt. Pour des raisons de sécurité et de préservation des œuvres, les carrières ne sont pas ouvertes au public, mais des visites sont organisées sur demande. La carrière «du 1er zouave», l'hôpital, la chapelle : autant d'éléments qui ont valu au site de Confrécourt d'être inscrit à l'Inventaire national des monuments.

Voir et savoir carrières de Confrécourt et de Chapeaumont (occupées en 14-18) • monuments de la Croix-Brisée et des Fusillés ancienne ferme monastique fortifiée de Confrécourt églises de Vic, de St-Christophe et de Berny-Rivière donjon de Vic-sur-Aisne hôtels particuliers au bord de l'Aisne, dont le Domaine des Jeanne • fontaine avant **2** • habitat traditionnel du Soissonnais dans chaque village • lavoir à Berny château de Vic (18e s.), avec jardins à la française usine Vico à Vic-sur-Aisne bois de Chapeaumont (ZNIEFF).

Le central téléphonique et la Marianne. -PS/CDT CDDP-

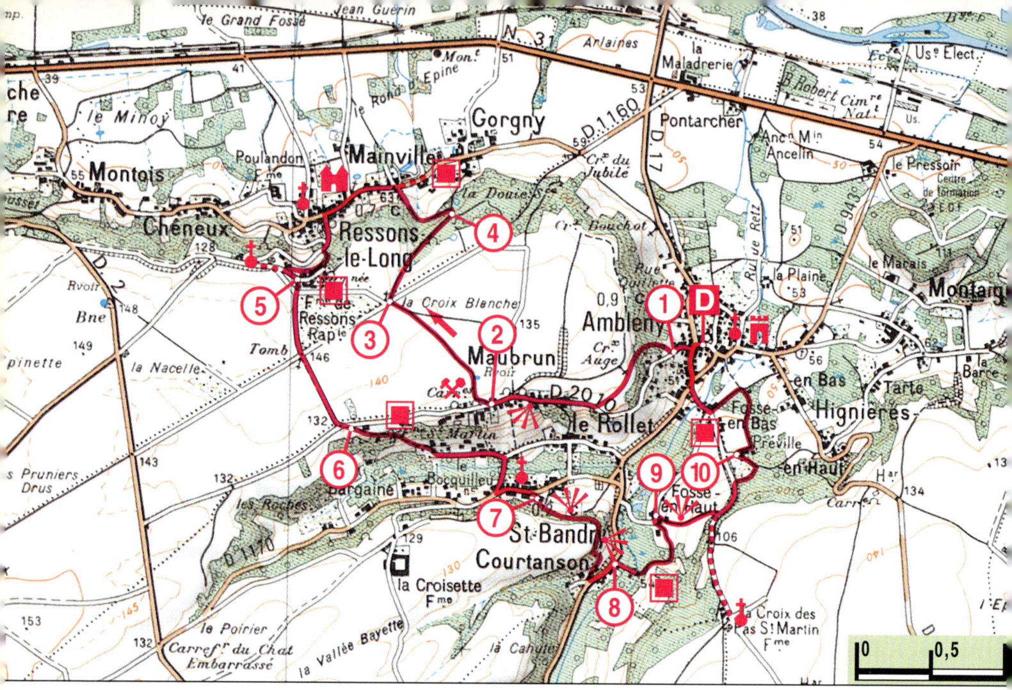

D Place de l'Église à Ambleny. Longer le donjon et prendre à droite vers Maubrun. **1** Monter par le chemin de droite à Maubrun. Au sommet de la côte, reprendre la route **(vue sur l'église de St-Bandry)**. Poursuivre jusqu'au calvaire. **2** Tourner à droite, rejoindre la Croix-Blanche (voie romaine). **3** Descendre par le chemin de droite dans le bois. **4** Reprendre le chemin qui descend à gauche. Rejoindre la route au château de Mainville. **(Hors circuit à droite : lavoir à 300 m.)** Se diriger à gauche vers l'église St-Georges. Monter au lavoir de la Grue par la rue de l'Église. Poursuivre par le chemin à gauche du lavoir (creuttes). Bifurquer à gauche sur la route, vers la ferme de La Montagne. **(Hors circuit à 300 m à droite : croix St-Pierre, calvaire mérovingien.)** **5** Passer la ferme et suivre les vergers jusqu'à la voie romaine, puis la D 2010 à gauche jusqu'au hangar. **6** Descendre par le chemin de droite vers St-Bandry. Après la fontaine des Pas-Saint-Martin, descendre jusqu'à la rue de Dessous, et prendre à droite la rue de la Sablonnière (traversée du ru de Quenneton). Au carrefour (puits et calvaire), aller à gauche. Dépasser l'église St-Bandry, rue St-Blaise. **7** À droite, suivre le chemin de la Croix-Rouge. Au croisement, prendre à gauche **(belle vue sur St-Bandry, Maubrun, Ambleny, la vallée du ru de Retz)**. Monter tout droit la ruelle de la Messe jusqu'au plateau. Longer le bois à gauche sur 10 m avant un pylône **(vues sur Ambleny, la vallée du ru de Retz, Courtanson)**. Emprunter à gauche la D 17. **8** Prendre le chemin du Moulin à droite. Traverser le ru de Retz. Après le moulin, suivre le chemin des Fosses jusqu'au hangar. **9** À droite, le chemin monte à la route des Fosses **(vue sur St-Bandry et Ambleny)**. **Hors circuit à droite à 800 m : la croix des Pas-St-Martin.** La reprendre par la gauche sur 100 m. Emprunter, à droite puis à gauche, puis encore à droite et à gauche, des chemins jusqu'à rejoindre la rue des Fosses. **10** **(Hors circuit à gauche à 200 m : blason de Saint-Martin.)** À droite, rattraper la D 17, puis rejoindre la place de l'Église.

La vallée de l'Aisne vue de Ressons-le-Long. -PC-

LES PAS-SAINT-MARTIN

31

AMBLENY ■ RESSONS-LE-LONG ■ SAINT-BANDRY

Ambleny, Ressons-le-long, Saint-Bandry : trois villages typiques du Soissonnais reliés par une même légende, celle des pas de saint Martin, et par le ru du Retz, qui alimentait autrefois douze moulins, dont cinq à Ambleny. Entre les passages en sous-bois, des points de vue variés s'enchaînent sur la vallée et ses villages.

3 h 00
balisage jaune et vert
11,5 km
▼ 45 m - ▲ 145 m

1 h 45
~ 154 m

Niveau : facile, circuit roulant.
Difficultés : quelques montées et descentes le long du parcours – poussette en **5**. Attention à la traversée de la D 17 en **8**.

De Saint-Bandry à Saint-Martin

Construites en calcaire du pays, exposées au sud, les maisons soissonnaises hautes et spacieuses sont baignées de lumière et de chaleur. Leurs toits à pas de moineau, décrits par Roland Dorgelès comme «d'insolites escaliers où grimpe le soleil», jalonnent les routes et voisinent parfois avec les anciens moulins.

De l'église de Saint-Bandry, reconstruite presque à l'identique après la Première Guerre mondiale (celle de Saint-Martin d'Ambleny, considérée comme l'un des édifices les plus complexes et élégants du Soissonnais, est en bonne voie de restauration), on bénéficie d'une vue panoramique sur la vallée de Quenneton. La commune, située en milieu boisé, présente différentes espèces végétales, suivant la nature du sol (un plateau calcaire recouvert de sable et de limon) : sur les bords du plateau, on rencontre des hêtres, des chênes, des cornouillers, des églantiers et des aubépines ainsi que de nombreuses espèces d'orchidées ; les sols plus profonds sont occupés par des frênes, de la clématite, de l'aspérule, de l'armoise... ; les formations argileuses par des saules, des peupliers, des aulnes, par l'ail des ours et la véronique des montagnes.

La fontaine de Saint-Martin : la légende raconte qu'à cet endroit, saint Martin traversa la vallée du ru de Retz d'un bond de son cheval, pour retomber à la croix des Pas-Saint-Martin. À Ambleny, au n° 12 de la rue des Fosses, le blason sur la façade de la ferme porte l'inscription : «Comment saint Martin franchit, ici, le ru de Retz.»

Voir et savoir église d'Ambleny (12e-16e s.) • église romane de Ressons-le-Long (11e-13e s.) • croix St-Pierre et croix des Pas-St-Martin (hors circuit avant **5** et après **9**) • calvaires avant **5** et **7** • église de St-Bandry (12e s.) ancienne ferme abbatiale de La Montagne en **5** • fontaine St-Martin après **6** • moulin après **8** • lavoirs après **4** (hors circuit) et avant **5** • blason de saint-Martin (hors circuit après **10**) donjon (12e s., privé) en **D** château de Mainville après **4** carrières de Maubrun nombreuses espèces végétales sur les bords du plateau.

La ferme de La Montagne

-PC-

Outre les maisons à pas de-moineau, les grosses fermes comme celle de La Montagne à Ressons-le-Long caractérisent également le Soissonnais. Aujourd'hui rassemblés en un même corps, les divers éléments de l'édifice composaient au XVIIIe siècle cinq fermes, dont deux étaient abbatiales : la Grande Cense et la Petite Cense. Entre les deux passait le chemin d'Ambleny au Châtelet. La Grande Cense possédait l'une des plus belles granges de la région (432 m²), ainsi qu'un colombier.

La Petite Cense, une maison d'habitation, était la demeure des avoués de l'abbaye. Le logis est somptueux ; la tour et la muraille, éléments défensifs, ont été ajoutés au corps de logis au cours du XIVe siècle.

VALOIS ET OMOIS

L'AISNE DU SUD, IMPRESSIONS DE VOYAGE DE LA FORÊT DE RETZ A LA BRIE D'ESTERNAY

Yves-Marie LUCOT

Le Valois et sa cavalcade de châteaux forts se cachent sur le front des forêts, entre Halatte, Compiègne, Laigue, et, plus à l'est, dans la forêt de Retz, qui appartient à l'Aisne. On peut écrire sans ambages : «Nous voici dans la demeure du Français.» En août 1539, dans son château de Villers-Cotterêts, François Ier rendait une ordonnance capitale. Ce texte législatif contenant 192 articles mettait en place la centralisation du royaume en affirmant l'omniprésence du roi. Son 111e article imposait l'adoption de la langue française dans les actes administratifs et publics. Par cette ordonnance dite de Villers-Cotterêts, le royaume de France sortait du Moyen Âge, et le français, la langue du roi en Île-de-France, supplantant enfin le latin, acquérait le statut de langue nationale.

La petite ville forestière, occupée aujourd'hui par les industries du bois, a été bâtie autour du château cynégétique des rois de France. De surcroît, dans ses rues et sous ses hautes futaies, le petit Alexandre Dumas père (1802-1870) aiguisa son imagination et sa propension aux voyages.

La forêt qui cerne la ville et que l'auteur du *Comte de Monte-Cristo* surnomme «sa forêt maternelle», couvre 13 339 hectares, soit mille hectares de plus que la superficie de la commune de Paris. Très vallonnée, aménagée par les rois pour la chasse à courre, organisée en futaies régulières, elle est pour l'essentiel une hêtraie coupée de 560 km de laies, traversée de 60 km de chemins forestiers aboutissant à quatre cents carrefours. On peut s'y perdre et y entendre d'étranges histoires. D'ailleurs, à 4 km à l'est de Villers-Cotterêts, voici l'abbaye cistercienne de Longpont qu'habitent depuis 1804 les comtes de Montesquiou-Fezensac. Leur ancêtre, tué au siège de Maastricht en 1673 et dont le petit Dumas admira le portrait dans les appartements abbatiaux, avait été chargé par Louis XIV d'arrêter l'intendant Fouquet, nonobstant mécène de Jean de La Fontaine. Il s'agissait de Charles de Batz, comte de Montesquiou et seigneur... d'Artagnan.

Bien n'est démontré des men-

La forêt de Retz au printemps. -L/CC-

Manuscrits et éditions d'Alexandre Dumas père au musée Alexandre-Dumas. -DT/CDT-

Les circuits de ce secteur ont été conçus par l'ONF, l'ADENOV et le SIDSA, avec l'aide des associations AFORETZ, de la vallée de la Crise, de l'ARPSA et de la MJC de La Ferté-Milon.

songes et des vérités de Dumas père dans le ventre de sa forêt. Levons des pistes. Au détour d'un chemin creux à l'orée du massif en direction de La Ferté-Milon poudroie la chevauchée des quatre cavaliers, Athos, Portohs, Aramis et d'Artagnan. Ils foncent plein sud sur les routes rouges de l'Orxois.

L'Ourcq en effet sillonne cette petite contrée du Valois agricole que prolonge à l'est le Tardenois. Sur la plaine grenier s'ébattent des cavaleries de nuages violacés. Cependant l'Orxois des paysagistes Camille Corot, Eugène Lavieille et Fernand Pinal, est un pays d'eaux vives, de truites, de lavoirs, d'abreuvoirs, de pierres orangées. Dans ses méditations romanes, il annonce en pentes douces la vallée de la Marne cinglant d'est en ouest dans sept méandres d'abondance au midi du département. Une autre histoire souffle ici.

Celle d'une Champagne discrète mais ô combien artisanale, laborieuse et «varocienne» sur ses coteaux plantés de «galipes» de pinot meunier, de pinot noir et de chardonnay.

L'emprise de la vallée est telle qu'à l'est et à l'ouest de Château-Thierry, sa capitale, où naquit Jean de La Fontaine (1621-1695), elle franchit souvent plus de 3 km d'un coteau à l'autre. Impressions de voie sacrée, de libre coulée vers la Seine et l'impressionnisme. De chaque côté de la Marne, les villages, roulés comme des chats de gouttière sur la margelle de la rivière, poussent des prairies et des vergers dans l'axe des faisceaux des vignes célestes, celles de l'AOC champagne. Au sud du fleuve, presque à la latitude de Paris, blanchissent des confins briards, moins exubérants, qu'irriguent le Dolloir, le Surmelin, la Verdonnelle, la Dhuys, le Grand et le Petit Morin ou le ru de Vergis. Sur la Brie Galvèse, dite aussi Brie d'Esternay et qui portait au Xe siècle le nom d'Omois, des étangs et des culs humides de vallons, des fermes roses à l'ombre de halliers biseautent le moutonnement des champs de blé et de colza.

Les arts n'en sont pas pour autant oubliés au confluent du Surmelin et et de la Dhuys. À Condé-en-Brie, dans le château éponyme des princes de Condé, qui menèrent la Fronde contre Louis XIV, s'harmonisent des grisailles en trompe-l'œil de Nicolas Servandoni, architecte et peintre de Louis XV, des toiles de Watteau, de Lancret, de Boucher, des peintures de Jean-Baptiste Oudry. Par la grâce de Jean-François Lériget de Lafaye, l'«embellisseur» du château princier, le XVIIIe siècle réfléchit ici le grand siècle sur lequel disserta le maître des Eaux et Forêts du duché de Château-Thierry, néanmoins auteur de contes érotiques : Jean de La Fontaine.

Près de Saulchery. -DT/CDT-

LA VALLÉE DU CHAMPAGNE, AU CŒUR DE L'OMOIS

Barzy-sur-Marne. -BL/CC-

Dans l'Aisne, entre Trélou-sur-Marne et Crouttes-sur-Marne, d'est en ouest, la Route touristique du champagne surfile le cours de la Marne dans des paysages aériens. Les sentiers de vignerons grimpent en lacet çà et là jusqu'aux sommets des arpents du bon Dieu. À Bonneil ou à Gland, par exemple, sur les coteaux bien exposés au sud, le marcheur embrasse d'un regard circulaire une grandiose Champagne axonaise qu'on appelle la Vallée. Au XVIIe siècle, ses hauteurs viticoles produisaient de petits vins blancs «clairets» et «fauvelets». Et souventes fois dans les caves, la prise de mousse (la seconde fermentation) s'activait par accident. Certaines bouteilles explosaient au petit bonheur. Les Varociens parlaient alors de «vin du diable». À l'abbaye de Hautvillers, au pied de la Montagne de Reims, ces maléfices n'effrayèrent point le chanoine bénédictin et agronome empirique Pierre Pérignon (1638-1715), fils de vigneron. Il eut la patience d'étudier ce phénomène, d'affiner l'assemblage des crus que pratiquaient les paysans de la vallée entre Épernay et Châtillon-sur-Marne. Ainsi fut élaboré le champagne que nous buvons aujourd'hui. Dans l'Aisne après une âpre lutte politique, les vignerons acquirent l'appellation d'origine contrôlée champagne en 1912. Depuis, les vignobles axonais de la vallée de la Marne et des rives du Dolloir et du Surmelin ont beaucoup gagné en notoriété et en qualité en cultivant principalement les cépages pinot meunier et pinot noir. Ce vignoble (4,5 millions de bouteilles vendues par an) s'étend sur 36 communes de l'Aisne, couvre plus de 2 800 hectares, soit 1/9 du vignoble champenois. On y recense près de 310 récoltants dont 120 manipulants. La plupart sont établis dans le canton de Charly à l'ouest de Château-Thierry et sur la commune de Trélou-sur-Marne à l'est.

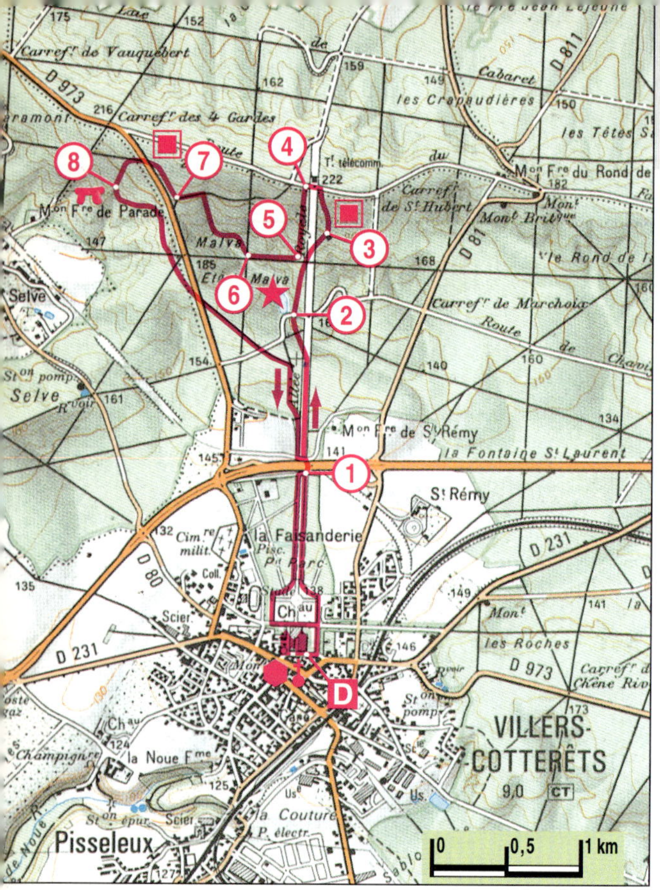

D Du château de Villers-Cotterêts, au parking du Grand-Bosquet (office du tourisme). Contourner le château par la droite pour rejoindre l'allée François Ier, qui mène à la Porte-Blanche. **1** Traverser la N 2 en empruntant le passage souterrain à gauche pour se retrouver sur l'Allée royale. Monter en direction de la tour hertzienne jusqu'au carrefour de Penthièvre et obliquer à gauche. Rejoindre l'étang de Malva. **2** Poursuivre le chemin qui monte à droite de l'étang vers l'ermitage St-Hubert. **3** Monter par le sentier à la route du Faîte à proximité du petit regard des Vieilles-Voûtes. **4** Redescendre l'allée Royale par la droite. **5** Rejoindre à droite la laie d'Haramont. **6** Au carrefour du regard St-Hubert, bifurquer à droite dans la laie de la Queue-de-Retz, puis à gauche sur un sentier sinueux qui rejoint le Pavé-de-Mazencourt. **7** Continuer à droite sur le sentier qui mène au regard de Madame-Vély. Traverser la route de Compiègne (D 973) pour se diriger vers la pierre Clouise. **8** Reprendre la laie des Pots, puis traverser à nouveau la D 973 pour gagner le regard de Choisy. Retrouver l'allée Royale, puis le passage souterrain de la N 2 et regagner le parc du château par l'allée Henri-II (à droite) et le parking du Grand-Bosquet.

Le château de François Ier

La façade des communs. -DT-

Construit sur les ruines d'un plus ancien, détruit par la guerre de Cent Ans, il se distingue par un style Renaissance où des colonnes corinthiennes surmontent des piliers ioniques. On peut y admirer les caissons sculptés de quelques plafonds, ainsi que le grand escalier droit, couvert d'une voûte inclinée en anse de panier, à caissons sculptés, avec des motifs de salamandre – l'animal fétiche du roi –, des têtes fantastiques ou grotesques... François Ier a donné à Villers-Cotterêts non seulement un château, une magnifique forêt taillée pour la chasse à courre, mais aussi l'immortalité d'une ordonnance qui porte désormais le nom de la ville et qui, en 1539, rendit obligatoire l'usage du français, en lieu et place du latin, dans la rédaction des actes officiels du pays. Aujourd'hui, ce château est à la fois propriété de l'État, de Villers-Cotterêts et de la Ville de Paris qui – paradoxe non dénué d'élégance – l'utilise pour héberger ses citoyens âgés démunis.

Villers-Cotterêts, la ville natale d'Alexandre Dumas, a grandi autour du château que François Ier se fit bâtir dans les années 1530. Sous le signe de la salamandre, l'itinéraire permet de découvrir le réseau d'aqueducs souterrains qui alimentait la ville et le château en eau.

3 h 00
balisage salamandre jaune
9 km
▼ 106 m - ▲ 222 m

La laie des Pots

Bâtie sur un plateau calcaire, la ville de Villers-Cotterêts a toujours manqué d'eau, plus encore quand les rois ou les princes quittaient Paris pour venir en visite à Malmaison. En 1182, Élisabeth de Vermandois fit entreprendre des travaux destinés à recueillir les «pleurs», ces eaux de ruissellement qui couraient sur le rocher, à peu de profondeur sous la terre. Des conduites partaient des points où se concentraient ces eaux, pour les emmener vers le château. Elles franchissaient des aqueducs, des passages voûtés... et pouvaient être visitées grâce à des regards – appelés aussi margelles ou pots, d'où le nom de la laie des Pots, ou la promenade des Pots, qui suit le tracé de ces conduites.

Ce réseau d'adduction d'eau a été, depuis, largement entretenu, restauré et agrandi, de façon à alimenter non seulement le château mais aussi la ville – ainsi que la fontaine de la Place, dès 1668. L'entretien en fut assuré jusqu'en 1933, mais c'est dans l'esprit de rappeler cette ingéniosité, qu'à partir de 1991, dans le cadre d'une opération «À l'école de la forêt», des élèves de CM2 de l'école André-Moncond'Huy ont entrepris de baliser, avec un motif en forme de salamandre jaune, un itinéraire de 9 km qui recoupe le circuit de ces conduites et donne accès aux principaux regards. On peut ainsi visiter le regard Madame-Vély, du nom de l'épouse d'un forestier qui aurait déclaré qu'elle valait bien un regard ; celui de Choisy, où une double conduite centralisait toutes les eaux destinées au château, celui des Vieilles-voûtes et celui de Saint-Hubert, centralisateur d'une partie des eaux. Des moines solitaires l'occupaient régulièrement (on le signale déjà au XIIe siècle), le temps de cueillir leurs plantes médicinales.

Voir et savoir ★ étang de Malva ⛩ pierre Clouise près de **8** ▣ ancien réseau d'adduction d'eau après **7** et plusieurs regards le long du circuit • ermitage St-Hubert (collecteur principal) en **3** château du 16e s, avec parc dessiné par Le Nôtre en 1665 et allée royale ouverte en 1752 ✤ châtaignier remarquable à 250 m à gauche de **5**.

A proximité ⬢ musée et maison natale d'Alexandre Dumas † église de Villers-Cotterêts château de La Noue (15e s)

Le balisage du circuit : une salamandre, animal fétiche de François Ier. -CR-

🚲	
	1 h 30
	~ 147 m

Niveau : facile.
Difficultés : quelques montées raides au-dessus de St Hubert et sur la laie d'Haramont.

Salamandre sur la balustrade de l'escalier du Roi, au château de Villers-Cotterêts. -DT-

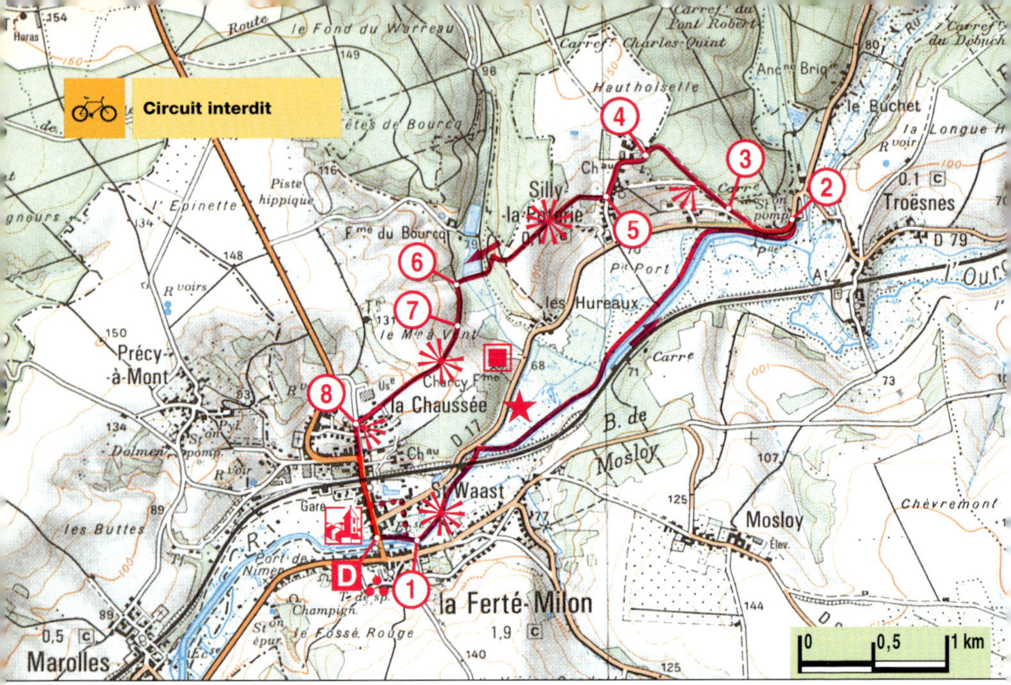

Pas de balisage entre D et 2 : suivre le chemin de halage puis le GR.

D Du parking du Mail, entre les deux bras de l'Ourcq. Emprunter la rue principale à droite, puis longer le chemin de halage à droite après le pont (maison éclusière à gauche). **1** Après 300 m, l'Ourcq forme un coude **(vue sur le château, le pont Eiffel et l'hôtel Racine (où se maria La Fontaine) ; plus loin sur un ancien grenier sur l'eau à colombages, et sur le château de Charcy à gauche)**. Suivre le chemin de halage sur 4 km, jusqu'à son extrémité. **2** Au Port-aux-Perches, remonter à gauche par le portillon jusqu'à la D 17. L'emprunter à gauche sur 300 m. **3** À l'embranchement, remonter le chemin le plus large à droite (ancienne route pavée, balisage GR 11) **(vue sur la vallée de l'Ourcq)**. **4** Après 800 m de montée, reprendre la petite route à gauche. Longer le château de Silly-la-Poterie **(plus loin, belle vue sur la vallée)**. **(Hors circuit : par le petit chemin à gauche, vers l'église à 200 m.)** **5** Au centre du village, au carrefour (monument commémoratif), emprunter le GR à droite **(succession de vues sur la vallée et le château)**. Le chemin s'encaisse et descend en sous-bois (délaisser les embranchements), puis longe les étangs de Bourcq et franchit le gué. **6** Prendre le chemin à gauche. **7** Laisser le chemin de Charcy. **(Vue à gauche sur la ferme de Charcy et le hameau des Hureaux et, à droite, sur la lisière de la forêt de Retz.)** Ne pas dévier de la route. **8** Reprendre à gauche la rue principale (calvaire) qui rejoint le parking à 1 km. **(Vue sur la vieille ville.)** **Variante : pour éviter la rue principale, prendre à gauche la petite rue qui rejoint le chemin de halage, vers la maison éclusière.**

La Ferté-Milon

La Ferté doit beaucoup au charme bucolique de son canal, mais sa renommée lui vient du tragédien Jean Racine, dont la maison a été transformée en musée. Jean de La Fontaine vint se marier à La Ferté. Paul Claudel y prenait régulièrement le train quand il se rendait à Paris en venant de Villeneuve-sur-Fère. Il laissa dans ses écrits une description des vitraux de l'église Saint-Nicolas (XVIe siècle), représentant l'Apocalypse. Outre ces délices de l'âme et de l'esprit, le musée régional du Machinisme agricole possède une impressionnante collection de tracteurs.

Prestigieuse, la façade de ce château que le duc d'Orléans voulut faire construire sur crête, sur les ruines d'une «ferté» (fortification) du VIIIe siècle, et que son assassinat, en 1407, laissa inachevé. Il devait déjà être assez imposant pour qu'Henri IV juge bon de le démanteler, ne préservant que cette façade de 100 m de long sur 26 m de haut qu'orne un bas-relief représentant le couronnement de la Vierge. -DT/CDT-

AU BORD DE L'OURCQ

LA FERTÉ-MILON ▪ SILLY-LA-POTERIE

33

Le long d'un canal bordé de peupliers, après la maison de l'éclusier, le chemin de halage nous conduit au calme des méditations mélancoliques, à travers un paysage dont la douceur a séduit Corot. L'itinéraire tourne vers Silly-la-Poterie avant de revenir à La Ferté-Milon, à l'aspect médiéval et au charme convivial.

3 h 00

balisage : voir descriptif

9 km

▼ 65 m - ▲ 135 m

Le canal de l'Ourcq

Endigué dès 1564 sur ordre de Catherine de Médicis, il a été conçu pour assurer l'alimentation de Paris en bois de chauffage, en céréales puis en pierres pour la construction des forts de l'Est. La chronique veut que Gustave Eiffel ait construit le petit pont de La Ferté-Milon en échange d'un chargement de pierres pour les soubassements de la tour Eiffel. Pour ces raisons, aujourd'hui encore, ses rives appartiennent à la Ville de Paris, qui en gère les abords.
Son parcours commence au Port-aux-Perches, près de Silly-la-Poterie. Ce lieu doit son nom aux chargements de bois, de perches et de fagots (les cotterêts), qui s'effectuaient là, après avoir parcouru, par flottage, les rus de la Savière, en amont. Les matériaux étaient chargés sur des flûtes ; ces petits bateaux à faible tirant d'eau descendaient le canal jusqu'à la porte de la Villette, suivant son cours sinueux et champêtre jusqu'à Meaux, longant la Marne jusqu'à Fresnes avant de bifurquer vers Aulnay-sous-Bois, Paris et la Seine, à Villeneuve. Aujourd'hui, le transport de matériaux a été remplacé par des croisières organisées par l'entreprise «Un canal... deux canaux». Trois tronçons de trois heures sont proposés, entre quatre écluses. Un premier va de La Ferté-Milon à Mareuil-sur-Ourcq, le second de Mareuil à Lizy, le troisième de Lizy à Meaux. Il est également possible de louer des bateaux au Port-aux-Perches, où l'on peut voir un établissement façon guinguette et d'inspiration Gustave Eiffel, avec une profusion de vitres et de poutrelles d'acier rivetées.

L'Ourcq canalisé à Silly-la-Poterie. -DT/CDT-

Jean Racine est né à La Ferté-Milon en 1639. -SC-

Voir et savoir ★ l'Ourcq canalisé • étangs de la ferme de Bourcq avant **6** château de La Ferté-Milon (14e-15e s.) églises remarquables N.-D. (15e s.) vers **D** et St-Nicolas (15e s., vitraux Renaissance) après **8** • chapelle St-Waast (11e-12e s.) roue à aubes, pont Eiffel et ancienne tour près de **D** • ancienne ferme fortifiée près de **7** La Ferté-Milon (centre-ville classé, hôtels anciens) • Silly beau château de Silly • château de Charcy après **8**, du 16e s. forêt de Retz près de **3** et **4**.

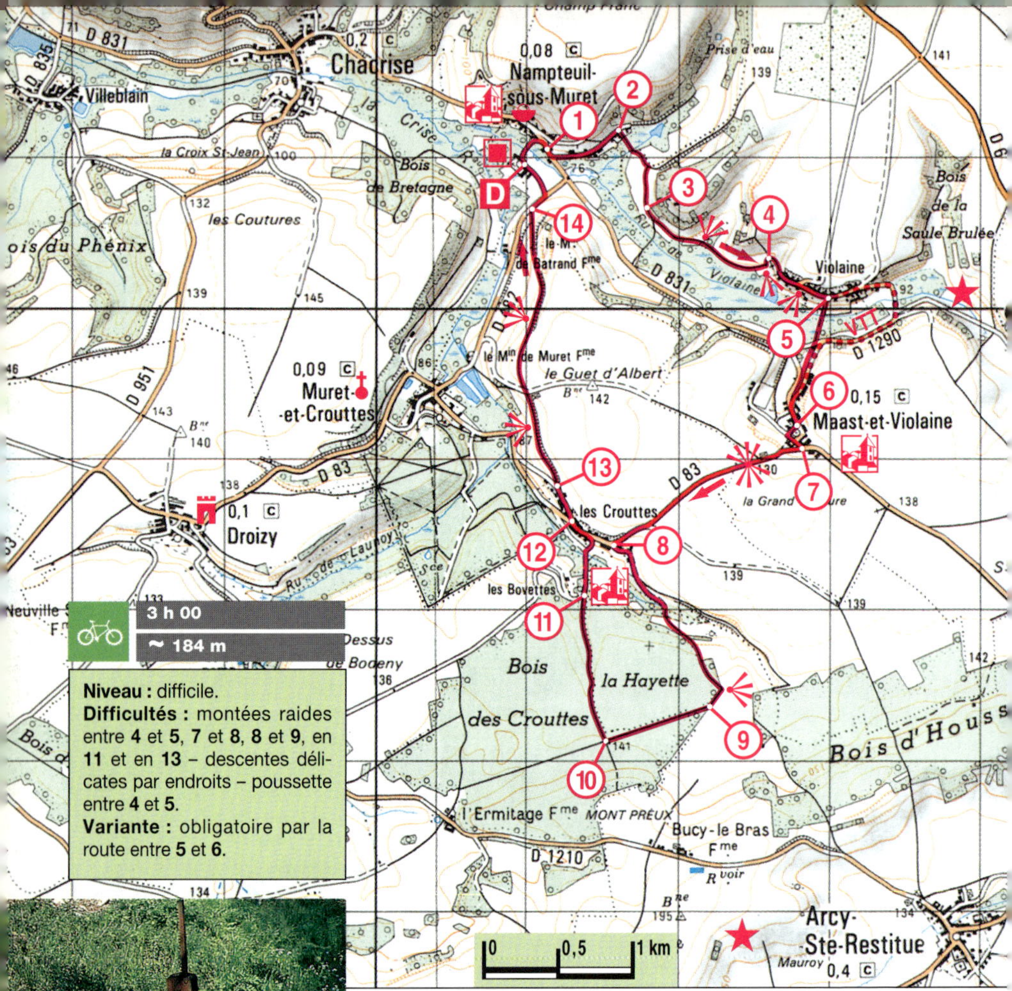

3 h 00

~ 184 m

Niveau : difficile.
Difficultés : montées raides entre **4** et **5**, **7** et **8**, **8** et **9**, en **11** et en **13** – descentes délicates par endroits – poussette entre **4** et **5**.
Variante : obligatoire par la route entre **5** et **6**.

La Crise à Muret. -DT-

D Du gîte de séjour (ancien manoir-ferme). Prendre en direction de Nampteuil ; longer l'église, puis franchir le ru de Violaine. **1** Prendre à droite la D 831 avant de remonter la rue de la Wache, peu après à gauche. **2** Après des maisons à pignons à redans, bifurquer à droite sur le chemin descendant. On traverse une peupleraie avant de monter à droite, en surplomb du val de Violaine. **3** Prendre à droite le chemin qui redescend **(vue sur un petit vallon à gauche)**. On traverse un petit bois avant de gravir une côte **(vue sur Violaine)**. **4** Au calvaire, monter au hameau de Violaine à droite et le traverser **(vue sur le val de Violaine)**. S'orienter à droite à la patte-d'oie. **5** Descendre à droite la petite rue, prolongée par un chemin en levée qui franchit le ru de Violaine. Franchir la D 1290 (attention aux véhicules) et continuer tout droit par le sentier qui rattrape Maast-et-Violaine **(vue sur le lavoir de Chanteraine)**. Traverser le bourg. **6** Bifurquer à droite à l'église, puis à gauche au bosquet de marronniers. On rejoint la route principale. **7** La quitter à 100 m pour emprunter la route de Muret-et-Crouttes, qui remonte sur le plateau **(large vue sur les crêtes)** jusqu'au hameau des Crouttes. **8** Tourner à gauche à la première intersection ; on traverse une végétation moins développée. **Raccourci (épargne 3,5 km) : traverser directement le hameau pour rejoindre le point 12.** Un chemin prolonge la route, après le ru des Crouttes **(vue sur un vallon et le bois d'Housse)**. **9** S'engager à travers le bois sur le chemin de la Vicomté. **10** Prendre à droite, 800 m plus loin, un chemin descendant le long de la fosse Marjolet et jalonné d'anciennes bornes. **11** Après une longue descente, bifurquer à droite sur la route. On traverse le ru des Crouttes. Prendre à droite la rue du Lavoir vers le hameau. **12** Bifurquer à gauche dans la rue principale, puis s'engager à droite à 100 m dans celle des Fontinettes. **13** S'orienter dans le chemin, bordé de haies, à droite 300 m plus loin. À l'intersection, poursuivre sur le chemin en face. **14** On descend jusqu'à la D 482, que l'on suit jusqu'au point de départ.

LES DEUX SOURCES DE LA CRISE

NAMPTEUIL-SOUS-MURET ■ MAAST-ET-VIOLAINE ■ MURET-ET-CROUTTES ■ LAUNOY ■ ARCY-STE-RESTITUE

Des villages rattachés Soissonnais (maisons à pignons pas de moineau), les deux vallées naissantes de la Crise, affluent de l'Aisne, et l'immensité de ce plateau occupé par les labours... Il faut approcher encore pour entrevoir cette longue faille arborescente au creux de laquelle la Crise a creusé deux sillons distincts qui se rejoignent en Y.

4 h 00

balisage bleu

12 km

▼ 75 m - ▲ 141 m

Violaine, Nampteuil et Maast

Dans cette vallée mystérieuse et protégée sont concentrés trois villages aux allures singulières, typiques du pays. Le premier, Violaine, est installé sur un versant, comme accroché aux creuttes nombreuses qui en caractérisaient l'habitat jusqu'à il y a peu. Dans le pays, ces cavernes troglodytiques, appelées boves aussi, servaient aux sans-abri de l'époque, avant d'être utilisées aujourd'hui comme remises ou comme entrepôts. À Violaine, où un entrepreneur en bâtiments occupe la plus grande avec son matériel, on peut voir comment les vestiges d'une grange – à moins que ce ne fût une halle ou une église – lui servent de carrière de pierres taillées utiles à restaurer d'autres habitats.

Le donjon et l'église de Droizy. -DT-

Comme à Violaine, on retrouve à Nampteuil-sous-Muret ces pignons de maisons en gradins, dits à pas de moineau, formés d'une seule assise de pierre à redans. Une importante ferme, fortifiée en carré au XVIIe siècle, rassemble en ses murs une église du XIIe, un ancien manoir et un gîte, non loin de quelques étangs qui parsèment le creux de la vallée. Ces fermes imposantes, caractéristiques du pays soissonnais, servaient à se protéger des pillards. Elles étaient généralement ceintes de hauts murs et situées en surplomb du village, ou sinon isolées de tout autre habitat, comme celle-ci.

En direction de Maast, lorsque la promenade quitte momentanément la vallée, on longe un énorme pignon isolé rappelant celui de l'imposante grange qui domine Violaine, ou de celle qui accueille le passant à l'entrée de Maast.

Voir et savoir ★ vallée de la Crise • église de Maast (12e-16e s.) • église de Nampteuil (12e s.) manoir-ferme (gîte de séjour) du 15e s. en **D** • lavoirs de Maast, des Crouttes et de Nampteuil • Nampteuil • Maast-et-Violaine • Les Crouttes • orchidées et genévriers sur le circuit.

Infos pratiques • produits maraîchers et ébéniste à Nampteuil.

A proximité ★ les 2 sources de la Crise : fontaines d'Arçon et du Chaudron • église remarquable de Muret-et-Crouttes • église de Droizy • église Ste-Restitue et fontaine de dévotion (pèlerinage) à Arcy • ruines du château de Muret • donjon (14e s.) de Droizy • Chacrise.

En pays claudélien

Paul Claudel est né en 1868 à Villeneuve-sur-Fère. Il y gardera la maison natale pour ses retraites loin des tumultes du monde, entre un voyage à Rio de Janeiro et une mission en Chine. Sa littérature trouve ainsi, dans ces paysages, des motifs d'inspiration qui le portent et l'apaisent. *L'Annonce faite à Marie* se déroule près de Coincy, et un de ses personnages principaux, Violaine, doit son prénom à ce village que Claudel fréquentait lors de ses marches, dans ce pays dont il appréciait les noms : Saponay, Cramaille, le Grand-Rozoy, Cœuvres... ou Violaine, ainsi qu'il en fait mention dans son *Journal*.

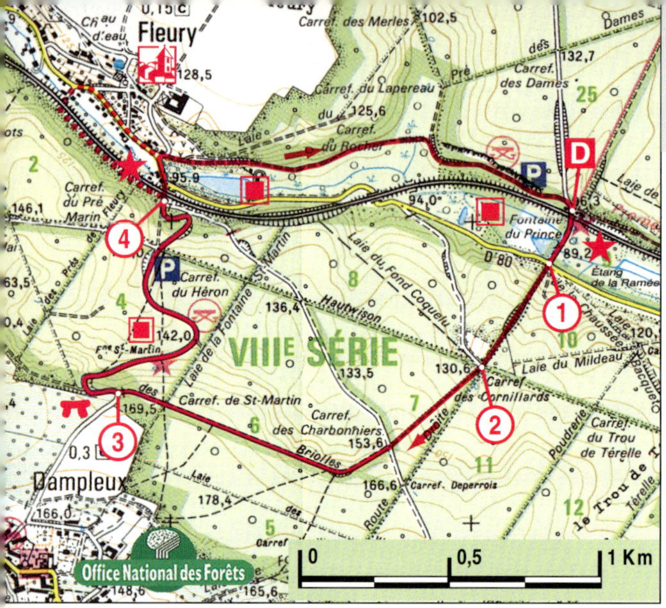

Voir et savoir ★ étang de la Petite-Ramée avant **1** • étang de Fleury après **4** • fontaine du Prince (de 1750, vestige d'une héronnière royale) en **D** • fontaine St-Martin après **3** ancien moulin à eau du 16e s. après **4** Fleury : église, fontaine, maisons du 17e-18e s. abri sous roche de Pierre-Fortière après **3** (grès), avec traces de polissoir impatiens entre **2** et **3**.

A proximité ★ étang de la Grande-Ramée.

35 - LES FONTAINES DU PRINCE ET SAINT-MARTIN

Accès : de Fleury, prendre la D 80 vers Corcy. Tourner à gauche 900 m après le pont ferroviaire et traverser à nouveau la voie ferrée.

D Du carrefour de la fontaine du Prince, traverser le passage à niveau (à gauche, la fontaine du Prince). Longer l'étang de la Petite-Ramée jusqu'à la D 80 pour accéder à la route en face. **1** Monter au carrefour des Cornillards. **2** Prendre à droite la route des Briolles jusqu'au carrefour des Charbonniers. Poursuivre à travers une belle hêtraie. **3** Suivre la D 1380 sur quelques mètres à droite et prendre vers la pierre Fortière (légèrement à gauche). Descendre la route vers la fontaine St-Martin. Continuer jusqu'au pont de la voie ferrée. **4** **(Variante non balisée à gauche vers Fleury.)** Passer sous le pont, tout droit vers le village, et prendre à droite au rond-point. Longer le petit étang de Fleury. Atteindre l'aire de pique-nique de la Falaise, et rejoindre le point de départ.

1 h 00

~ 90 m

Niveau : facile.
Difficultés : forte pente au départ.

Des étangs, des orchidées, des hérons...

Du relais de Fleury à celui de Corcy se dessine une vallée encaissée, creusée par des rus qui se jettent dans la Savière, à Corcy. Une succession d'étangs en marque le fil, dont celui de Fleury qui jouxte un ancien petit moulin du XVIe siècle, à côté d'une tour hexagonale plus récente. Celui de la Ramée est aménagé pour le confort des pêcheurs, cerné de petits appontements avec des tables à proximité directe.
Cette vallée champêtre, habitée de peupleraies très soignées, se distingue par l'ancien ermitage et le très beau lavoir de Fleury, ainsi que par des variétés particulières d'orchidées. L'astragale, le lin purgatif, le réséda et l'onagre y sont courants. La fontaine du Prince marque l'emplacement d'une héronnière royale qui se dressait là en 1750 et dont les hérons servaient pour la chasse au vol. Elle porte le blason du duc d'Orléans auquel la forêt de Retz fut donnée en apanage. Une pierre «magique», la pierre Fortière – un ancien polissoir de près de 40 m de long –, gît non loin de là, sur la crête.

L'étang de Fleury est un des étangs de la Ramée, un endroit secret dans la belle forêt de Retz. -PC-

36 - LA CROIX DE MONTFAUCON

Accès : depuis Essises, prendre la direction de La Ville-Chamblon, puis, avant le pont de Montfaucon.

D Place de l'Église à Montfaucon. Partir tout droit derrière l'église (sentier commun avec un GR de pays balisé en jaune et rouge jusqu'en 1). **1** Au carrefour, descendre à droite, franchir la passerelle. **2** Emprunter la D 963 à gauche sur 200 m, puis prendre à droite un chemin qui monte vers La Ville-Chamblon. **3** Dans le hameau, suivre à droite un chemin descendant **(vue sur la vallée et les villages)**. Franchir le ruisseau, et remonter à travers champs sur le plateau. Au premier carrefour, passer tout droit. **4** Bifurquer à droite vers un bois. **5** Obliquer à gauche en direction du hameau du Fayet. Prendre la route à gauche et dépasser la ferme de La Bisgauderie. **6** Quitter la route dans un virage et s'engager le long d'un bois, traverser deux champs et entrer dans le bois. À 300 m, tourner à gauche. **7** Au hameau de La Madeleine, emprunter une petite route à droite. Tourner à droite sur la D 861. **8** Prendre à gauche, en sous-bois, une large allée. **9** Elle sort du bois par la gauche et y revient par la droite. **10** À la fourche, prendre à gauche (sentier commun avec le GR de pays jusqu'en 12). Entrer dans un bois et atteindre une route. **11** Obliquer à gauche jusqu'au hameau du Petit-Bellevalle. **12** **(Raccourci, balisage jaune et rouge du GR de pays, pour regagner le point 1.)** À la sortie du hameau, prendre à droite un large chemin en lisière de plusieurs bois. **13** Obliquer à gauche vers un sentier en sous-bois, puis à travers champs. Emprunter à droite une petite route. Suivre à gauche la D 863 et descendre à droite vers Champ-de-Faye-le-Bas. **14** Dans le virage, obliquer à gauche sur un chemin. Franchir le ru et remonter vers un sous-bois. Au sortir du bois, prendre à gauche un chemin d'exploitation (balisage jaune et rouge sur 500 m). **15** Traverser la D 861 et continuer tout droit sur la D 868. Descendre à l'église de Montfaucon.

De fontaine en étang, le premier circuit traverse une très belle hêtraie. La géographie éclatée de Montfaucon, dans la vallée du Dolloir, confère au second parcours une ambiance champêtre, avec une sensation d'isolement propice à la rêverie.

35	36
2 h 00	3 h 45
Fontaine St-Martin N° 3	jaune
6 km	14,5 km
▼ 89 m	▼ 136 m
▲ 170 m	▲ 209 m

La ferme-auberge de Montfaucon. -DT-

Vélo	
2 h 30	~ 113 m

Niveau : facile.
Difficultés : montées difficiles entre **3** et **4**, entre **14** et **15**, moyenne entre **8** et **9** – descentes difficiles après **1** et **3** – portage après **7** (barrière).

Voir et savoir ✝ croix historiée (16 personnages) de Montfaucon, du 15e s. ■ fermes anciennes à colombages : à Couson (16e s.), à Pontoise et à Courlevon • ferme-auberge du Château après **16**.

Infos pratiques ••• raccourci entre **12** et **1**.

A proximité château de La Doultre (privé), du 18e s. ✝ églises d'Essises et de Viffort ⬢ musée de la Campagne de France à Essises.

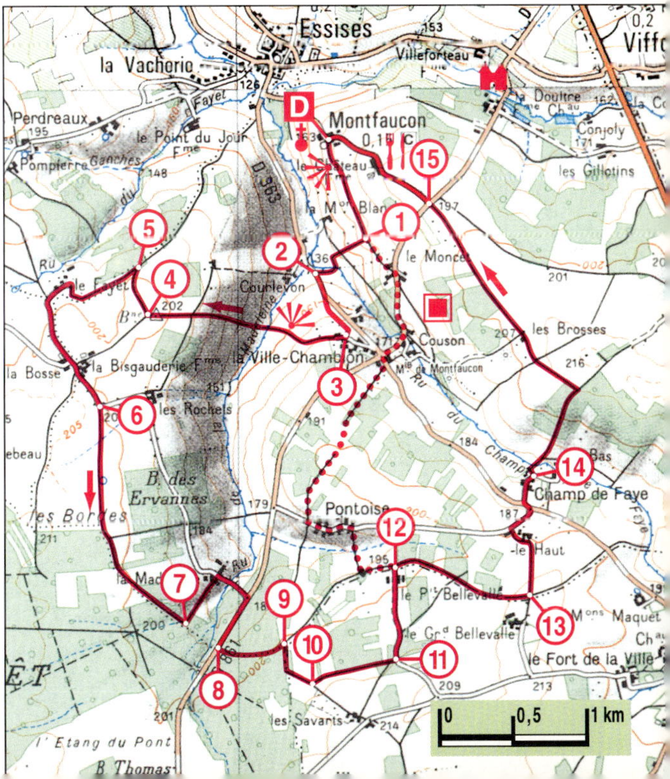

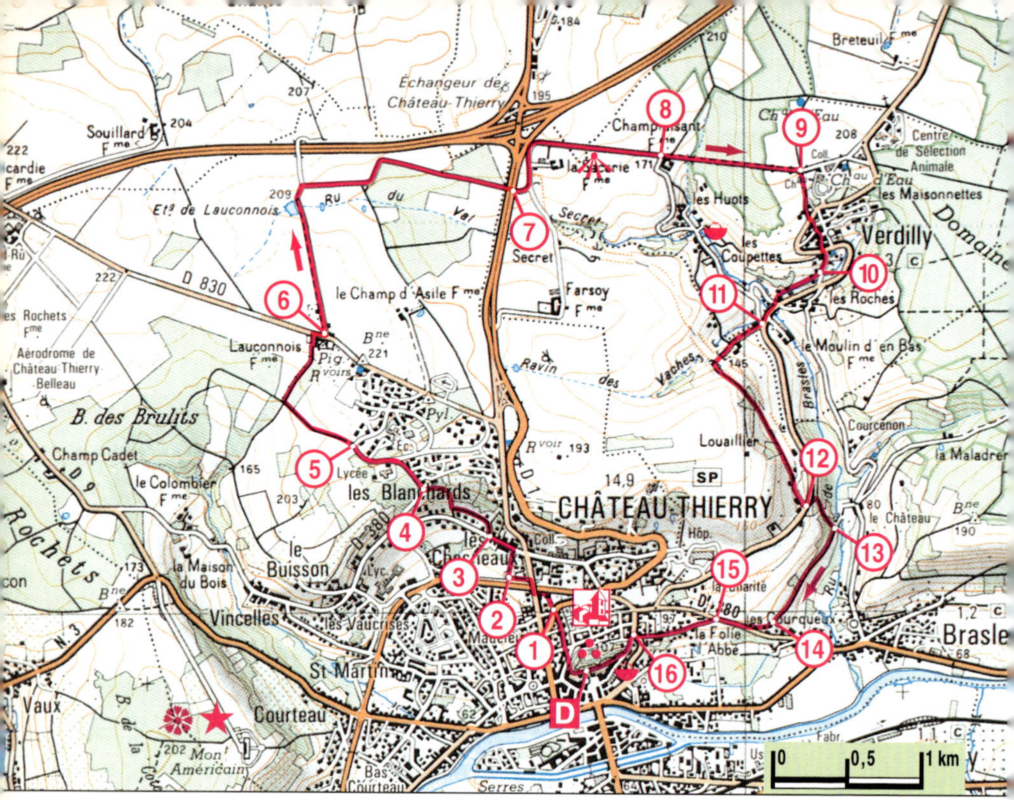

D Place de l'Hôtel-de-Ville à Château-Thierry. Gravir l'escalier à gauche de la mairie. Prendre à gauche le chemin de ronde qui aboutit place Jean-Macé. Remonter la rue des Fusiliers. Traverser la rue Léon-Lhermitte et prendre en face les escaliers d'une sente. **1** Au bout, obliquer à gauche, traverser le pont à droite. **2** S'engager à 20 m à gauche entre deux maisons. Au croisement, prendre à droite. Suivre la rue du Buisson à gauche sur 150 m et pénétrer à droite dans un lotissement. **3** Suivre une sente le long de la première maison à gauche. Au deuxième carrefour, remonter un chemin à droite au milieu des vignes. En haut, continuer à gauche. On rejoint une allée et des habitations. **4** Remonter toute l'avenue de Champagne. À gauche, passer devant le collège Jean-Rostand. **5** Au grand virage, s'engager à gauche sur un chemin. À une croisée de quatre chemins, tourner à droite en lisière d'un petit bois. Emprunter la D 830 à droite sur 50 m, puis prendre à gauche, face à l'entrée de la ferme, un large chemin. **6** Peu après un étang, obliquer à droite et longer un bois. **7** Traverser la D 1 avec prudence. Emprunter en face une petite route (laisser la voie d'accès au golf). Passer devant la ferme de La Sacerie et atteindre celle de Champluisant. **8** **(Vue sur le vallon de Brasles.)** Là, quitter la route et descendre tout droit, puis remonter en sous-bois par une large allée. **9** Prendre à droite un sentier qui descend à Verdilly. Traverser la D 967 et rejoindre en face la place du village. Continuer tout droit et retraverser la D 967. Descendre en face (rue des Grès) et s'engager à droite (chemin des Moulinets). **10** Gravillonné, le chemin devient herbeux puis aboutit à gauche à la D 967. Prendre à droite (prudence) et arriver au carrefour. **11** Monter à droite entre des pâtures. Passer sous un pont. Aux deux croisements, prendre à gauche. Dans le hameau de La Briqueterie, remonter la rue à droite et traverser la D 967. **12** S'engager sur le chemin à gauche en sous-bois et bifurquer aussitôt à droite pour descendre dans le vallon. **13** Au croisement, prendre à droite un bon sentier herbeux. **14** Au bout du sentier, remonter à droite un chemin qui longe ensuite le vignoble. **15** Emprunter la rue des Chopinettes 20 m à gauche, puis à droite la rue de la Folie-l'Abbé. **16** Remonter la rue de la Barre sur 50 m et franchir à gauche la porte St-Pierre. Prendre à droite le chemin de ronde. Retrouver l'escalier qui ramène au point de départ.

2 h 15
~ 198 m

Niveau : assez facile.
Difficultés : montées courtes mais raides entre **3** et **4**, **8** et **9**, en **11** et en **14** – descentes glissantes et caillouteuses entre **11** et **13** – portage en **D** et en **1** – danger en **7**.

L'église St-Crépin de Château-Thierry et le mémorial de la cote 204. -DT / CDT-

SENTES ET VALLONS SECRETS

CHÂTEAU-THIERRY ■ BÉZU-SAINT-GERMAIN ■ VERDILLY ■ BRASLES

37

3 h 30
balisage jaune
13,5 km
▼ 84 m - ▲ 213 m

«Ne point errer est chose au-dessus de mes forces» : on peut songer à ces propos de La Fontaine en lui emboîtant le pas, dans ce parcours urbain et champêtre. D'une rue pavée, on aboutit à des vignes ; d'une sente en sous-bois, on traverse le plateau coupé par le ru du Val-Secret avant de redescendre sur Château-Thierry et la vallée de la Marne.

Un site stratégique

Aux temps les plus lointains, le plateau de Château-Thierry contrôlait la vallée de la Marne (Materna) et le gué de La Gallevèse. À ce titre, il fut constamment fortifié : en oppidum gaulois, en plessié gallo-romain, en ferté mérovingienne, en forteresse médiévale, avant d'être une demeure seigneuriale au XIIIe siècle. La première partie de l'enceinte fortifiée, qui date de 1060, fut complétée et enrichie jusqu'au XVIIe siècle, sous Richelieu. Mais Château-Thierry pourrait n'être qu'une petite ville de Champagne, en bord de Marne... si Jean de la Fontaine n'y était né et n'y avait fait souche.

La plus belle vue d'ensemble, de la ville - comme paysage, de cette Marne large, lourde et sinueuse en amont, comme ces coteaux tressés de vignobles sur ses versants -, est certainement offerte à la cote 204. Là se tient un gigantesque monument à l'américaine, que les Castelthéodoriciens appellent familièrement le Radiateur. Il symbolise la main tendue entre la vieille Europe et la nouvelle Amérique (un monument identique se trouve à New-York). Un détour par le cimetière militaire français permet d'admirer un gisant insolite et émouvant représentant un soldat frappé de plein fouet par une balle...

Au-delà des remparts du château, il y a cette singulière tour Balhan, qui faisait partie d'un fort du XIIe siècle avant que le marchand Jean Balhan en fît sa résidence au XVIe, puis le parcours «lafontainien», balisé de phrases de l'auteur, à travers les rues de la ville. C'est le plus réjouissant : autant il nourrit la curiosité historique, architecturale et urbaine, autant il ouvre à la beauté de l'esprit et des mots du grand Jean. L'essayiste Marc Fumaroli ne s'emploie-t-il pas, dans un ouvrage tout récent (*le poète et le Roi*, éd. de Fallois, 1997), à démontrer combien, derrière l'apparente bonhomie de l'auteur des *Fables*, se campe un poète engagé contre les absolutismes de tout poil.

Une grande fête Jean de La Fontaine se tient chaque année, autour de la Saint-Jean, le 24 juin. -FV-

Jean de La Fontaine. -SC-

Voir et savoir Château-Thierry ancien château • remparts • portes 13e-15^e^s. beffroi du 16e s. • vieilles rues avec hôtels particuliers église St-Crépin • chapelle hôtel-Dieu maison natale (16e s.) et musée La Fontaine.

Infos pratiques champagne Pannier à Château-Thierry • produits fermiers aux Coupettes et à Château-Thierry.

A proximité mémorial américain de la cote 204 (panorama) ancienne abbatiale d'Essômes-sur-Marne (13e s.).

La vallée de la Marne à Reuilly. -DT/CDT-

LES WEEK-ENDS

Pour faciliter vos randonnées, des formules tout compris vous sont proposées : hébergement, restauration, visites, avec portage de vos bagages en option. L'accueil se fera surtout en Logis de France et en Gîte de France (chambres d'hôte), établissements alliant qualité et caractère. Pour tout renseignement et réservation, s'adresser au Comité Départemental du Tourisme de l'Aisne (Service Loisirs Accueil) Tél. 03 23 27 76 78/80.

LOGIS DE FRANCE

WEEK-END 1

De la Montagne Couronnée au Chemin des Dames

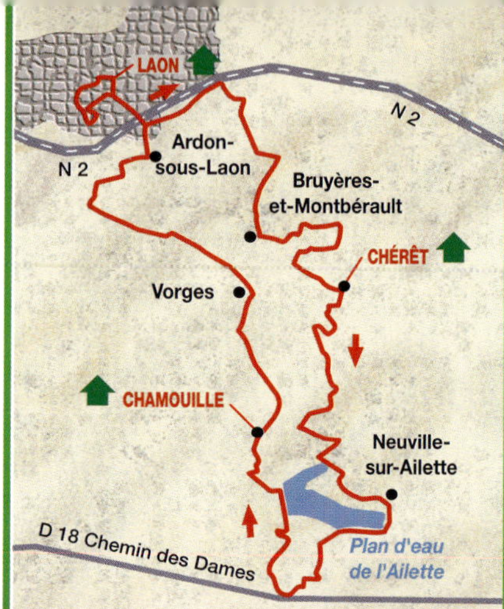

48 km | ▼65 m - ▲195 m | 16 h 00 | 3 étapes

La richesse de ce circuit tient avant tout à la diversité des sept paysages auxquels il ouvre. La plaine herbeuse propice à l'élevage laisse la place aux buttes ornées des rondes forêts de feuillus, les reliefs se creusent de sillons francs et profonds lorsque y coule une rivière. Ce voyage à travers cinq siècles d'Histoire va d'une noble «montagne couronnée» – ainsi que les pèlerins baptisèrent Laon – à un dramatique Chemin des Dames. C'est enfin un parcours de santé, qui quitte la petite ville de Laon pour rejoindre le calme et la sérénité du plan d'eau de l'Ailette. Mais qu'elle soit champêtre, historique ou pur divertissement, l'aventure est toujours là, telle une compagne insolite et «nourrissante».

«Comme une île dans la plaine»

Le chemin qui nous éloigne du plateau de Laon nous rapproche en fait de son paysage. Derrière ou devant nous, l'acropole est là dans toute sa superbe et sa complexité architecturale ; 800 ans d'histoire nous contemplent de cette colline de 180 m de haut, qui trône là «comme une île dans la plaine» et dont la silhouette n'a quasiment pas changé depuis le XVIIIe siècle. La vieille ville recèle pas moins de 80 monuments classés et il est question qu'elle soit répertoriée au titre de patrimoine mondial de l'Unesco. Mais si la Montagne couronnée nous tient longtemps dans son aura, elle doit un moment faire place aux séductions très fines des villages de Vorges ou de Bruyères-et-Montbérault, dont les églises nous captent par leurs richesses, et dont les vendangeoirs sont des plus nobles.
Vorges s'impose par son église gothique du XIIIe siècle. À l'instar de celle de Mons, elle fut forti-

La cathédrale de Laon. -JPG/CDT-

L'église Arts déco de Martigny-Courpierre. -PC-

fiée durant la guerre de Cent Ans. Elle s'en distingue cependant par la beauté et la majesté de sa structure et de ses pierres ouvragées. Ainsi en est-il de la tour, ainsi cette immense rose à colonnettes est-elle directement inspirée de la cathédrale de Laon. À l'intérieur, on admirera des sarcophages mérovingiens du VIIe siècle et un chemin de croix contemporain peint par Hector de Peligny, qui réside encore dans le village. L'église de Montbérault, elle, vaut pour ses impressionnantes proportions et son style composite qui couvre quatre siècles, du XIIe au XVe. Son chevet roman est unique en France. Décoré de magnifiques bas-reliefs, il présente un âne musicien, des animaux acrobates et des chimères fantastiques.

Construit en 1881 par le général Séré de Rivière, le fort de Bruyères constituait la 2e ligne de défense de Paris.

Il ne faut pas non plus quitter Montbérault sans s'être mesuré au génie insolite d'Arsène Houssaye, ce critique d'art et chroniqueur célèbre qui, dans les années 1830, conduisit les modernes contre les classiques aux côtés de Théophile Gautier et de Victor Hugo. Montbérault lui doit ses trois châteaux. Le premier a des allures de théâtre romantique, c'est La Folie-Riancourt-en-Breuil. Il fut le lieu de ripailles mémorables où se retrouvait toute la population du village. Plus discret est celui de Valbon (à Vorges). Enfin, le château de Parisis (à Bruyères), de style Tudor, fut construit sur le tard.

Au-delà de la limite marquée par ces deux villages, on quitte un pays dont le patrimoine fut extraordinairement épargné par les ravages de la guerre et l'on parvient dans cet autre territoire, apparemment champêtre, qui doit pourtant sa notoriété aux plus terribles batailles de ce siècle. Le Chemin des Dames est ce promontoire qui barre l'horizon sud, et il faut bien tout l'attrait du plan d'eau créé sur les ruisseaux de l'Ailette et de la Bièvre, en 1984, avec ses jeux d'eau, ses compétitions d'aviron, l'élan de ses planches à voile et le clapotis de ses dériveurs pour se détourner un moment des cimetières, des monuments, du mémorial et de l'espace muséographique installé dans cette creutte étonnamment vaste de la Caverne du Dragon.

Les vendangeoirs du Laonnois

Le vendangeoir de Chérêt, avec son escalier. -SC-

De l'est au sud-ouest du plateau de Laon, jusqu'à la fin du XIXe siècle, s'étendaient les coteaux viticoles, avant que le phylloxéra et le chemin de fer gagnent sur eux. Le vin du Laonnois fut non seulement vaincu par le puceron mais aussi par le développement commercial des vins de Bourgogne et de Bordeaux, qui se négociaient moins chers. En 1824, on recensait 3 606 ha de vignes autour de Laon, et les métiers du vin concernaient toutes les classes sociales. À Vorges comme à Bourguignon, on peut encore admirer certains de ces vendangeoirs, qui n'ont pas été altérés depuis trois cents ans. C'est en ces demeures bourgeoises que les familles aisées se transportaient durant toute la période des soins nécessaires à la vigne. Les propriétés ont donc toutes les caractéristiques du luxe : murs d'enceinte autour de beaux jardins ; habitat limité généralement à un appartement confortable où les lambris sculptés et les stucs sophistiqués sont parfois toujours visibles ; le tout flanqué par les dépendances nécessaires à la transformation du raisin en vin.

En Laonnois, ces vendangeoirs sont autant de gentilhommières, de manoirs, de presbytères ou de châteaux... à côté desquels les maisons de vignerons forment des villages !

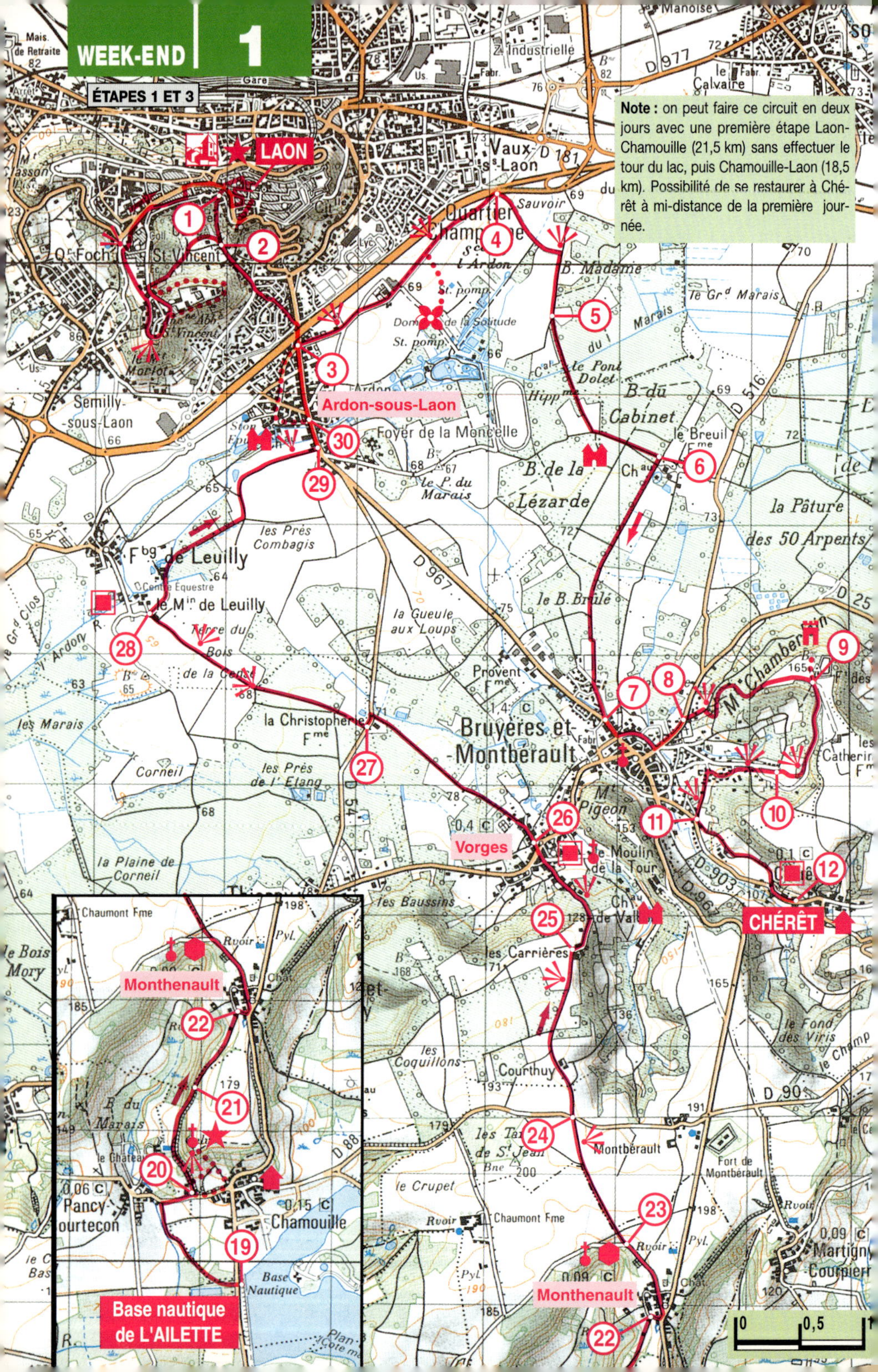
WEEK-END 1
ÉTAPES 1 ET 3
Note : on peut faire ce circuit en deux jours avec une première étape Laon-Chamouille (21,5 km) sans effectuer le tour du lac, puis Chamouille-Laon (18,5 km). Possibilité de se restaurer à Chérêt à mi-distance de la première journée.
LAON
Ardon-sous-Laon
Vorges
CHÉRÊT
Monthenault
Base nautique de L'AILETTE
Semilly-sous-Laon
Vaux-s-Laon
Fbg de Leuilly
le Mn de Leuilly
Bruyères et-Montbérault
Chamouille
Pancy-Courtecon
Foyer de la Moncelle
B. de la Lézarde
la Pâture des 50 Arpents
la Christopherie Fme
la Gueule aux Loups
la Plaine de Corneil
les Carrières
Courthuy
Montbérault
Fort de Montbérault
Chaumont Fme
0
0,5
1

ÉTAPE 1

Laon • Chérêt

13,5 km | **4 h 30**

▼ 65 m | **▲ 180 m**

BALISAGE rappel des balisages rencontrés :
- balisage spécifique de la ville de Laon de D à 2 et de 2 à D
- jaune et vert de 3 à 14 et de 24 à 3
- jaune et blanc de 14 à 17 et de 20 à 24
- jaune et violet de 18 à 20
- circuit non balisé de 2 à 3

Ce circuit week-end associe quatre itinéraires, dont deux sont décrits dans ce topoguide.

Laon :

D De l'office de tourisme de Laon, emprunter la PR 19 (voir p. 58). **1** Quitter la ville haute par la porte des Chenizelles. **Panorama sur le plateau de Laon et la cuve St-Vincent. 2** *Non balisé de 2 à 3.* À l'intersection avec le chemin des Froids-Culs, laisser la PR 19, emprunter successivement les rues des Vendangeoirs, des Bouvreuils, puis des Jardiniers jusqu'au calvaire. Passer sous le viaduc. **3** *Jonction avec le circuit balisé jaune et vert.* Prendre à gauche le chemin de la Croix-de-Chivy, en direction du domaine de la Solitude **(vue sur la butte de Laon)**. **4** Avant le croisement avec la N 2, tourner à droite **(vue en se retournant sur le marais et la cathédrale)**. Passer à proximité des sources de l'Ardon, puis tourner à droite. **5** À la patte-d'oie, s'engager sur le chemin de gauche qui enjambe plus loin le canal du marais. Reprendre à gauche, après la clairière, la grande allée en sous-bois. **6** Emprunter l'allée à droite qui longe le château du Breuil, continuer tout droit. L'allée se rétrécit plus loin **(vue à gauche sur les monts du Laonnois)**. On longe un stade avant les premières maisons de Bruyères (traversée d'un ruisseau). **7** Emprunter la D 967 à gauche, puis la rue du Tour-de-Ville, avant de prendre à main gauche la rue de la Fontaine-Minérale.

Hors circuit : centre de Bruyères, église, vendangeoirs dans la rue Arsène-Houssaye.

8 Bifurquer à droite 300 m plus loin dans le chemin des Hardsons, puis remonter un petit chemin à droite avant de grimper à gauche au fort des Bruyères. On débouche sur une clairière au sommet du mont Chamberlain **(vue en se retournant sur le plateau de Laon)**. Gagner le fort.

Hors circuit de 200 m AR.

9 Redescendre par la route d'accès au fort **(vues sur Bruyères et la butte de Mons, puis sur la butte de Laon)**. **10** S'engager dans un petit chemin à gauche **(très belle vue sur la butte de Laon)**. Descendre à un lotissement, prendre à gauche jusqu'à la D 903. **11** S'engager dans le chemin parallèle à celle-ci, à gauche. Il surplombe un petit val, atteint un calvaire. Reprendre à droite pour emprunter la route jusqu'au centre de Chérêt. **(étape à la chambre d'hôte à gauche après l'intersection).**

8 h 00

~ 412 m

Niveau : difficile, réservé aux vététistes expérimentés.
Difficultés : montées difficiles entre **8** et **9**, entre **13** et **15**, près de Neuville et pour rejoindre Cerny – poussettes entre **8** et **9**, **13** et **14** – prudence en traversant la D 967 près du golf.
Variante obligatoire : partir du point **3** pour éviter la descente du plateau (distance : 42 km).

Voir et savoir ville haute de Laon : voir p. 58 • Bruyères-et-Montbérault église remarquable de Bruyères (12e s.) • église Arts déco de Martigny nombreux vendangeoirs, dont celui du Clos (17e-18e s.) à Chérêt • fontaine du 18e s. à Bruyères • fontaine «au crapaud» à Chéret • hôtel de ville de Bruyères (1852) fort de Bruyères (construit en 1881 par le général Séré de Rivière) • remparts à la sortie de Bruyères châteaux du Breuil (1860) et de Parisis avant **7**, (privé), où vécut Arsène Houssaye marais d'Ardon : domaine de La Solitude hors circuit entre **3** et **4**.

L'église romane de Bruyères-et-Montbérault. -PC- Ci-dessous, celle de Vorges. -FD-

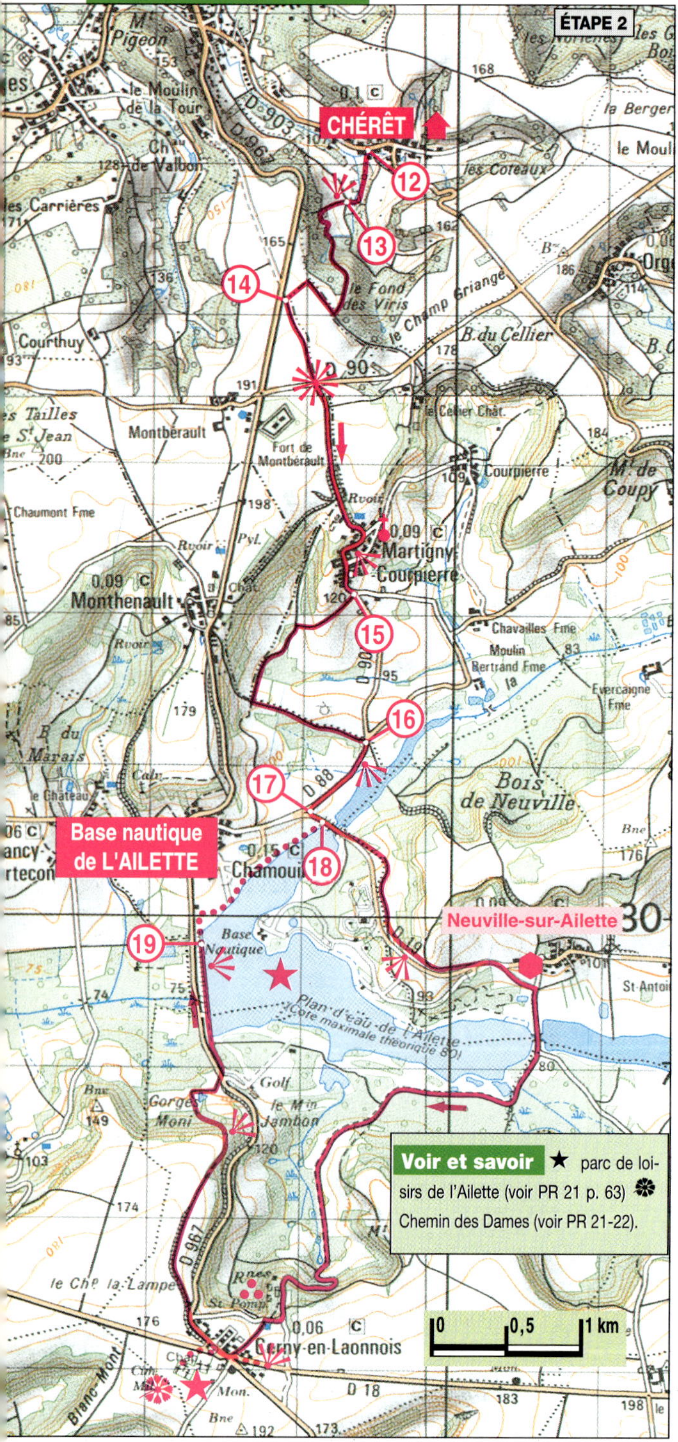

ÉTAPE 2
Chérêt • Chamouille

16 km | **5 h 30**
▼ 80 m | **▲ 193 m**

● **Chérêt :**
12 Du centre de Chérêt, emprunter la route d'Orgeval (tracé jaune et vert), puis tourner à gauche 100 m plus loin (tronçon commun avec le GR 12 A). Continuer tout droit sur 50 m avant de redescendre à droite et franchir un petit ru. **13** À la patte-d'oie, laisser le GR 12 A et remonter le chemin central **(vue sur le vendangeoir du Clos)** à travers bois. En sortant du bois, on débouche sur le plateau **(panorama sur la butte de Laon, la cathédrale et l'église St-Martin)**. **14** *Avant la D 967, laisser le balisage jaune et vert pour suivre à droite un balisage jaune et blanc.* Au croisement, continuer tout droit **(vues sur le plateau de Laon et la crête du Chemin des Dames)**. Laissant le fort de Montbérault à droite et le château du Cellier à gauche, on redescend vers Martigny-Courpierre, que l'on traverse **(belle vue dans le virage sur les vallées de la Bièvre et de l'Ailette)**. **15** En sortant du village, prendre le chemin à droite ; bifurquer plus loin deux fois à gauche. **16** Au carrefour, emprunter la D 88 en direction de Chamouille **(vue sur le lac)**. **17** Au croisement, laisser le balisage jaune et blanc et reprendre la direction de la base de loisirs. **18** On enchaîne le «tour du lac de l'Ailette», balisé en jaune et violet en empruntant la variante du Chemin des Dames. Se reporter au descriptif p 62. (Le point de repère n° 18 du circuit week-end correspond au point 13 de la PR 21.) **Étape à Chamouille : possibilité à l'hôtel Mercure ou à la base de loisirs, que l'on gagne après avoir longé le bord du lac. Dans ce cas, passer deux fois par le point 18.**

ÉTAPE 3
Chamouille • Laon

18,5 km | **6 h 00**
▼ 65 m | **▲ 195 m**

● **Chamouille :**

19 (Correspond au point 12 du «Tour du lac de l'Ailette», voir p. 62.) Depuis l'hôtel et à l'extrémité de la digue, traverser la route pour prendre un chemin de liaison, *balisé jaune et violet-blanc*. Le chemin, borné en limite communale, bifurque à droite pour rejoindre la route à la sortie de Pancy-Courtecon. Reprendre à droite en direction de Chamouille. **20** Monter à gauche la rue du Mont-des-Chênes *(balisage jaune et blanc)*, qui se prolonge par un chemin.

Variante non balisée, interdite aux VTT : rattraper le carrefour de Chamouille, puis reprendre la route de Laon avant de tourner 50 m plus loin à gauche dans un chemin. Continuer tout droit par une petite sente abrupte qui relie le chemin en corniche accédant au calvaire **(très belle vue)**. Revenir par le même itinéraire et prendre à droite au virage pour regagner le chemin de Monthenault.

21 À la patte-d'oie, s'engager à droite. Continuer tout droit jusqu'à Monthenault. **22** Au croisement, prendre à droite, puis deux fois à gauche. On longe l'église par la rue de Chaumont. **23** Quitter la route 150 m après le cimetière et prendre le chemin à droite pour traverser le plateau. **24** À l'intersection, laisser le balisage jaune et blanc et continuer tout droit *(tracé jaune et vert)*. Longer la forme de Courthuy **(vue sur le plateau des monts du Laonnois et sur le mont St-Pierre à droite)**. **25** Après avoir longé un bois, descendre la route à droite au hameau des Carrières (tronçon commun avec le GR 12 A) afin de gagner Vorges **(vue à l'entrée du bourg sur la butte de Laon)**. Traverser le village. **26** Franchir la D 25, emprunter la rue de Vincennes, que prolonge le chemin de la Christopherie. Reprendre la D 54 à gauche sur 100 m. **27** S'engager à droite le long d'un bois. Au carrefour, prendre encore à droite ; le tracé forme un coude **(points de vue successifs sur la butte de Mons et celle de Laon)**. **28** À l'ancien moulin de Leuilly, au niveau de la ferme, tourner à droite. Franchir plus loin un bras de l'Ardon, et le longer sur 200 m. Rejoindre ensuite à gauche le faubourg d'Ardon **(vue sur le château et l'église)**. **29** Rejoindre le viaduc par la rue principale. **30**

Variante non balisée : prendre à gauche le sentier longeant le deuxième bras de l'Ardon. Le traverser à hauteur de l'entrée du château. Longer l'église, puis prendre à gauche la rue Lejeune, celle de la Liberté, puis du Cheval-Blanc.

Regagner le point 2. Bifurquer à gauche dans le chemin des Froids-Culs. Se reporter au descriptif du circuit «La campagne dans la ville» p. 58, pour rejoindre le point de départ **(panorama de la batterie Morlot et nombreux points de vue)**.

Voir et savoir ✝ église Arts déco de Monthenault • calvaire de Chamouille, hors circuit en **20** • église remarquable de Vorges (12ᵉ-13ᵉ s.) • église d'Ardon (12ᵉ-13ᵉ s.) ■ vendangeoir du 18ᵉ s. à Ardon • maisons vigneronnes (17ᵉ-18ᵉ s.) à Vorges • ancien moulin de Leuilly en **28** château d'Ardon (18ᵉ s.) ⬢ centre VTT de Monthenault.

Chamouille, au bord du plan d'eau de l'Ailette. -PC/CDT-

LE CHEMIN DES DAMES. *Mars 1814, septembre 1914, printemps 1917, mai 1918, mai 1940, août 1944... autant de dates, autant de batailles. C'est sur ce plateau de 1 à 3 km de large et de 22 km de long (D 18), sur cette crête appelée Chemin des Dames et qui forme un obstacle naturel entre les forêts du sud et les plaines du nord que, lors de la Grande Guerre, le front se stabilisa durant cinquante mois. Quatre années qui se sont traduites par des batailles faites d'assauts et de tentatives de percées, d'avancées et de replis, de reconquêtes et de défaites ; quatre années de pilonnages d'artillerie, de résistance par l'enterrement ; quatre années dans les tranchées, qui ont fait près de 600 000 victimes, tous camps confondus. Deux régiments pouvaient tenir dans la Caverne du Dragon, cette creutte énorme d'où avaient été extraites les pierres nécessaires à la construction de l'abbaye de Vauclair. L'abbaye fut entièrement détruite, la Caverne reprise par les Français le 25 juin 1917.*
Le Chemin des Dames fait actuellement l'objet d'un projet d'aménagement, avec un programme reposant sur trois axes : la réhabilitation de la Caverne du Dragon, un jalonnement mettant en valeur huit hauts lieux du site, le balisage de deux itinéraires touristiques et historiques.

Chérêt, au départ de la seconde étape. -PC/CDT-

Sur le Chemin des Dames, voir également PR 21-22

WEEK-END 2

Des tours de Soissons au donjon de Septmonts

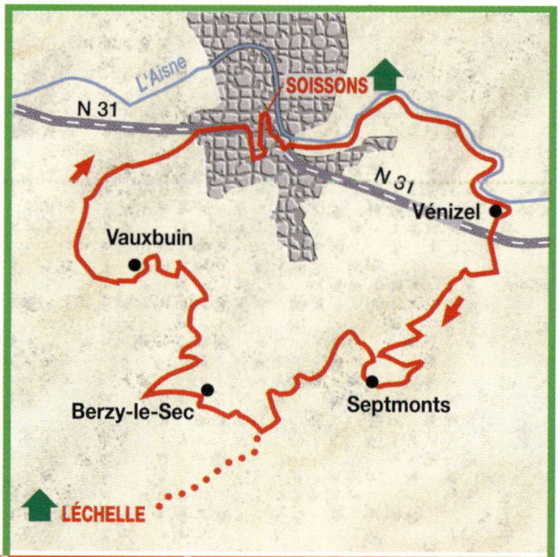

45 km | ▼40 m - ▲159 m | 14 h 15 | 2 étapes

Depuis le centre historique de Soissons, cet itinéraire de week-end fait la part belle à la ville d'art et d'histoire autant qu'aux paysages très variés et contrastés qu'il permet de découvrir : la vallée de l'Aisne avec son trafic fluvial, par le chemin de halage, les crêtes environnantes avec leurs points de vue successifs sur la cuvette de Soissons et la vallée de la Crise puis, village après village, des châteaux, des églises ou des sites fortifiés qui ont pour nom Septmonts, Berzy-le-Sec, Noyant-et-Aconin, Vauxbuin...

Du haut de Saint-Jean-des-Vignes

Sans aucun doute, l'épisode du vase brisé a donné à la ville de Soissons sa notoriété actuelle. Ce n'est là, pourtant, que la plus connue des légendes qui entourent l'ancienne capitale des Francs et sa région. La ville, dont le centre fut fortement touché par les bombardements de la Première Guerre mondiale, a fait l'objet d'un programme de reconstruction dès les années 1920. Elle a conservé cependant un patrimoine historique et architectural très riche, qui lui valut en 1988 d'être classée Ville d'art et d'histoire. Mais dans les villages environnants, le petit patrimoine rural retient l'attention tout autant, avec ses lavoirs, vendangeoirs, tours, colombiers et autres curiosités cachées.

Victor Hugo aimait errer autour de la gigantesque silhouette de Saint-Jean-des-Vignes. Cette ancienne abbaye fondée au XIe siècle dresse sur les hauteurs de la colline Saint-Jean ses deux flèches, au-dessus d'une façade qui est considérée comme un chef-d'œuvre de l'ornementation gothique, bien que l'abbaye ait été partiellement détruite au

Au détour du chemin, on aperçoit, gardiennes de Soissons, les tours de l'abbaye Saint-Jean-des-Vignes. -DT/CDT-

siècle dernier. Au centre-ville, la légende veut que, dans la tour de la cathédrale Saint-Gervais-et-Saint-Protais (une des sept grandes cathédrales gothiques de Picardie), le guetteur ait affirmé aux visiteurs : «Dieu créa la fleur et lui dit : "Sois rose." Il créa le haricot et lui dit :"Sois... son".» Ce haricot légendaire et apprécié des gourmets est une spécialité de plus en plus rare. On le trouve encore sous forme de confiserie chez les commerçants de la ville ou chez certains restaurateurs de la région dans le soissoulet, plat traditionnel inspiré du cassoulet. Cette évocation du haricot n'est pas qu'anecdotique. Elle rappelle un épisode de l'Histoire, celui des Soissonnais sauvés de la famine par une étonnante abondance de fèves.

Au bord de l'Aisne, l'avenue du Mail, lieu de promenades depuis le XVIIIe, conduit au parc Saint-Crépin, qui abrite l'arche du Vieux-Pont (1265) et la statue de la Dame blanche, deux éléments du riche patrimoine de la ville.

En raison des travaux de contournement de la D 1, entre Berzy-le-Sec et Noyant-et-Aconin, un trafic important de camions pertubera le franchissement de la voie ferrée entre 15 et 16 ***(prudence).***

Septmonts

Miraculeusement épargné par les guerres, ce pittoresque village est inscrit à l'inventaire des sites protégés du département. La plupart des constructions ont conservé les caractères traditionnels de l'architecture vernaculaire. Le donjon a été décrit comme «l'un des plus beaux exemples de l'architecture militaire du XIVe siècle, témoin de l'antique château des comtes-évêques de Soissons».
La modeste église de la fin du XVe siècle, de style flamboyant, se caractérise par sa poutre de gloire sculptée qui supporte les médaillons peints du Christ et des douze apôtres.
Cette tradition artisanale s'est pratiquée jusqu'au XVIe siècle, mais les guerres de Religion ont fait disparaître bon nombre de ces poutres.
À quelques pas se dresse la ferme de La Carrière-l'Évêque, située comme toutes les fermes typiques du Soissonnais en bordure de plateau. Ce très bel ensemble du XIXe siècle (la grange du XIIIe siècle est inscrite aux monuments historiques) est, par son ampleur et son architecture, une curiosité dans le genre rural.

Victor Hugo s'était pris d'émotion à la vue du château, lors d'un voyage : «À deux lieues de Soissons, dans une charmante vallée, il y a un admirable châtelet du XIVe siècle.» -PC-

Fête de la moisson à Septmonts. -PC-

WEEK-END 2

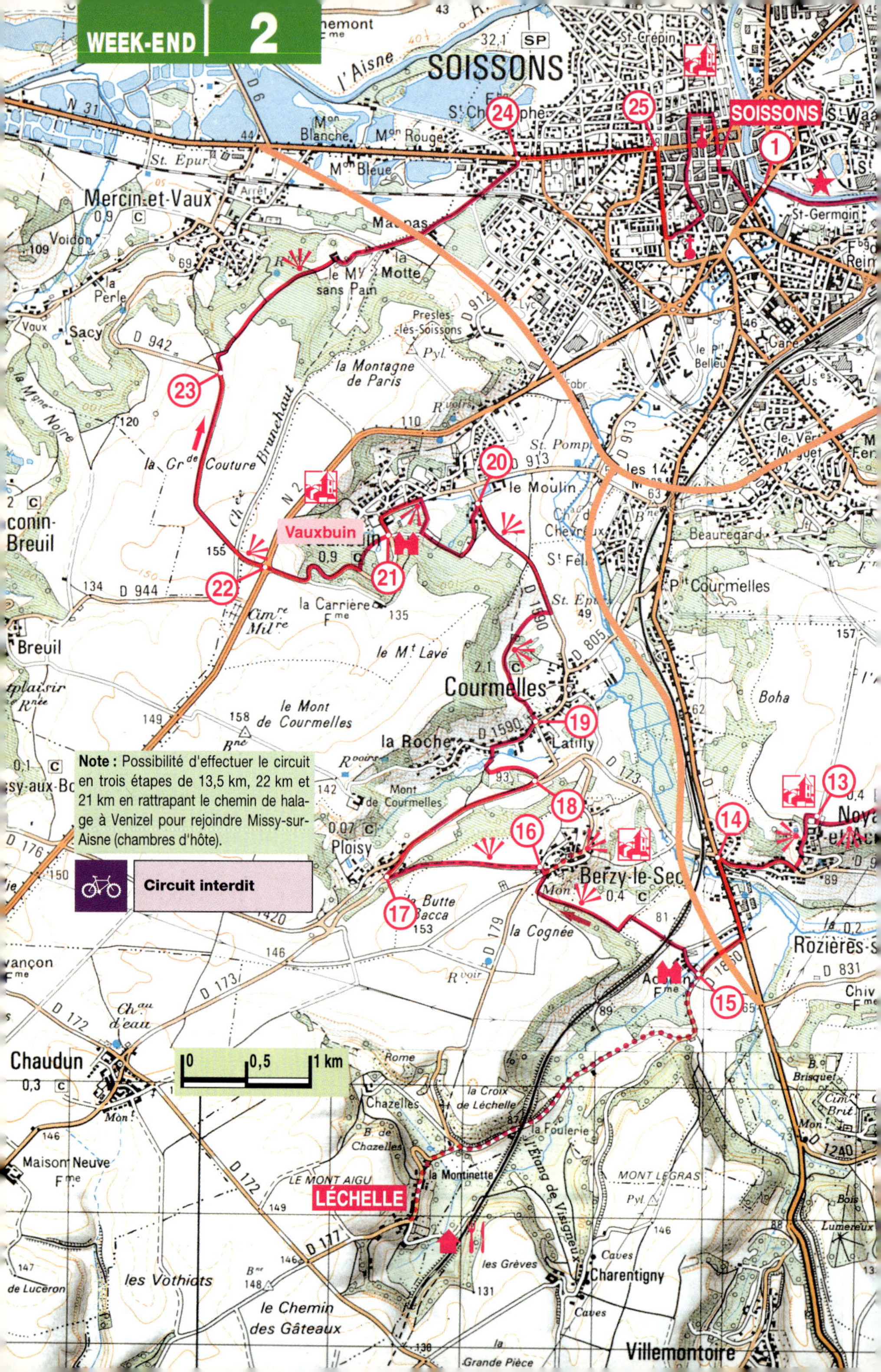

Note : Possibilité d'effectuer le circuit en trois étapes de 13,5 km, 22 km et 21 km en rattrapant le chemin de halage à Venizel pour rejoindre Missy-sur-Aisne (chambres d'hôte).

Circuit interdit

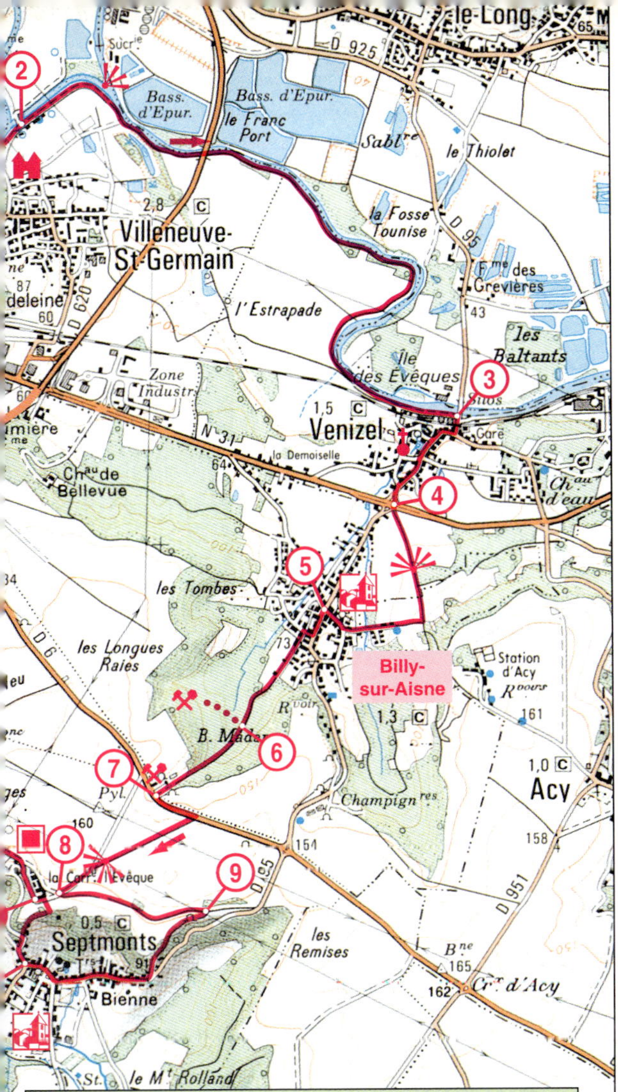

Balisage

- balisage jaune et rouge de 3 à 14.
- circuit non balisé de D à 3 et de 15 à Léchelle.

ÉTAPE 1

Soissons • Léchelle

24 km | 8 h 00

▼ 40 m ▲ 159 m

● **Soissons :**

D De l'office du tourisme de Soissons, près de la cathédrale. Prendre successivement les rues d'Ébroïn, des Mayennes et de l'Arquebuse (on longe le pavillon). Tourner à gauche boulevard Gambetta. **1** Au pont Gambetta, descendre le talus pour rejoindre le chemin de halage. L'emprunter en direction de Venizel (on laisse le confluent de la Crise et de l'Aisne à 250 m en aval). Le sentier passe sous un viaduc ferroviaire et longe le château de La Rochefoucauld. **2** À l'écluse de Villeneuve, suivre l'Aisne. On passe en face de la sucrerie de Bucy, puis sous la N 2. Gagner Venizel. **3** Passer sous le pont métallique et remonter le long de celui-ci pour prendre à gauche et traverser Venizel. Reprendre à droite au carrefour en direction de Billy. **4** Traverser avec prudence la N 31, s'engager dans le chemin en biais **(vue à 500 m en arrière sur la ligne de crête de l'autre côté de l'Aisne et, à droite, sur l'église de Billy et la Montagne Fendue)**. Suivre le second chemin à droite. On traverse un ru (lavoir à gauche) avant de bifurquer à droite et de longer l'église de Billy. **5** Au carrefour, tourner à gauche (rue de la Libération), puis à droite (rue de l'Étang) avant de bifurquer de nouveau à gauche, dans une rue prolongée par un chemin *(balisage supplémentaire jaune avec n° 4)*. On remonte tout droit à travers le bois Madame. **6** À la patte-d'oie, continuer à gauche.

> **Hors circuit** de 700 m AR, en prenant à droite le sentier qui conduit au «chaos de Billy» et à la «pierre-qui-vire-à-minuit» ; site privé : ne pas monter sur les pierres.

Remonter tout droit, en longeant la champignonnière. **7** Emprunter la D 6 à gauche sur 300 m avant de s'engager en face dans le chemin qui traverse le plateau. Bifurquer à gauche sur la route **(panorama sur la vallée de la Crise et le donjon de Septmonts)**. **8** Prendre à gauche le chemin de Braine, juste avant la ferme **(belles vues sur le château et l'église)**. **9** Redescendre à droite, à hau-

Voir et savoir ★ vallée et rivière canalisée de l'Aisne, écluse de Villeneuve ✝ églises remarquables de Soissons : abbaye St-Jean-des-Vignes, abbatiale St-Léger, cathédrale St-Gervais-et-St-Protais (12e-13e s.), église St-Pierre (12e s.), crypte de l'abbaye St-Médard (9e s.) • églises de Billy (12e-13e s.), de Septmonts (15e s., remarquable) et de Noyant (12e-15e s.) ■ hôtel de ville de Soissons (18e s.), vieux quartiers (hôtel de Barral du 18e s.) et pavillon de l'Arquebuse (17e s., de style Louis XIII) • maisons à pignons à pas de moineau en **5** et **10** • ferme (19e s.) de La Carrière-l'Évêque en **11** donjon de Septmonts (14e-16e s.) Soissons • Billy • Septmonts • Noyant château de La Rochefoucauld chaos légendaire de Billy, «pierre-qui-vire-à-minuit» (hors circuit en **6**) ⚒ anciennes carrières occupées par des champignonnières en **7** • carrières en **12** jardins de Soissons.

A proximité ⬢ sucrerie de Bucy-le-Long.

Chambre d'hôte à Léchelle. -CDT-

teur de la ligne électrique, dans un sentier qui mène à travers bois au hameau de Bienne. Le traverser en direction du donjon, puis bifurquer à droite route de Noyant (on longe le château et l'église). **10** Laisser la route et suivre la rue de Belleu, puis à droite un sentier assez raide **(panorama sur le donjon, les tours et le logis Renaissance)**. **11** Longer la curieuse ferme de La Carrière-l'Évêque avant de rejoindre par un chemin la route de Belleu. La remonter sur 50 m. **12** Obliquer à gauche dans le chemin en bord de plateau **(vues sur la vallée de la Crise, le donjon de Septmonts et le clocher de Noyant)**, qui rejoint une ferme. **13** Tourner à gauche. On descend dans Noyant. Tourner dans la rue qui longe l'église puis, à la patte-d'oie, descendre dans le sentier de droite. Emprunter la rue principale. **14** Au carrefour, franchir la N 2 et continuer à gauche sur 600 m. S'engager dans la deuxième route à droite (rue d'Aconin). **15** Continuer tout droit sur 3,5 km *(non balisé)* afin de gagner le hameau de Léchelle (chambres d'hôte).

ÉTAPE 2
Léchelle • Soissons

21 km | 6 h 15

▼ 45 m ▲ 155 m

● **Léchelle :** Du hameau de Léchelle, reprendre l'itinéraire en sens inverse jusqu'au point 15. Bifurquer trois fois à gauche. Longer le manoir d'Aconin, passer sous une ligne de chemin de fer, puis emprunter un chemin en corniche qui mène au calvaire de Berzy-le-Sec **(vues sur l'église de Noyant, le donjon de Septmonts, et Berzy-le-Sec)**. **16**

Hors circuit vers l'église et le château de Berzy : 600 m AR **(panorama un peu plus loin sur la vallée de la Crise, Noyant et Septmonts.)**

Longer le calvaire par la droite. Traverser le plateau **(vue en se retournant sur le château et l'église, à droite sur les flèches de St-Jean-des-Vignes de Soissons)**. **17** Prendre la D 173 à droite, en surplomb du vallon de Ploisy, direction Courmelles *(on quitte le balisage jaune et rouge pour suivre le jaune avec le n° 2)*. **18** Descendre dans le chemin à gauche, 100 m après la patte-d'oie. Franchir le ruisseau des Aulnes, puis bifurquer à droite dans la rue principale. **19** Tourner au calvaire, le longer sur la droite. Poursuivre sur le chemin **(vue en arrière sur le clocher de Courmelles)** pour rejoindre la D 1590. Tourner en direction de Vauxbuin **(vues sur les flèches de St-Jean-des-Vignes et la cathédrale)**. **20** Traverser par la gauche le lotissement et prolonger par un chemin montant. Virer à droite après le cimetière, dans l'allée des Pensées avant de reprendre à gauche la rue principale **(belle vue sur le château de Vauxbuin)**.

Hors circuit de 200 m AR vers l'église.

Suivre la route qui longe le château. **21** Emprunter l'allée à droite. Au bout, remonter le chemin à gauche, puis un sentier sinueux qui mène à la route **(vue sur la cuve de Soissons et les flèches de St-Jean-des-Vignes)**. **22** Traverser la N 2 avec prudence. Suivre la D 942 qui croise la chaussée Brunehaut (ancienne voie romaine). **23** Laisser la route, s'engager dans un chemin creux à droite, puis tourner de nouveau à droite pour descendre en sous-bois **(vue sur la vallée de l'Aisne, avant la ferme du Mont-sans-Pain)**. Poursuivre tout droit. La route surplombe la contournante autoroutière. **24** Remonter à droite l'avenue de Compiègne. **25** Bifurquer à droite boulevard Jeanne-d'Arc, puis à gauche rue St-Jean. Emprunter les rues de Panleu, de la Déportation (cathédrale), des Cordeliers, St-Léger (ancienne abbaye). Revenir au départ par la place de l'Hôtel-de-Ville, les rues Tuizant et du Commerce.

Voir et savoir château de Berzy (14e s.) • château de Vauxbuin (privé, style Renaissance) • manoir d'Aconin (16e-19e s.) église remarquable de Berzy • chevet de l'église de Courmelles Soissons : hôtels particuliers bd Jeanne-d'Arc Berzy-le-Sec • Vauxbuin (hôtels particuliers, ferme avec pigeonnier, fontaine) • Soissons.

Infos pratiques ●●●hors-circuits dans Vauxbuin et Berzy-le-Sec.

A proximité ferme du Mont-de-Courmelles dominant Ploisy.

Cloître de l'abbaye Saint-Léger - de -Soissons. -DT/CDT-

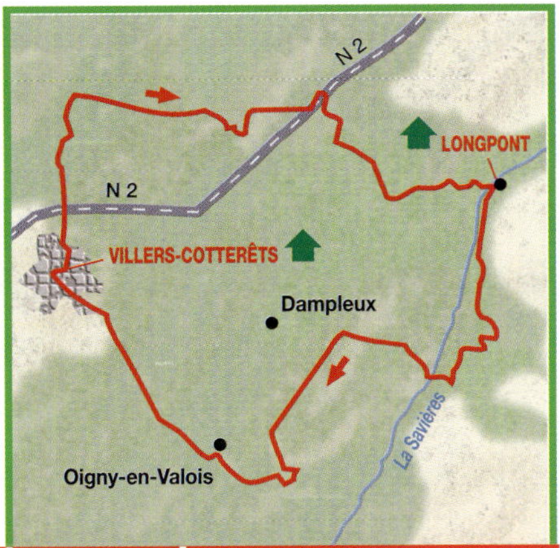

Les hautes futaies de Retz

38 km | ▼79 m - ▲231 m | 12 h 30 | 2 étapes

Un circuit en terre royale et littéraire, une nature préservée... Au départ de Villers-Cotterêts et de son château qualifié de «mon plaisir» par François Ier, on traverse une très belle forêt de vénerie, Retz, au parcellaire caractéristique et au terrain mouvementé, qui a inspiré l'œuvre d'Alexandre Dumas. À mi-parcours, dans une large vallée bordant la forêt, l'abbaye de Longpont se présente comme la sœur cistercienne de Royaumont. «Avec ses toits pointus couverts d'ardoises et sa façade rougeâtre aux encoignures dentelées de pierre jaunie» (Gérard de Nerval), le château d'Oigny-en-Valois doit son originalité architecturale à la volonté du bâtisseur, qui a suivi les règles de construction des demeures philosophales.

L'étang de Malva, en forêt de Retz. -DT-

La forêt de Retz

Étalée sur plus de 13 000 ha, la forêt de Retz est non seulement l'un des plus grands massifs forestiers français, mais probablement le plus prestigieux. Sa nature de haute futaie et sa proximité directe avec Paris l'ont vouée aux chasses royales. Elle appartenait aux Valois et fut rattachée au domaine royal en 1214. François d'Angoulême, futur François Ier, la reçut en apanage en 1499. Trente-cinq ans plus tard, il y faisait construire un château en plein cœur, à Villers-Cotterêts. C'est à lui que l'on doit la création d'une Capitainerie de chasse ainsi que le percement des premières laies pour la chasse à courre. La forêt fut ensuite propriété de la famille d'Orléans, incorporée au domaine de l'État en 1791, rendue aux Orléans à la chute de l'Empire, en 1814, avant de revenir définitivement à l'État. Les Allemands en furent rejetés, en 1914, jusqu'au Chemin des Dames, avant que le général Mangin ne démarre sa contre-offensive victorieuse, le 18 juillet 1918, du lieu-dit La Tour-de-Réaumont.

Du temps de César, la forêt de Retz faisait partie de celle des Sylvanectes, un vaste ensemble boisé qui regroupait les forêts actuelles de Chantilly, Ermenonville, Halatte, Compiègne, Laigue, Saint-Gobain et Coucy-Basse. Il s'agit d'une haute futaie où le hêtre se fait la part belle, mais où l'on trouve également chênes, charmes, frênes, merisiers, érables, bouleaux ou châtaigniers ; quelques rares résineux occupent le fond des parcelles sablonneuses. Son dessin, en vaste fer à cheval au pourtour déchiqueté, se distingue par le tracé au cordeau de ses longues allées – des laies – qui se rejoignent en étoiles de six à

Une haute futaie où le hêtre se fait la part belle. -DT-

huit branches. On compte pas moins de 560 km de laies et de chemins forestiers, qui se croisent en près de 400 carrefours. Sur ces allées royales, la chasse à courre allait bon train, derrière les chevaux des rois, ou plus récemment, derrière les chenillettes des nobles.

La forêt de Retz recoupe ce qu'il est convenu d'appeler le «carré d'excellence de la langue française». C'est sur son territoire que s'est épanouie la génération des Dumas, quand le général vint y prendre sa retraite, après s'être distingué dans les campagnes de l'Empire, en Égypte, notamment. Il s'installe à Villers-Cotterêts où il donne naissance à Alexandre, en 1802. Le musée Alexandre-Dumas de Villers-Cotterêts retrace la généalogie de cette descendance extraordinaire qui donna Alexandre Dumas père, auteur (avec l'assistance de Maquet) des romans populaires célébrissimes que sont *les Trois Mousquetaires* (1844), ou *le Comte de Monte-Cristo* (1845)... Le même eut un fils naturel avec une créole : en 1824, à Paris, naît Alexandre Dumas fils qui, «ne sachant rien faire d'autre, fit de la littérature». D'un style plus fin que son père, mais plutôt enclin au moralisme là où son père brillait par la vitalité et la truculence de son trait, le fils laissa *la Dame aux camélias* (1848) à la postérité ainsi qu'une œuvre essentiellement révélée par ses adaptations au théâtre.

Parlant d'excellence et de carré, nous citerons dès lors les proximités de Claudel à Villeneuve-sur-Fère, Racine à La Ferté-Milon et La Fontaine à Château-Thierry, sans omettre que c'est à Villers-Cotterêts que François Ier instaura non seulement l'usage du registre civil mais aussi l'emploi de la langue française comme langue d'usage dans les actes officiels (*ordonnance de Villers-Cotterêts*, en 1539).

ÉTAPE 1

Villers-Cotterêts • Longpont

17,5 km | 6 h 00

▼ 80 m | ▲ 231 m

Balisage
- jaune et vert à terme
- tronçon commun avec le GR 11 entre D et après 3 ; entre 4 et 7 ; de 9 à 15 ; entre 19 et l'arrivée

● **Villers-Cotterêts :**
D Du parking situé entre l'office de tourisme et le château de Villers-Cotterêts. Contourner ce dernier par la droite, traverser le Grand Bosquet pour atteindre le parc **(vue sur la façade du château)**. Prendre l'allée François Ier, qui mène à la porte Blanche. **1** Traverser la N 2 en empruntant (à gauche) le passage souterrain et remonter l'allée Royale avant d'obliquer à gauche pour rejoindre l'étang de Malva. **2** Suivre le chemin qui monte à droite de l'étang, dans la hêtraie, traverser l'allée Royale **(vue sur le parc et le château)** pour atteindre l'ermitage St-Hubert. **3** De l'ermitage, remonter vers la route du Faîte **(regard des Vieilles-Voûtes à droite).** Au croisement, laisser le GR 11 à gauche, reprendre à gauche, puis longer la tour hertzienne par la gauche avant de descendre par le Pavé de Mazincourt. **4** Bifurquer à droite dans la laie des Crapaudières.

Hors circuit de 100 m AR, vers le chêne des Crapaudières.

Traverser la D 81, puis la D 811. Tourner à droite, à 50 m, dans la laie de la Mare-Rouge et peu après, à gauche, dans la laie du Mur-du-Parc (on rejoint le GR 11). **5** 100 m après le carrefour des Myrtilles, monter à droite dans une petite allée. Après le carrefour des Terres-Glaises, prendre la laie des Fonds-Mouchards. Le circuit se prolonge par un sentier (balisage GR 11 A), puis grimpe à un sommet. **6** Descendre à gauche au monument Mangin. Emprunter la route du Faîte à gauche, sur 500 m avant de s'engager dans la laie du Ravin. **7** Après le carrefour des Têtes-Salmon (on quitte le GR), s'engager de nouveau sur la route du Mur-du-Parc. Longer la N 2 jusqu'au carrefour de Christine (intersection avec la D 2). **8** Tourner à droite, franchir la N 2 avec précaution et prendre en direction de Longpont avant de s'engager dans la laie du Fond-des-Couleuvres, qui monte

Longpont, un idéal cistercien

Le village de Longpont abrite les vestiges impressionnants de l'abbaye créée par saint Bernard, en 1132, et qui fut consacrée en présence de Saint Louis. C'est peu de l'écrire, mais ce squelette d'abbaye, qui reprend dans son dessin les moments forts du gothique et du style XVIIIe, est d'une grandeur «cathédralesque». Que paraît grande une rosace quand elle est vide de ses rayons ! Ce qui subsiste a été sauvé des pillages ouverts par la Révolution française. Des entrepreneurs en construction ont utilisé le bâtiment cistercien comme une vaste carrière de blocs, de pierres taillées et sculptées, d'ardoises innombrables, de poutres multiséculaires... On peut encore en deviner le tracé, et admirer les restes de l'ancien chauffoir des moines à cheminée centrale, unique en Europe. Dans le cimetière attenant, on trouvera le monument funéraire de la famille des Montesquiou, qui inspira Dumas père pour son personnage de d'Artagnan... de Montesquiou ; tout comme Athos était comte de La Fère.

Le parc de l'abbaye de Longpont. -JPG/CDT-

ÉTAPE 2

Longpont • Villers-Cotterêts

20,5 km | **6 h 30**

▼ 79 m | **▲ 177 m**

● **Longpont :**
Quitter la place de l'Abbaye en empruntant, à gauche, la D 805, puis la D 2 (GR 11 A) passant devant le lavoir **(vue sur l'abbaye, son parc, et le vallon de la Savières)**. On traverse la rivière et une voie ferrée. **13** Tourner à droite après le pont et atteindre le hameau de Catifet. Le traverser et poursuivre le long de la voie ferrée sur 2 km environ. On débouche entre deux maisons. Emprunter la D 80 jusqu'au bois de Hautwison. On franchit le ru et le vallon de Nadon. **14** S'engager dans la route forestière qui monte au carrefour des Chaussées à travers bois. **15** On quitte le GR pour descendre la route de la Chaussée (deuxième laie à droite) vers la Savières. Tourner en bas à gauche au pied du bois. Atteindre une barrière et tourner à droite vers la ferme de Javage. **16** Longer l'étang par le chemin empierré, puis obliquer à gauche. On remonte un vallon avant de déboucher sur le plateau. Prendre à gauche, traverser la D 17 **(panorama sur les crêtes environnantes)**. **17** En entrant dans la forêt, prendre à gauche, à la patte-d'oie, la laie des Vignes, que l'on suit jusqu'au carrefour de la Retraite. **18** Descendre la laie de la Poudrerie (on traverse la D 973). Au bout, poursuivre par la laie de la Fosse-aux-Demoiselles jusqu'à l'ancienne maison forestière du Buchet **(vue sur les hauteurs situées en face)**. **19** Tourner à droite dans la route du Fond-du-Haut-Oisel, avant de rejoindre le GR 11 A **(bifurquer de nouveau à droite)**, qui longe un étang et remonte en direction de Oigny-en-Valois. **20** Au carrefour du Fond-d'Enfer, prendre la seconde laie à droite. On débouche dans la grande clairière d'Oigny. Traverser le village **(vue à l'entrée sur les tours du château)** jusqu'au château. **21** Longer l'église par la

Suite du descriptif p. 118

vers le carrefour des Cordeliers. **9** Emprunter la laie des Monthieux (GR 11 A) jusqu'au carrefour de Chavigny, puis la route Droite. **10** Au carrefour de Château-Fée (chêne), prendre à gauche la route du Pendu jusqu'au carrefour de Tartarine et toujours à gauche la laie des Grands-Charmes. **11** On rejoint le vieux chemin de Longpont (en partie pavé) dont on s'écarte à la lisière de la forêt, par un chemin sinueux qui traverse Le Clos de Longpont (ne pas pique-niquer ni s'écarter du chemin dans cette zone).

Variante : en cas de chemin fermé, continuer tout droit par la route jusqu'au village. Descendre au carrefour de la D 2 et la D 17 **(vue sur l'abbaye et le lavoir)**. **12** On rejoint à gauche le centre du village. **Étape à l'auberge de l'Abbaye, rue des Tourelles (à côté de l'ancienne porte fortifiée).**

Voir et savoir Sur Villers-Cotterêts : voir PR 32 ★ étang de Malva en **2** vestiges du mur du parc élevé par Louis XII avant **5** ermitage St-Hubert abbaye de Longpont • porte fortifiée de Longpont monument Mangin en **6** Longpont chêne des Crapaudières entre **4** et **5** • chêne de Château-Fée en **10** • parc de l'abbaye de Longpont • village fleuri de Puiseux forêt domaniale de Retz.

A proximité château de Noue (15e s.) platane St-Antoine monument Van Vollenhoven.

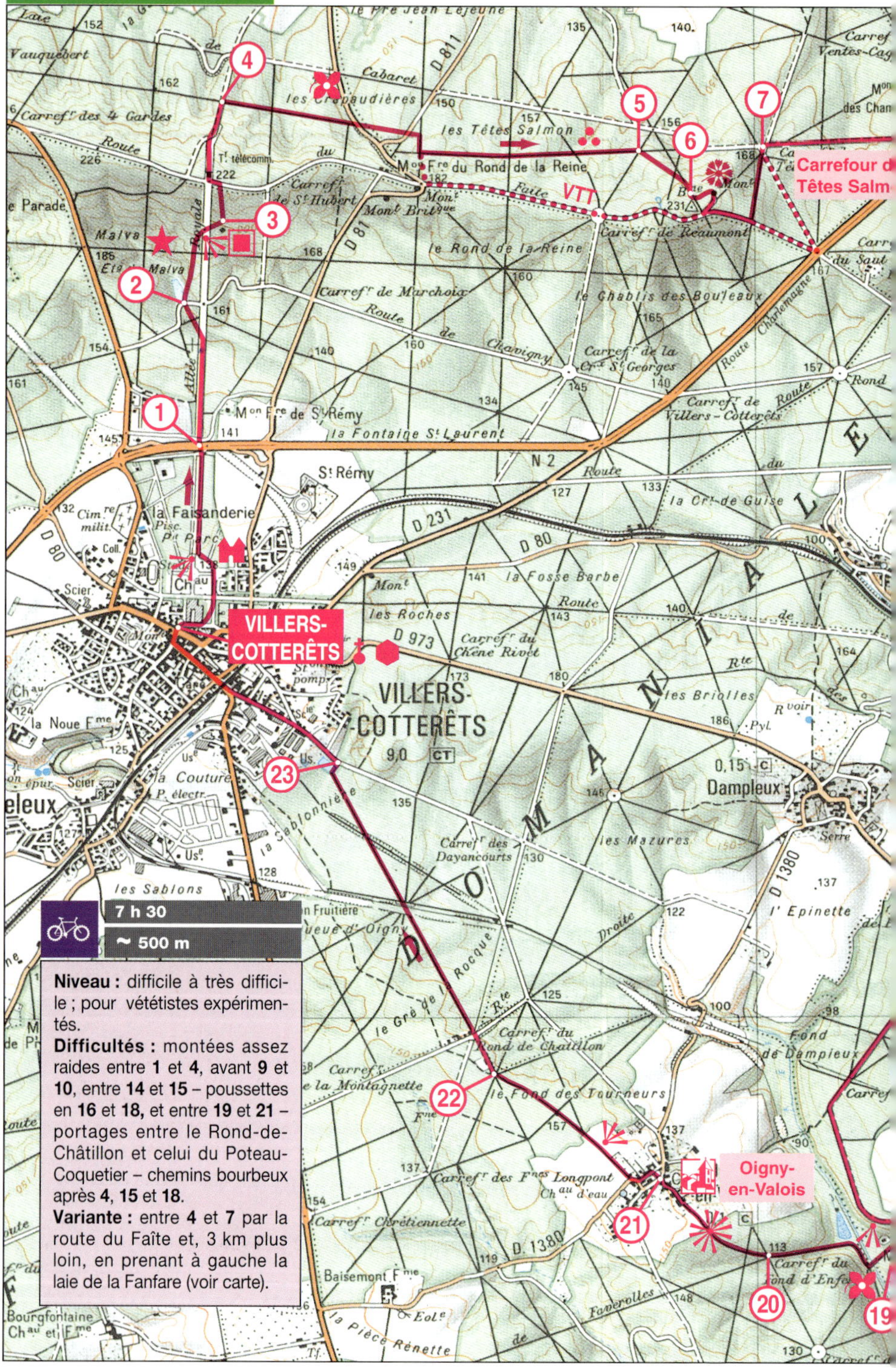

7 h 30

~ 500 m

Niveau : difficile à très difficile ; pour vététistes expérimentés.

Difficultés : montées assez raides entre **1** et **4**, avant **9** et **10**, entre **14** et **15** – poussettes en **16** et **18,** et entre **19** et **21** – portages entre le Rond-de-Châtillon et celui du Poteau-Coquetier – chemins bourbeux après **4**, **15** et **18**.

Variante : entre **4** et **7** par la route du Faîte et, 3 km plus loin, en prenant à gauche la laie de la Fanfare (voir carte).

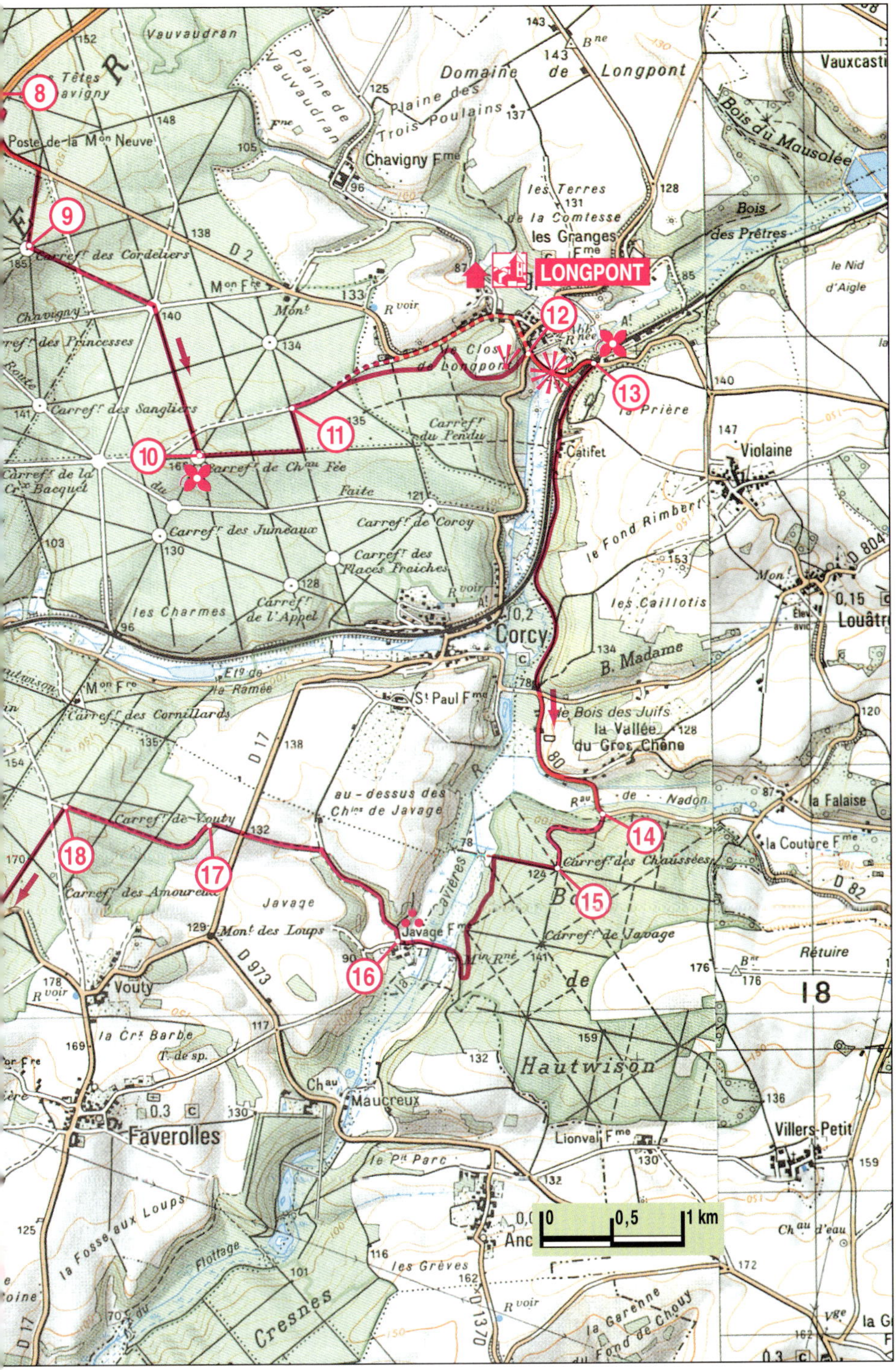
LONGPONT
Domaine de Longpont
Plaine des Trois Poulains
Chavigny Fme
Plaine de Vauvaudran
Vauvaudran
Têtes de Chavigny
Poste de la Mon Neuve
Carreft des Cordeliers
Carreft des Princesses
Carreft des Sangliers
Carreft de Chau Fée
Carreft de la Crx Bacquet
Carreft des Jumeaux
Carreft de Corcy
Carreft des Places Fraîches
Carreft de l'Appel
Carreft du Pendu
Faite
les Charmes
le Clos de Longpont
les Terres de la Comtesse
les Granges Fme
Bois du Mausolée
Bois des Prêtres
Vauxcastille
le Nid d'Aigle
la Prière
Catifet
Violaine
le Fond Rimbert
les Caillotis
Corcy
B. Madame
Louâtre
Etg de la Ramée
Mon Fre
Carreft des Cornillards
St Paul Fme
le Bois des Juifs
la Vallée du Gros Chêne
Rau de Nadon
la Falaise
la Couture Fme
au-dessus des Chins de Javage
Carreft de Vouty
Carreft des Amoureux
Carreft des Chaussées
Carreft de Javage
Javage
Javage Fme
Mont des Loups
Vouty
Bois de Hautwison
Rétuire
la Crt Barbe
Faverolles
Chau Maucreux
Lionval Fme
le Pt Parc
Villers-Petit
la Fosse aux Loups
Flottage
Cresnes
les Grèves
la Garenne du Fond de Chouy
Chau d'eau
D 2
D 17
D 973
D 80
D 804
D 82
D 1370
0
0,5
1 km
8
9
10
11
12
13
14
15
16
17
18

gauche (direction La Ferté-Milon). Au sortir du village, emprunter à droite l'allée du Puits-des-Sarrasins **(panorama sur les crêtes ainsi que sur la forêt et Dampleux)**. Poursuivre par une piste sinueuse. **22** Au carrefour d'Hornoy, reprendre à droite la grande allée Coquetière, qui traverse les carrefours du Rond-de-Châtillon, puis du Poteau-Coquetier (ancien pont). Poursuivre en direction de la route d'Oigny. **23** S'y engager à gauche. Continuer tout droit rue de Marchois avant de reprendre à droite l'avenue de La Ferté-Milon, qui franchit le passage à niveau. Remonter en face la rue Alexandre-Dumas, longer la maison natale de l'écrivain (n° 46) avant de regagner le centre-ville et le château.

Voir et savoir ferme de Javage (ancien bâtiment monastique) en **16** • maison natale (musée) d'Alexandre Dumas à l'arrivée Oigny-en-Valois (bourg et château Louis XII) parc floral d'Oigny-en-Valois • végétation calcicole en **13** • platane St-Antoine entre **19** et **20**.

A proximité ancienne chartreuse de Bourgfontaine.

Oigny-en-Valois

Le château du XVe siècle d'Oigny-en-Valois se distingue par le dessin contrasté et coloré de ses matériaux de construction, où la brique vernie et foncée dessine des motifs géométriques sur fond de brique rouge, elle-même cernée et rehaussée par la blancheur des blocs calcaires.

Le hameau rassemblé autour du château possède encore quelques belles fermes anciennes, dont celle de Baisemont, qui témoignent du passé médiéval du lieu.

Le général Charpentier, dont le mausolée sculpté est accolé à l'église, fit beaucoup pour le développement agricole de la commune ; mais ce qui mérite le plus le déplacement tient certainement à la passion que les propriétaires actuels du château nourrissent pour l'art floral. Le jardin tracé à la française recèle les plus belles roseraies, qui vont jusqu'au jardin aquatique, en contrebas. Un musée du Jardinier et une boutique verte attestent de cet intérêt accordé aux échanges jardiniers.

-SC-

Maison à Villers-Cotterêts. -DT-

WEEK-END 4

Fables et champagne

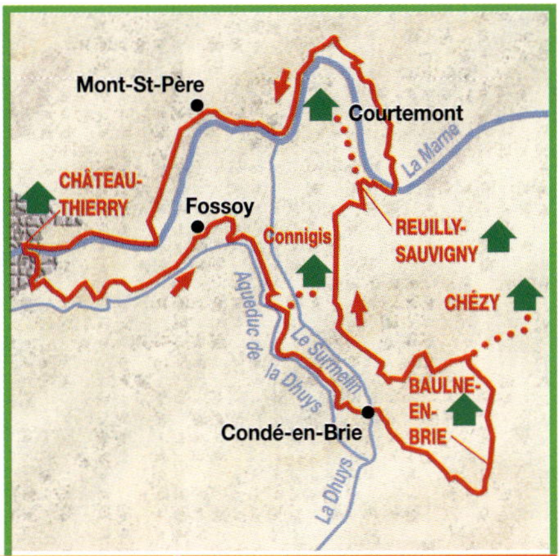

62 km | ▼61 m - ▲231 m | 18 h 30 | 3 étapes

Un itinéraire d'eaux ruisselantes et de vins pétillants sur les traces de Jean de La Fontaine, qui naquit à Château-Thierry, avant d'obtenir, à la suite de son père, la charge de «maître des Eaux et Forêts». La Fontaine était bon marcheur et de tempérament spirituel. On peut deviner qu'il trouva dans les pas bucoliques de sa charge forestière l'inspiration de bon nombre des ses vers. Jalonné de villages bien conservés (habitat en pierre meulière, églises, fontaines, lavoirs) et de caves à champagne, ce circuit peut être saisi d'un seul regard depuis le mémorial américain de la cote 204. En trois jours, on remonte les vallées viticoles de la Marne et du Surmelin, bénéficiant de larges vues sur les effets de relief du paysage.

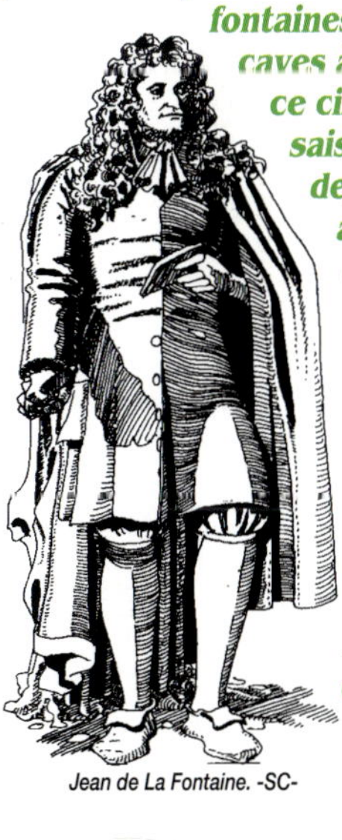
Jean de La Fontaine. -SC-

De La Fontaine à la source

Le «Labyrinthe fabuleux», tel qu'un projet touristique (en cours) le dessine à travers une cinquantaine de communes de l'Omois, s'appuie sur la mise en scène d'une fable par commune ; une illustration muséographique relayée par les lavoirs, qui abondent à chaque point d'eau du pays ; un rallye-découverte à travers une sorte de musée éclaté illustrant l'esprit du poète dans la mise en lumière du pays.

En cette région, la plus occidentale des coteaux champenois, la Marne se montre très sinueuse. C'est à Mézy-Moulins que le Surmelin vient s'y jeter, drainant autour de son lit les splendeurs du château des princes de Condé, à Condé-en-Brie, cherchant ses eaux jusqu'aux marais du Roi, au plateau de La Chapelle-Monthodon, ou à Pargny-la-Dhuys, au-dessus de Condé. À cet endroit, depuis 1864, une conduite longue de 131 km (aqueduc de la Dhuys), canalise l'eau jusqu'au réservoir de Ménilmontant, à Paris. L'eau est omniprésente, alimentant ici et là une infinité de fontaines publiques et de lavoirs aux architectures multiples. Quand elle ne taille pas le paysage, elle sourd de terre, offrant l'occasion aux humains de manifester leur savoir-faire pour en recueillir le réjouissant usage. Quand ceux-ci ne sont pas à l'eau, ils sont au vin. Nous sommes en territoire de «récoltants manipulants» (mention RM sur l'étiquette des bouteilles de champagne).

Quand dom Pérignon invente l'alchimie du champagne, en 1715 (champagne que Jean de La Fontaine n'a jamais bu, puisqu'il décédait à Paris en 1695), il ignore non seulement qu'il ouvre la voie à une activité viticole aux joyeuses consé-

La salle Servandoni du château de Condé. -DT-CDT-

quences, mais aussi que celle-ci va prêter le flanc aux pratiques commerciales les plus âpres. Si l'on considère le temps et les nombreuses manipulations nécessaires à sa réalisation, le champagne est devenu un produit de luxe à forte valeur (symbolique) ajoutée. Une part importante de son exploitation est donc aux mains de quelques négociants prestigieux. C'est pourtant dans un terroir comme celui de Château-Thierry (l'Aisne représente 10 % de la production) notamment, que l'on retrouve tout le fruit du savoir-faire des maîtres artisans. Ici, les vignerons sont leurs propres maîtres. Ce sont leurs noms qu'ils collent sur l'étiquette, c'est leur recette qu'ils élaborent et dont ils défendent la saveur singulière. Quand on sait qu'un vignoble en appellation champagne se négocie à près de 4 millions de francs l'hectare, on comprend combien les Laonnois, qui vivent sur un terroir aux caractéristiques comparables, regrettent la disparition de leurs vignes.

L'eau et la vigne requérant des pratiques saisonnières, les hommes ont pu se consacrer longuement aux choses de l'âme. En témoignent la variété dans la construction et la mise en valeur des édifices religieux, notamment le magnifique tympan sculpté, représentant le jugement dernier, surplombant le porche profond de l'église de Saint-Eugène, inspiré de la cathédrale de Laon ; voir aussi les beaux élancements aériens de l'église de Mézy-Moulins, sur la rive gauche de la Marne, sur deux étages de style gothique débutant ; une église dont l'exposition particulière offre la rosace au soleil couchant.

Est à voir le château des princes de Condé, d'origine du XIIe siècle, remanié au XVIIIe par Servandoni, maître du trompe-l'œil et architecte du palais Farnèse à Rome. L'intérieur recèle un ensemble exceptionnel de fresques et de peintures que l'on peut contempler dans leur cadre d'origine, ainsi des œuvres d'Oudry, de Watteau, de Lancret ou de Lemoine.

On ne peut quitter le pays sans passer par Jaulgonne, sur la rive droite de la Marne, dont l'architecture de pierre meulière aux balcons de bois blancs rappelle l'élégance de cette époque où le lieu était réputé pour la joie de ses guinguettes.

***LES LAVOIRS** ajoutent à la simplicité et à l'évidence de leurs fonctions un je ne sais quoi de poésie et de sérénité. L'eau, dans sa disposition, y est pour beaucoup : obligatoirement claire et propre, en bassin, entourée de pierres taillées pour le frottement et les rinçages... elle étale sa limpide pureté, prend sa couleur de la pierre qui la reçoit, sur laquelle la lumière parvient plus ou moins directement. C'est selon. Selon que le lavoir consiste en une simple pierre plate et massive disposée le long de la rivière, que celle-ci est couverte ou non d'un auvent pour protéger les lavandières des eaux du ciel, ou du trop de soleil ; selon que le lavoir prend son eau d'une source au milieu du village ou non loin, et qu'il dispose alors ses plans de travail en I, en L, en U ou en deux traits parallèles, couverts ou non, voire complètement isolés, sinon dotés d'une petite porte, du reste du monde, comme celui de Connigis. Les lavoirs demeurent comme des points d'eau chargés des rires et des commérages des femmes ; mémoires vives, ondoyantes, d'un temps où les sociétés villageoises trouvaient du temps et des lieux pour échanger, pour solidariser, aussi.*

Lavoir de Baulne-en-Brie.

Lavoir d'Essômes.

Lavoir de Saint-Eugène. -SC-

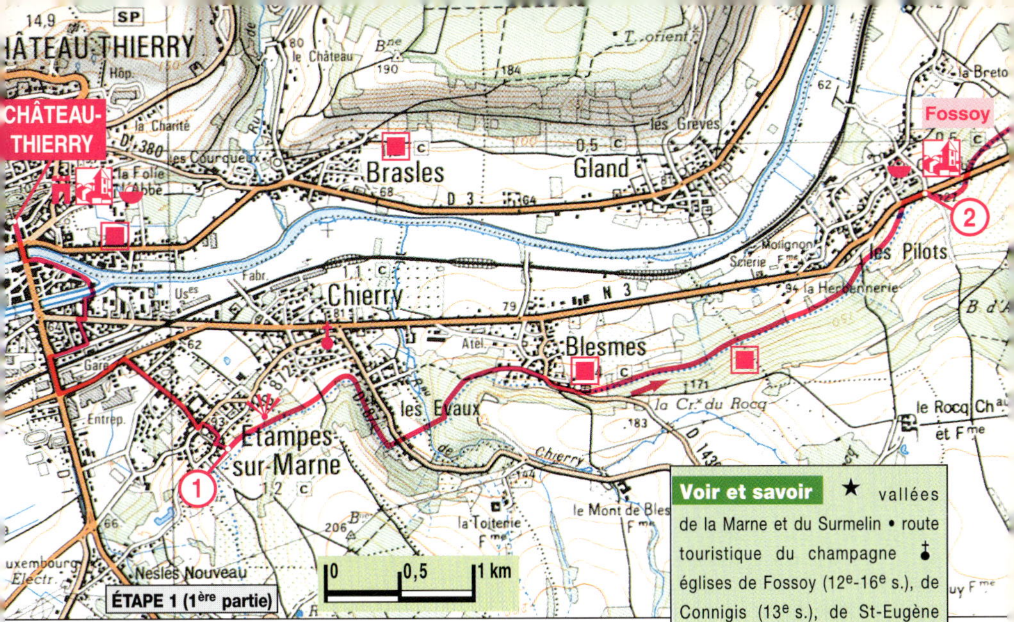

Voir et savoir

★ vallées de la Marne et du Surmelin • route touristique du champagne ✝ églises de Fossoy (12e-16e s.), de Connigis (13e s.), de St-Eugène (remarquable, du 13e s.), de Condé et de Baulne-en-Brie (12e-16e s.) • croix de chemin à Fossoy ■ aqueduc souterrain de la Dhuys de **1** à **4** • lavoirs à Blesmes, à Connigis, à Condé et à Baulne • fontaines à Blesmes et à Connigis • moulin à Connigis ♜ châteaux de Condé (remarquable), de Connigis, de St-Eugène (15e-16e s.) et de Fossoy (18e s.) Château-Thierry : voir p. 99 • Fossoy • Connigis • St-Eugène • Condé (halles, mairie, hôtels particuliers du 18e s.) • Baulne producteurs de champagne à Château-Thierry et à Fossoy.

A proximité

✝ églises de Chierry (12e-16e s.) et de Crézancy (13e s.) ■ moulin et lavoirs à Crézancy.

Balisage

- entre D et 1 : blanc et rouge barrés de blanc (diverticule du GR 14)
- entre 1 et 10 : blanc et rouge (GR 14)
- entre 10 et 21 : jaune
- entre 21 et 32 : jaune et rouge (GR de pays de l'Omois)
- entre 32 et D : pas de balisage ; rattraper et suivre le chemin de halage.

ÉTAPE 1

Château-Thierry • Baulne-en-Brie

24,5 km | **7 h 00**

▼ 61 m | **▲ 205 m**

● **Château-Thierry :**

Deux départs possibles : de l'office de tourisme ou de la gare SNCF.

D De l'office de tourisme, gagner la Marne par la rue Vallée (on longe la tour Balhan). Suivre le balisage du GR 14 (diverticule signalé). Franchir la Marne et continuer sur le GR 14. Longer le quai Galbraith, franchir la Fausse-Marne et rejoindre la gare SNCF (second départ). De la gare, prendre la rue Deville. Gravir l'escalier qui monte au pont de chemin de fer. Le franchir et continuer jusqu'au carrefour. S'engager à gauche dans l'avenue E.-Couvrecelle. La suivre jusqu'aux feux et remonter à droite la rue Pierre-Sémard jusqu'au monument aux morts. Monter l'escalier à gauche du monument et encore à gauche la rue devant l'église. Au croisement, prendre à droite la rue A.-Simon sur 20 m et tourner à gauche dans une sente herbeuse en forte pente. **1** On atteint le sentier de l'aqueduc de la Dhuys, que l'on suit à gauche **(vue sur la vallée de la Marne, Château-Thierry et le mémorial de la côte 204, puis succession de points de vue tout le long de l'aqueduc sur les vallées de la Marne et du Surmelin)**. Après la borne 229, continuer tout droit : on traverse la D 87 et le ru de Chierry, puis on remonte jusqu'à un siphon. Prendre à gauche jusqu'à l'église de Blesmes. **2** Au-dessus de Fossoy, le sentier traverse deux fois la N 3 (prudence), passe au-dessus de Crézancy, puis remonte la vallée du Surmelin. Au bois de la Jute, traverser une large voie empierrée. **3** Continuer tout droit.

> **Hors circuit** non balisé, à gauche vers la chambre d'hôte de Connigis.

Le sentier remonte au-dessus de St-Eugène.

> **Hors circuit** non balisé, à gauche vers l'église de St-Eugène.

Poursuivre sur l'aqueduc jusqu'à une jonction avec un large chemin **(vue sur Condé-en-Brie et la vallée de la Dhuys)**. **4** Le descendre. La voie débouche sur la D 4 à l'entrée de Condé-en-Brie. Tourner à droite au rond-point, suivre la rue à gauche, longer le château et franchir le Surmelin **(point de vue)**. Franchir la voie ferrée, et remonter la Grande-Rue (on longe les halles) et la rue de l'Ormet jusqu'au cimetière. **5** De là, prendre à droite une petite sente qui parvient sur un large chemin empierré montant à droite **(belle vue sur les vallées de la Dhuys et du Surmelin)**. Après les lignes EDF, obliquer à gauche sur un large chemin qui traverse le plateau. Négliger les autres croisements jusqu'à une intersection en T. **6** Bifurquer à gauche et pénétrer dans un bois par un bon chemin. Traverser la D 4 et entrer dans Baulne-en-Brie **(étape à l'hôtel Logis de France)**.

Il est possible d'effectuer ce circuit (hébergement en chambres d'hôte) en quatre jours :
***1re étape :** Château-Thierry - Connigis : 15 km.*
***2e étape :** Connigis - La Chapelle-Monthodon (hameau de Chézy) : 18,5 km.*
***3e étape :** La Chapelle-Monthodon - Courtemont-Varennes : 15,5 km.*
***4e étape :** Courtemont-Varennes - Château-Thierry : 24 km.*

Ce circuit en chambres d'hôte peut être également ramené à trois jours avec une seconde étape de 16,5 km : Connigis - Courtemont-Varennes grâce à un raccourci Condé - Celles-lès-Condé par la route.

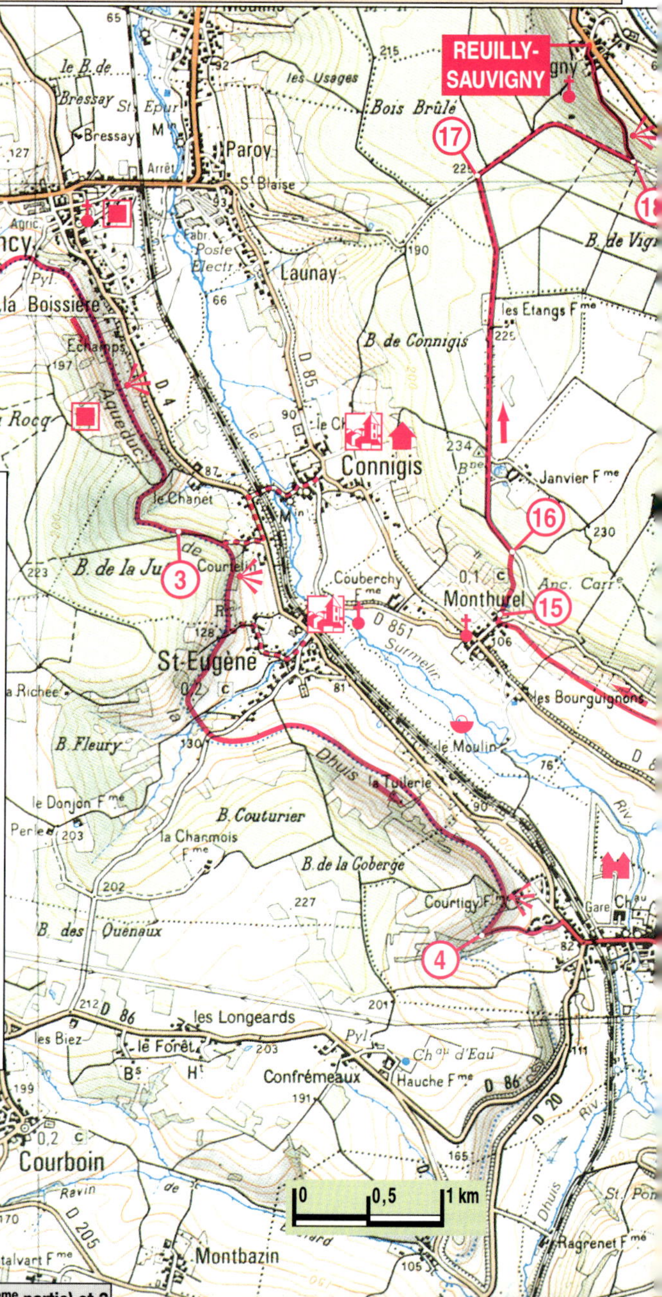

Fossoy. -DT-

En raison de la longueur des étapes 1 et 3, ainsi que de la richesse des sites, il est conseillé de partir de bonne heure.

ÉTAPE 2

Baulne-en-Brie • Reuilly-Sauvigny

15 km | 4 h 30

▼ 93 m ▲ 231 m

Baulne-en-Brie :

7 Quitter Baulne-en-Brie par l'église et le cimetière. **8** Obliquer à gauche, toujours par la route. À 500 m, s'engager dans le second chemin bitumé à gauche **(belles vues sur la vallée du Surmelin)**.

> **Hors circuit** vers la table d'orientation, avant de prendre à gauche en direction des Glapieds : 150 m AR.

9 Traverser le hameau des Glapieds (lavoir sur la gauche) et gagner le bois de Rougis par un chemin. Descendre dans le vallon du ru de Saint-Agnan **(belles vues)**. **10** Au carrefour, peu avant Évril, laisser le GR 14 à droite et prendre à gauche.

> **Hors circuit** par ce GR vers la chambre d'hôte de La Chapelle-Monthodon **(église, cave de champagne)** au hameau de Chézy.

11 Redescendre par le troisième chemin à droite **(vue sur le confluent des deux vallons)**, longer l'ancien moulin et franchir un ru. **12** Reprendre à gauche la D 20 (prudence) jusqu'à Celles-lès-Condé. Tourner à droite pour longer l'église, et remonter en direction de Monthurel. **13** À la fourche, prendre la route à droite qui remonte vers le vignoble. **14** Obliquer à gauche après la dernière maison (garage) sur un chemin qui borde les vignes et les champs. **15** À Monthurel, remonter une rue à droite jusqu'au lavoir. Le contourner par la gauche, puis s'engager à gauche dans un sentier qui parvient sur une route forestière goudronnée. **16** La suivre à gauche et pénétrer dans le bois de Condé. La route devient ensuite chemin de terre. Celui-ci traverse des champs et entre dans le bois *(à partir de ce point : tronçon commun avec un itinéraire balisé jaune et rouge)*. **17** Au croisement en T, bifurquer à droite. À une fourche, continuer sur le chemin principal jusqu'à une sente à gauche signalée par un panneau «GR de pays» *(signalé en 16)*. **18** Descendre à Reuilly **(vues sur la vallée de la Marne en amont)**. Dans le village,

> **hors circuit** vers la chambre d'hôte de Courtemont-Varennes prendre le premier chemin à droite qui mène à l'auberge «Le Relais» **(étape à l'hôtel Logis de France)**.

Voir et savoir ★ route touristique du champagne • églises du 13e s. : La Chapelle-Monthodon, Monthurel et Celles-lès-Condé • lavoirs à La Chapelle et Celles • moulin à Monthurel • La Chapelle-Monthodon • champagne à La Chapelle • bois de Rougis et de Condé.

A proximité St-Agnan : bourg, église.

Circuit interdit

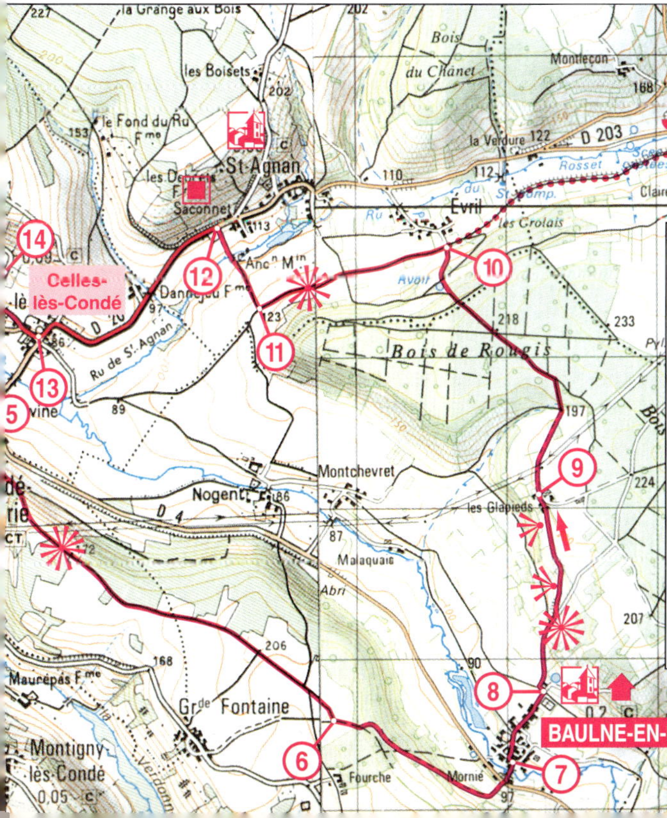

Chézy-sur-Marne. -DT-

WEEK-END 4

Jaulgonne.
-DT/CDT-

Voir et savoir ★ vallée de la Marne • route touristique du champagne • village perché de Mont-St-Père ✝ églises du 13e s. : Reuilly, Passy, Barzy et Mézy-Moulins (remarquable) ♜ château de Passy ▣ lavoirs à Barzy et à Mont-St-Père • fontaine à Barzy ♜♜ châteaux de Barzy (Louis XIII) et de Jaulgonne ▣ Jaulgonne • Mont-St-Père.

A proximité ✝ églises de Courtemont (12e-14e s.), de Chartèves (13e s.) et de Gland ▣ lavoirs à Courtemont, de Chartèves et de Brasles • fontaines et gué à Brasles ♜♜ châteaux de Courtemont (17e s.) et de Varennes (17e-19e s.) producteur de champagne à Trélou.

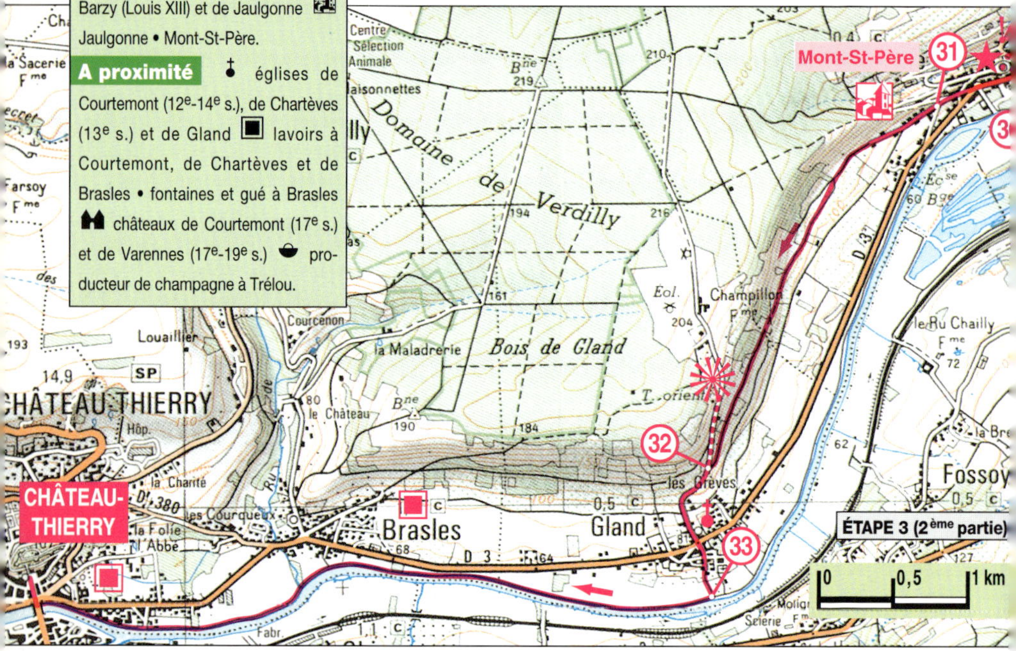

ÉTAPE 3
Reuilly-Sauvigny • Château-Thierry

22,5 km | **6 h 30**

▼ 63 m | **▲ 173 m**

● **Reuilly-Sauvigny :**

À Reuilly, descendre la rue longeant l'hôtel jusqu'à l'église. **19** Prendre la rue de l'Église à droite. Traverser la voie ferrée et emprunter le chemin de halage à droite. **20** À Sauvigny, traverser la Marne et suivre la route en direction de Passy-sur-Marne. Prendre la première rue à gauche, puis la première à droite. Traverser la D 320 (route touristique du champagne) et remonter en face le long du cimetière. **21** Au croisement, bifurquer sur un chemin à gauche *(balisage jaune et rouge du GR de pays)*. Il rejoint le mur d'enceinte de la coopérative vinicole. **22** Au carrefour, prendre à droite un chemin qui monte parmi les vignes. Au poteau électrique, s'engager à gauche **(panorama sur la vallée de la Marne, l'église de Courtemont et les tours du château de Passy)**. **23** Poursuivre à gauche à la fourche. Traverser un chemin bitumé et suivre en face un chemin de terre, qui redescend à gauche vers Marcilly. **24** Avant la première maison, bifurquer à droite sur un sentier herbeux. **25** Dépasser le cimetière et, au croisement suivant, prendre à droite un raidillon au milieu des vignes, qui tourne en épingle à gauche pour surplomber la vallée **(belle vue sur la vallée de la Marne, les églises de Barzy et de Jaulgonne)**. **26** À la fin des vignes, remonter à droite sur 50 m et s'engager sur le premier sentier à gauche. **27** Après 200 m, descendre un large chemin qui arrive au cimetière de Jaulgonne et devient goudronné. Prendre à droite la rue du Châtelet sur 100 m. Tourner à gauche place du Moulin et emprunter une sente qui descend au jardin public (halte nautique). Le longer à gauche et, en bord de Marne, s'engager à droite sur le chemin de halage (halte nautique). **28** **Aire de pique-nique.** Le suivre jusqu'à Mont-St-Père **(vue sur l'église de Mézy-Moulins)**. Passer sous le pont de la Marne

hors circuit vers l'église de Mézy-Moulins

et prendre la deuxième sente à droite. **29** Emprunter à gauche la rue de Tivoli et aboutir sur la rue principale du village. **30**

Hors circuit : gravir l'oppidum de Mont-St-Père par l'escalier situé à droite, qui rejoint l'église : **panorama sur la vallée de la Marne et les vignes**.

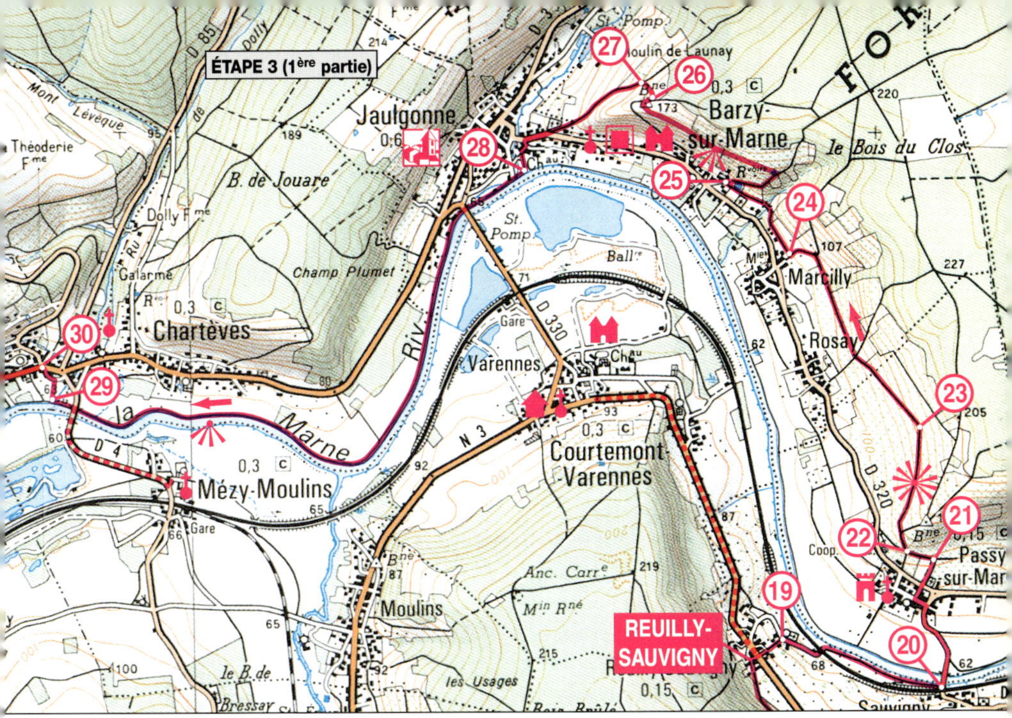

Pressurage à Mont-St-Père. -FV-

La remonter à gauche. Au monument Léon-Lhermitte, s'engager dans la rue du Val à droite. Au lavoir, descendre la route à gauche. **31** Continuer tout droit. Aux dernières maisons, la rue devient un chemin à travers les vignes ; le suivre sur 2,5 km. **32** À Gland,

hors circuit : table d'orientation ; remonter à droite sur 500 m

le chemin débouche sur une petite route goudronnée. Passer devant l'église. Au carrefour, traverser et prendre en face la rue d'En-Bas. Continuer tout droit et rejoindre les berges de la Marne et le chemin de halage. **33** Poursuivre par ce chemin (on le quitte 300 m avant le pont sur la Marne) jusqu'à Château-Thierry.

Le champagne : un terroir, trois cépages, un savoir-faire

Les coteaux d'appellation contrôlée champagne reposent sur 30 659 ha d'un sous-sol crayeux répartis en quatre secteurs : la Montagne de Reims, la côte des Blancs et Sézannais, la côte des Bars et la vallée de la Marne.

Ces territoires sont autorisés à pratiquer un rendement maximal de 10 400 kg de raisins par hectare.

Le champagne est obtenu à partir d'un mélange de trois cépages : du chardonnay, du pinot noir et du pinot meunier. Tout l'art du champagne tient dans l'assemblage original de cépages, de parcelles, voire d'années, différents. Refermenté en bouteilles, ce mélange donnera la personnalité de chaque cru.

Il faut compter trois pressurages : la «cuvée» , la «taille» et la «rebêche». Ce jus est laissé à décanter, c'est le débourbage. Il subit alors une première fermentation en cuves, ou foudres, en bois. Après quelques mois de repos, le soutirage élimine les lies pour obtenir le «vin clair». À ce stade, on peut faire l'assemblage.

Le vin obtenu est mis en bouteilles – c'est le tirage – et une petite quantité de liqueur sucrée est ajoutée, qui va provoquer une deuxième fermentation avec dégagement de gaz carbonique (jusqu'à 5 à 6 kg de pression). C'est la «prise de mousse». Elle nécessite une température constante durant au moins douze mois, au cours desquels les bouteilles seront remuées régulièrement, de façon à conduire le dépôt vers le goulot.

Le dégorgement aura lieu avant l'expédition. On compense la perte de liquide par un ajout de vin clair ou d'un peu de vin vieux, auquel on ajoutera la liqueur «d'expédition» – selon la qualité désirée (brut, sec ou demi-sec) – avant le bouchage.

WEEK-END 5

Axe Vert de Thiérache

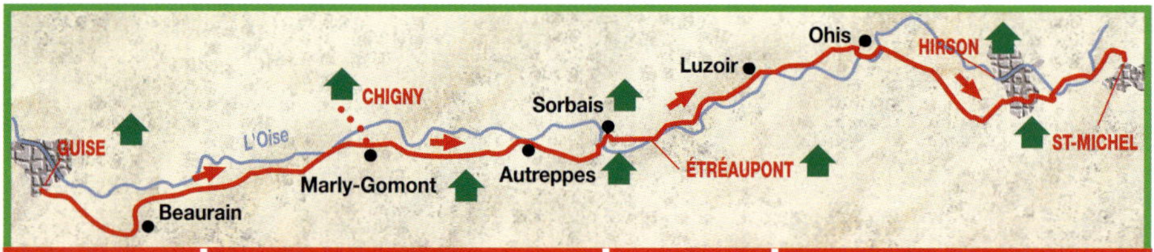

45 km | ▼110 m - ▲200 m | 14 h 00 | 3 étapes

L'Axe Vert est né d'une idée originale qui a consisté à transformer une ancienne voie ferrée en chemin toutes randonnées, avec les anciennes gares aménagées en gîtes de séjour. De Guise à Luzoir, avec un prolongement jusqu'à Hirson, l'Axe Vert accompagne l'Oise, qui descend de Belgique. Dans le paysage serein de cette vallée étale, ornée ici et là de massifs de peupliers, la rivière abandonne sur ses flancs quelques marais et étangs propices à la pêche comme à l'observation d'oiseaux. Sur près de 40 km, le chemin s'étire, dégagé, balisé d'hôtels et de gîtes, ouvert aussi à d'autres aventures (descentes en canoë-kayak depuis les embarcadères de Guise, d'Étréaupont ou de Neuve-Maison, ou la découverte d'une riche mémoire industrielle autour d'Hirson).

L'Axe Vert à Marly-Gomont. -FV-

Des églises gardiennes de la Thiérache

La première, à Beaurain (voir PR 2), ne se visite pas. L'église Saint-Nicolas d'Englancourt, dont la façade est particulièrement travaillée, est située au bord du plateau de La Capelle, offrant un point de vue exceptionnel sur la vallée. En forme de croix latine, l'église de Saint-Algis fut choisie par le groupe de recherches archéologiques de Thiérache pour tester un système de datation des campagnes de construction. L'étude, qui repose sur la dimension des briques, a relevé trois époques importantes dans l'aménagement du lieu : 1570-1590, construction ; 1634-1639, restauration du donjon ; 1685, restauration de la nef. Une légende prétend qu'en ce village le moine Algésius fit naître une fontaine guérisseuse, qui resta jusqu'en 1959 un lieu de procession très populaire.

Non loin, Autreppes est un village en pleine rénovation, avec son embarcadère, la fontaine Saint-Hilaire, réputée miraculeuse, et sa petite église. On peut y voir, jouxtant le clocher-donjon quadrangulaire, deux petites salles refuges. Peu après Étréaupont, et sa vallée des Cerfs, se dresse une des plus imposantes églises fortifiées de Thiérache, à Wimy, endroit stratégique situé sur le chemin de Mézières à La Capelle. Les troupes de Champagne passaient là pour se rendre, par les gués d'Ohis ou de Neuve-Maison, en Picardie et dans les Flandres. Son donjon, daté de 1578, aujourd'hui réduit d'un étage, est le plus isolé du reste de la bâtisse liturgique. C'était une puissante place forte dotée de plus de 60 meurtrières. On peut encore admirer, à l'intérieur, quelques cheminées, un puits, la salle de refuge et un four à pain.

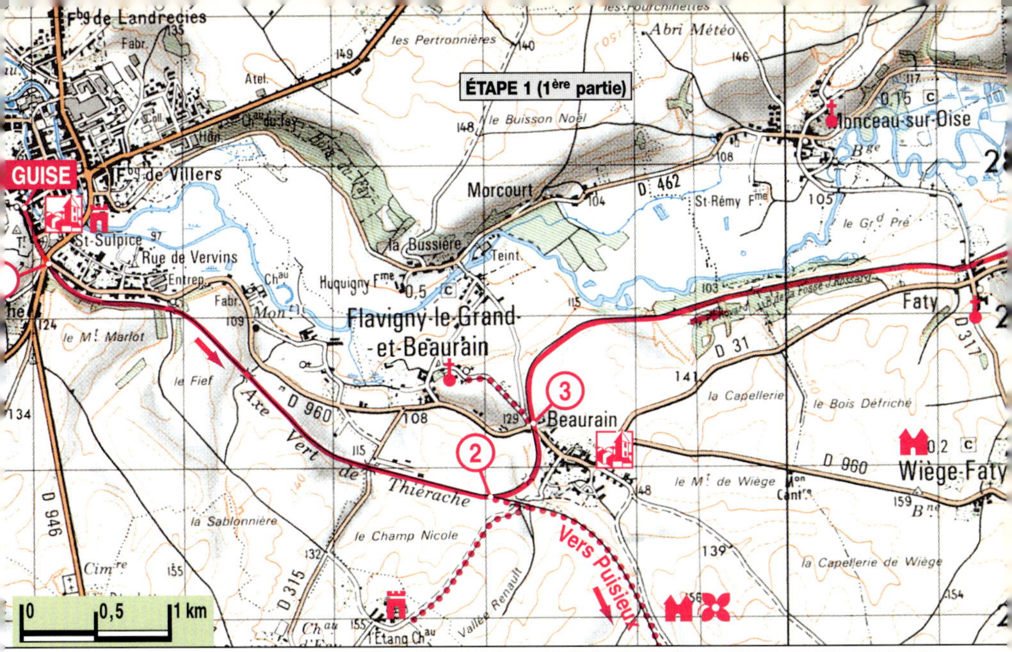

ÉTAPE 1
Guise ● Chigny

13,5 km
(15 km avec le hors-circuit)
5 h 00

Voir et savoir ★ vallées de l'Oise et du Ton (route touristique) ♁ églises fortifiées de Beaurain (remarquable) et de Faty• églises de Guise et de Faty ▣ familistère et usine Godin à Guise • hôtels particuliers à Guise (16e-18e s.), dont l'hôtel des Condé • anciens moulins sur l'Oise • lavoir à Romery ♜ château fort des ducs de Guise (12e-16e s.) Guise • village fleuri de Beaurain.

A proximité ✿ jardins de Puisieux ♁ églises fortifiées de Monceau et de Malzy ♜ château de L'Étang (ferme privée, 16e-17e s.).

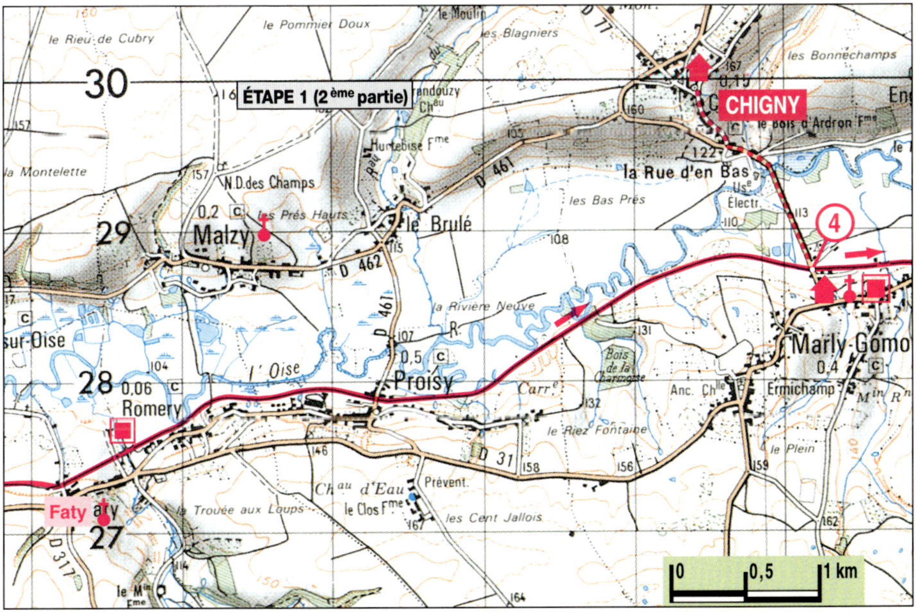

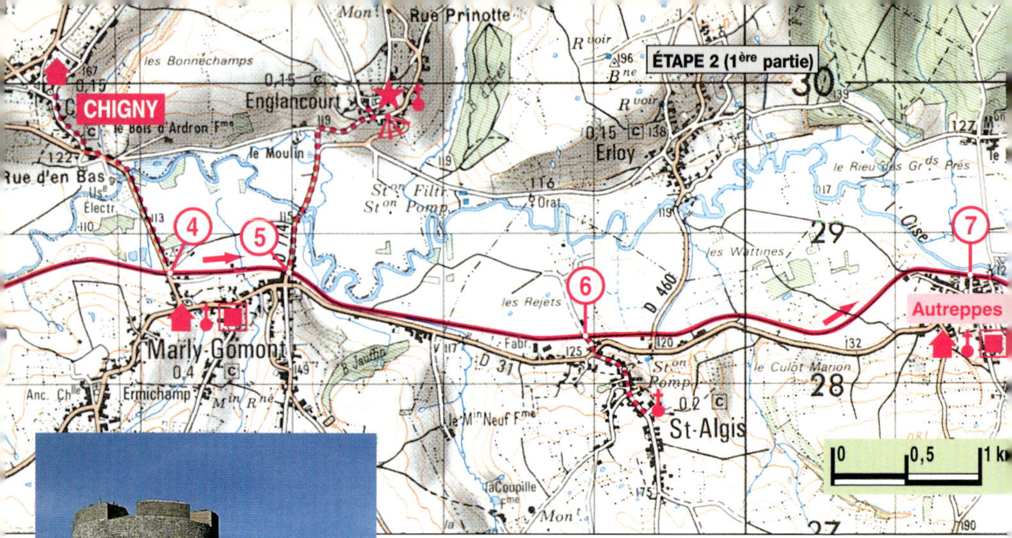

La tour de Guise. -PC-

LIAISON DU CENTRE HISTORIQUE DE GUISE AU DÉBUT DE L'AXE VERT (non balisée sur 500 m)

● **Guise :** Départ de l'office de tourisme de Guise (en contrebas du donjon). Emprunter la rue Chantraine, longer la mairie, l'hôtel des Condé (18e s.) jusqu'au carrefour. S'engager dans l'Axe Vert, qui débute entre les routes de Vervins et de St-Quentin.

Déviation d'Ohis (liaison balisée)

Pour des raisons de sécurité, il n'est pas possible d'emprunter les trois ponts de l'ancienne voie ferrée au niveau d'Ohis. Comme à Sorbais, un diverticule permet d'apprécier le village d'Ohis.

Aux abords de celui-ci, l'Axe Vert prend la forme d'un chemin en corniche surplombant la vallée de l'Oise **(point de vue)**. À hauteur des premières maisons, suivre la petite sente qui descend à droite, puis emprunter la route par la droite, franchir l'Oise et remonter à gauche pour longer l'église **(salle rénovée en colombages et très belle ferme)**. Continuer par un chemin dans l'axe de la rue **(vue sur le viaduc, les ponts et la rivière)** qui rejoint l'ancienne voie ferrée, que l'on traverse. Suivre le chemin parallèle à droite, pour gagner l'ancienne gare de Neuve-Maison. Traverser la place et reprendre à droite l'Axe Vert.

ÉTAPE 2
Chigny • Étréaupont

10,5 km - 5 h 00
(12 km avec le hors-circuit - 19 km avec la vallée des Cerfs AR)
Autre possibilité : Chigny-Sorbais 9 km (10,5 km avec le hors-circuit).

Voir et savoir ★ vallées de l'Oise et du Ton (route touristique) • fontaine de dévotion St-Hilaire à Autreppes ✝ églises fortifiées d'Englancourt, de St-Algis, d'Autreppes et de Marly-Gomont (remarquables), de Sorbais ⁂ motte féodale d'Étréaupont ⬢ mur d'escalade à Étréaupont • vallée des Cerfs (hors circuit).

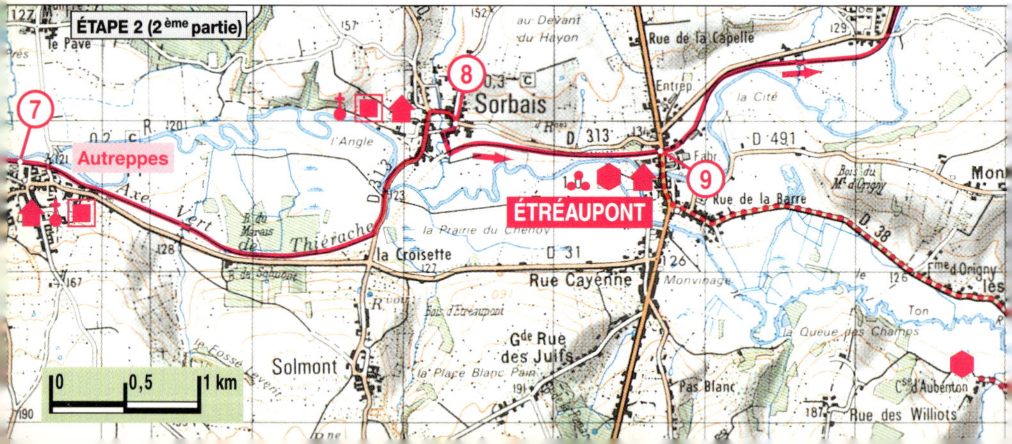

L'AXE VERT DE THIÉRACHE a été créé par le Conseil général de l'Aisne il y a une vingtaine d'années. Il s'agit d'une ancienne voie de chemin de fer d'une longueur de 37 km aménagée en itinéraire de randonnée pédestre, VTT et équestre. Ce sentier d'une faible dénivelée serpente le long de l'Oise et permet de découvrir un grand nombre d'églises fortifiées. D'anciennes gares (Autreppes, Marly-Gomont et Sorbais) ont été aménagées en gîtes de séjour, et des étapes en hôtels ou en chambres d'hôtes sont proposées.

Deux liaisons, réservées aux randonneurs pédestres, permettent de relier Guise à Saint-Michel en 45 km. Le tronçon Luzoir-Buire, en cours d'aménagement (nécessité d'être bien chaussé), est déconseillé aux vététistes et aux cavaliers avant 1998.

L'Axe Vert bénéficie d'un jalonnement particulier, sous forme de panneaux métalliques aux intersections avec les routes ou en présignalisation. Seuls les liaisons et le contournement d'Ohis sont décrits car leur caractère linéaire ne pose aucun problème de repérage. Nous donnons ici quelques points de repère correspondant aux jonctions et aux hors-circuits. Ces derniers (qui empruntent pour la plupart de petites routes) ne sont pas balisés.

D Du centre-ville historique de Guise à l'office de tourisme.
1 Début de l'Axe Vert à 500 m.
2 Hors circuit : ancien château de L'Étang au km 4 (2,3 km AR).
2 *bis* Hors circuit : jardins du château de Puisieux (7,5 km AR) ; reprendre la PR 2 en sens inverse.
3 Beaurain (village fleuri) à 4,5 km et, hors circuit, église fortifiée (1 km AR).
4 Hors circuit : 1re étape (chambres d'hôte de Chigny) au km 13,5 (3 km AR).
5 Hors circuit : église d'Englancourt (et point de vue sur la vallée de l'Oise) au km 14,2 (3 km AR).
6 Hors circuit : église fortifiée de Saint-Algis au km 16,5 (1 km AR).
7 Hors circuit : église fortifiée d'Autreppes au km 19 (250 m AR).
8 2e étape possible en chambres d'hôte à Sorbais, au km 22,5.
9 2e étape possible à l'hôtel Logis de France d'Étréaupont, au km 24 et hors circuit vers la vallée des Cerfs (7 km AR).
10 Hors circuit : église fortifiée de Wimy au km 31,5 (800 m AR).
11 Diverticule d'Ohis au km 32.
12 Fin du diverticule au km 33,5.
13 Fin de l'Axe Vert à Buire au km 37,5.
14 Gare d'Hirson au km 39.
15 Site de Saint-Michel au km 45.

Guise, du Moyen Age à l'ère industrielle

Situé sur l'axe des invasions du nord, bastionné selon les idées nouvelles de Vauban, le château de Guise était un des premiers obstacles sur la route de Paris. On peut lire dans son architecture, qui couvre près de 17 ha, dans ses fondations, ses souterrains et ses remparts talutés en brique une grande partie de l'histoire des fortifications en France. Occupé par les Allemands durant la Première Guerre mondiale, l'ancien château des ducs de Guise fut détruit par les bombardements français de 1917. Aujourd'hui, grâce aux chantiers du Club du vieux manoir, depuis 1952, le site se réapproprie son histoire. Est à voir le plan-relief (31 m²) qui nous montre le site tel qu'il apparaissait en 1650. À l'autre bout de l'histoire se trouve le familistère de Jean-Baptiste André Godin. Ce fils d'un artisan serrurier doit son succès industriel à l'idée qu'il eut de remplacer, dans la fabrication des poêles à charbon, la tôle par de la fonte. En 1846, l'usine Godin comptait 40 ouvriers ; ils étaient 2 000 en 1880. C'est dans ce contexte que Godin eut sa deuxième intuition révolutionnaire. Sensible aux idées que Charles Fourier développe alors en milieu rural (épanouissement de l'individu dans le travail et hors du travail, antimariage, etc.), Godin les adapta au milieu ouvrier. En précurseur social, il fonda dès 1859, pour ses ouvriers, une cité idéale de 500 logements. Plus convaincu par les valeurs familiales que par l'individualisme, il structura sa cité autour d'une pouponnière et d'une école, imposant l'enseignement obligatoire jusqu'à 14 ans et favorisa la formation continue pour les ouvriers. Le site comprenait un théâtre, des magasins, un parc et une piscine. Chaque famille avait droit à deux ou trois pièces, avec l'eau et les commodités à l'étage, un jardin, une cave et un grenier. La cité est toujours habitée aujourd'hui.

Il est question que le site (que l'on peut déjà visiter), devienne bientôt le cadre d'un musée sur les cités utopiques et le point de départ d'un parcours sur l'habitat ouvrier inventif, qui irait jusqu'à Bois-Dulluc, à La Louvière (en Belgique), en passant par Fourmies.

Poêle Godin. -SC-

Le familistère de Guise. -FV-

-PC-

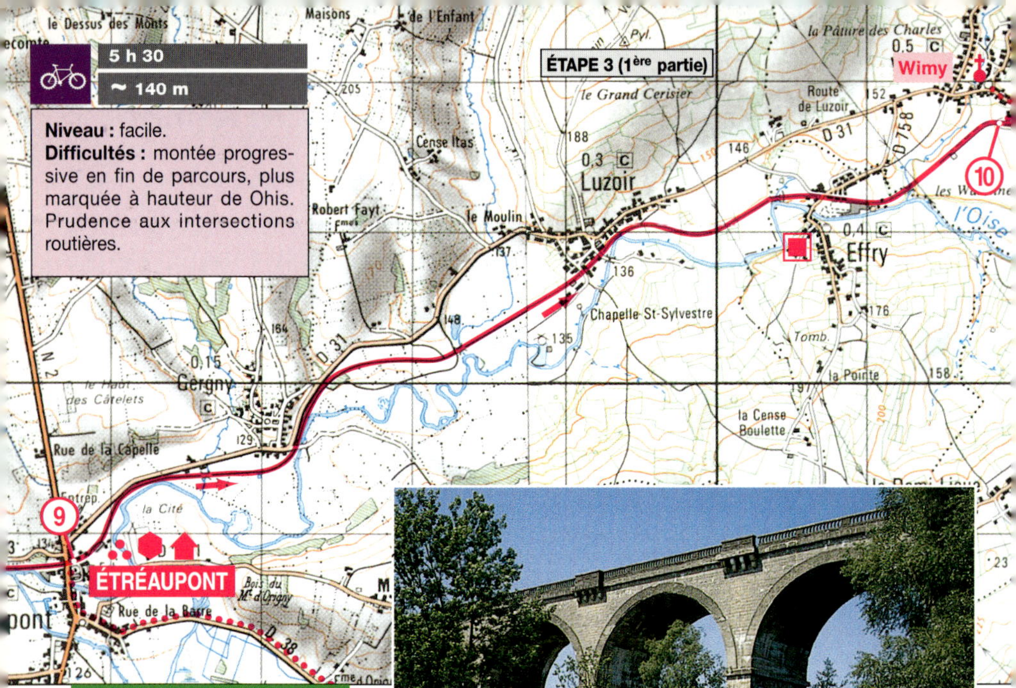

5 h 30
~ 140 m

Niveau : facile.
Difficultés : montée progressive en fin de parcours, plus marquée à hauteur de Ohis. Prudence aux intersections routières.

Le viaduc d'Ohis. -PC-

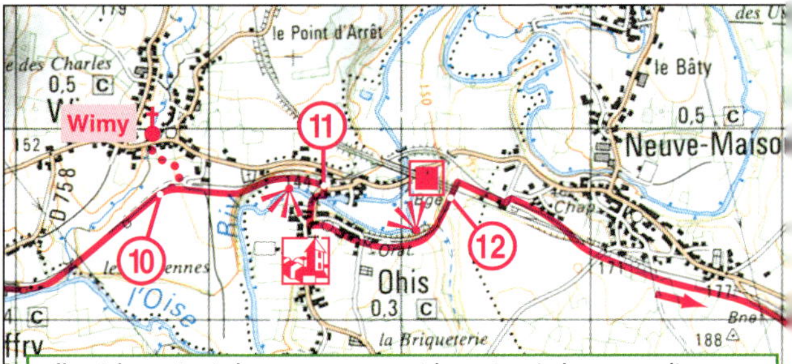

ÉTAPE 3
Étréaupont ● Hirson-Gare

15 km - 5 h 00
Étréaupont - Site abbatial de Saint-Michel : 21 km
Sorbais-Hirson : 16,5 km

Voir et savoir ★ barrage sur le Gland ■ anciennes rotonde ferroviaire et tour florentine de la gare de triage d'Hirson-Buire • anciennes verreries et cité ouvrière d'Hirson • viaduc avant **12** • ancienne fonderie de Sougland, avec sa retenue d'eau • ancienne cité ouvrière d'Effry ♁ églises fortifiées de Wimy (remarquable) et d'Ohis • abbaye remarquable de St-Michel : voir p. 33 Ohis (habitat traditionnel, chapelle) fort Dubois à Buire forêt de St-Michel ⬢ musées à Hirson et à St-Michel (voir PR 6-7).

Infos pratiques produits locaux à Hirson.

A proximité ★ cascade et étang de Blangy ⬢ haras de La Neuve-Forge.

- *Il est important de programmer les hors-circuits en fonction du temps et des aptitudes de chacun.*
- ***L'Axe Vert** étant linéaire, il est nécessaire de partir à plusieurs pour laisser un véhicule en tête d'itinéraire la veille ou le matin du départ. Une formule complète incluant l'hébergement, le portage des bagages, les visites et le rapatriement en train ou en voiture vous est proposée par le Service Loisirs Accueil (voir p. 131).*
- *Les très bons marcheurs peuvent effectuer ce parcours en deux jours :*
  - ***étape 1 : Guise-Sorbais ou Étréaupont : 22,5 ou 24 km***
  - ***étape 2 : Sorbais ou Étréaupont - abbaye de St-Michel : 19,5 ou 21 km***

L'abbaye de Saint-Michel en Thiérache. -SD/CDT-

LIAISON DE LA FIN DE L'AXE VERT À LA GARE D'HIRSON / ABBAYE DE SAINT-MICHEL (balisée en jaune)

Liaison interdite aux vététistes et aux cavaliers .

L'Axe Vert prend fin à hauteur du stade de Buire. Reprendre la route d'accès au stade par la gauche.

Attention : travaux en 1997-1998 pour le prolongement du contournement d'Hirson. Un passage souterrain devrait être aménagé pour rejoindre le boulevard d'Ornano.

Emprunter par la droite le boulevard d'Ornano, puis au rond-point remonter la rue de Paris, prolongée par la rue du Général-Debeney. On longe les vestiges du fort Dubois sur la gauche et l'ancienne gare de triage d'Hirson **(tour florentine, ancienne rotonde)** sur la droite. Prendre un petit chemin à droite, puis les rues Bocquillon, Hardy et d'Alsace pour atteindre la gare d'Hirson.

Pour rejoindre l'abbaye de Saint-Michel, continuer avenue de la Gare, puis emprunter la passerelle sur la voie ferrée. S'engager dans la rue de la Verrerie (ancienne verrerie à gauche), puis dans celle de la Godon. Traverser la rue de Verdun, et poursuivre avant de tourner à gauche dans la ruelle située après le numéro 16. On débouche rue Grisot à hauteur d'anciens logements ouvriers. Descendre par l'ancienne ligne ferroviaire transformée en «coulée verte», sur 900 m. Tourner à gauche dans un chemin peu avant la D 1050, puis descendre la route marquée par deux portiques avant de tourner à droite le long de la rivière du Gland. Traverser la D 1050 avec précaution et la remonter à gauche sur 250 m. À l'extrémité de la glissière de sécurité, escalader le talus, suivre un sentier tout droit sur quelques mètres en forêt avant de redescendre par une allée à droite. Enjamber un petit ruisseau, puis longer le Gland. Au bout du sentier **(ancienne fonderie)**, laisser le pont et s'engager dans la petite route à gauche ; elle longe un barrage puis remonte en sous-bois à La Rue-des-Leups. Tourner deux fois à droite pour atteindre le site abbatial **(vue sur l'abbaye)**.

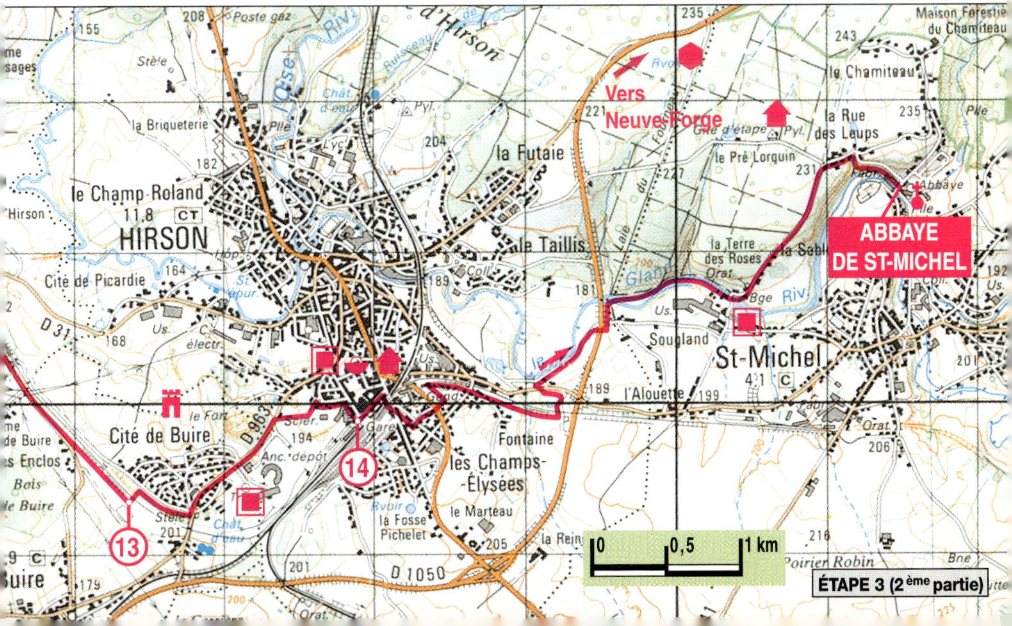

CHAMINA

5, rue Pierre-le-Vénérable - BP 436
63012 CLERMONT-FERRAND Cedex 1
Tél. 04 73 92 81 44 - Fax 04 73 91 62 24

COMITÉ DÉPARTEMENTAL DU TOURISME (CDT)

Service Loisirs Accueil
24-28, avenue Charles-de-Gaulle - BP 116
02005 LAON CEDEX
Tél. 03 23 27 76 76 - Fax 03 23 27 76 89

L'INFORMATION TOURISTIQUE

Pour tout renseignement , adressez-vous au CDT (adresse ci-dessus). Afin de faciliter vos randonnées en circuits de week-end, des formules tout compris vous sont proposées : hébergements, restauration, visite, avec portage des bagages en option. L'accueil se fera surtout en Logis de France ou en Gîte de France (chambres d'hôtes). **Réservation au Service Loisirs Accueil (Tél. 03 23 27 76 78/80).**
Les hébergements et sites labellisés sont indiqués ci-après par une abréviation spécifique :

- **LF : LOGIS DE FRANCE**
- **GF : GÎTES DE FRANCE**
- **BF : BIENVENUE À LA FERME**
- **CC : CLUB CAMPING**
- **RTC : ROUTE TOURISTIQUE DU CHAMPAGNE**

Seuls les sites et monuments indiqués sont ouverts à la visite.

**OFFICES DE TOURISME (OT)
ET SYNDICATS D'INITIATIVE (SI)**

OFFICES DE TOURISME

BLÉRANCOURT (02300) - Maison de Saint-Just
2, rue de la Chouette - Tél. 03 23 39 72 17
BRAINE (02220) - 34 place Charles-de-Gaulle
Tél. 03 23 74 73 34
CHÂTEAU-THIERRY (02400) - 11, rue Vallée
Tél. 03 23 83 10 14
CHARLY-SUR-MARNE (02310) - 20, place du Général-de-Gaulle - Tél. 03 23 82 07 49
COUCY-LE-CHÂTEAU (02380) - 8 rue des Vivants (porte de Soissons) -Tél. 03 23 52 44 55
GUISE (02120) - 2, rue Chantraine - Tél. 03 23 60 45 71
HIRSON (02500) - pl Victor-Hugo - Tél. 03 23 58 03 91
LAON (02000) - pl du parvis de la cathédrale
Tél. 03 23 20 28 62
LA FERTÉ-MILON (02460) - 31, rue de la Chaussée
Tél. 03 23 96 77 42
LIESSE NOTRE-DAME (02350) *- 1 place Bailly
Tél. 03 23 22 21 05
SAINT-QUENTIN (02100)***- 27 rue Victor Basch-
Tél. 03 23 67 05 00.
SOISSONS (02200) -place Fernand-Marquigny
Tél. 03 23 53 17 37
VAILLY-SUR-AISNE (02370) - 4 place Bouvines
Tél. 03 23 74 62 47
VERVINS (02140) pl du Gal-de-Gaulle - Tél. 03 23 98 11 98
VILLERS-COTTERÊTS (02600) - 6, place Aristide-Briand
Tél. 03 23 96 55 10

En période de chasse, se renseigner sur l'accessibilité des circuits auprès des mairies, de la Fédération départementale des chasseurs de l'Aisne - Tél. 03 23 23 30 89 ou de l'ONF - Tél. 03 23 79 23 91

SYNDICATS D'INITIATIVE

ANIZY-LE-CHÂTEAU (02320) Bourguignon- sous-Montbavin - Tél. 03 23 23 19 54
BOUÉ (02450) - Mairie - Tél. 03 23 60 00 68
LA CAPELLE (02260) 4 avenue du Général-de-Gaulle
Tél. 03 23 97 35 55
CONDÉ-EN-BRIE (02330) - place des Halles
Tél. 03 23 82 05 38
MARLE (02250) - Mairie - Tél. 03 23 21 75 75
LE NOUVION-EN-THIÉRACHE (02170) - Mairie -
Tél. 03 23 97 08 33
SAINT-GOBAIN (02410) - 7 rue Montevideo
Tél. 03 23 52 80 95
VIC-SUR-AISNE (02290) - 4 rue Pomponne
Tél. 03 23 55 36 74

AUTRES POINTS D'INFORMATION

BELLICOURT (02420) - Maison de Pays du Vermandois
RN 44 - Riqueval - Tél. 03 23 09 50 51
CHAMOUILLE (02860)- Parc de l'Ailette (du 15/04 au 15/09) - Tél. 03 23 24 66 85/83 03
ADERMAS - 11, rue Bernard-Testard - BP 23 -
02610 Moÿ-de-l'Aisne - 03 23 07 79 97
MAISON DE LA THIÉRACHE - 43, Av Charles-de-Gaulle - 02260 La Capelle - Tél. 03 23 97 84 75
POINT VILLAGE DE GUIGNICOURT - Tél. 03 23 25 36 80

GÎTES DE FRANCE (Gîtes ruraux - Chambres d'hôtes - Gîtes de séjour et d'Étape)
Renseignements, réservation : Service Loisirs Accueil : 03 23 27 76 80 - Fax 03 23 27 76 88

MAISON DE L'AGRICULTURE /BIENVENUE À LA FERME - Tél. 03 23 22 50 94

AU FIL DU CHEMIN...

1 ÉTRÉAUPONT : LF Hôtel **Le Clos du Montvinage Auberge** du Val d'Oise
Tél. 03 23 97 40 18/03 23 97 91 10
Camping du Val d'Oise** - 03 23 97 48 04
GF Gîte Rural - 6 pl. - Tél. 03 23 27 76 80
La vallée des Cerfs : visite de l'élevage, terrines, pâtés, restauration - Tél. 03 23 97 49 60
SORBAIS : GF Gîtes de séjour 9 pl. (ancienne gare)
Tél. 03 23 97 81 92
CENTRE DE SÉJOUR RURAL - 35 pl. - Tél. 03 23 79 44 19
GF CHAMBRES ET TABLE D'HÔTE - 3 épis -
11 pl. - Tél. 03 23 97 49 83
AUBERGE LE THIÉRACHIEN - Tél. 03 23 97 49 05
LERZY : Cave Saint-Vincent : produits régionaux (cidre, maroilles, terrines...) -Tél. 03 23 97 92 54
Bouilleur de cru en saison
HAUTION : BF producteur de maroilles - Tél. 03 23 98 22 50

2 ROMERY : GF Gîte rural - 1 épi - 7 pl. - Tél. 03 23 27 76 80
PUISIEUX : bar-brasserie - Tél. 03 23 60 91 52
Jardins du Château de Puisieux (Route des Parcs et jardins) - Tél. 03 23 60 90 16

D'ADRESSES

3 LE NOUVION-EN-THIÉRACHE : 3 hôtels-restaurants - LF Hôtel-Restaurant** La Paix - Tél. 03 23 97 04 55
Parc de l'Astrée (swin golf 18 trous, mini-golf, piscine) - Tél. 03 23 98 97 28
Camping** L'Astrée CC- Tél. 03 23 98 98 58
Camping Le Martemperche** - Tél. 03 23 97 07 41
DORENGT : GF Gîte rural - 5 pl. - Tél. 03 23 27 76 80
Productions locales au Nouvion-en-Thiérache, BF Folie Douce et goûters à la ferme - Tél. 03 23 97 09 99
Comté de Lalouzy (foie gras, parc animalier, visites)- Le Petit Château - Tél. 03 23 98 97 02
BUIRONFOSSE : Musée vivant du Sabot - Tél. 03 23 97 84 42

4 **PLOMION :** restaurant** Le Huteau - Tél. 03 23 98 81 21
Camping La Nigaudière ** CC- 03 23 98 85 56
Parc de la Nigaudière : pêche, pédalos, aire de jeux... du 01/05 au 30/09 - 03 23 98 85 56

5 **6** **7** GF Gîte d'étape du Pré-Lorquin - 30 lits - Tél. 03 23 58 04 76
Chambres et restauration au site abbatial - Tél. 03 23 58 87 20
HIRSON : GF BF Gîte de séjour, de pêche et équestre du haras de la Neuve-Forge (stages équestres, pêche, randonnée) - 21 pl - Tél. 03 27 59 62 49
Centre de séjour du site de Blangy - 34 pl - Tél. 03 23 58 38 88
Camping ** La Cascade - Tél. 03 23 58 18 97
Plusieurs hôtels et restaurants à **HIRSON** et **ST-MICHEL** Tél. (OT) 03 23 58 03 91
Gare SNCF - 03 23 58 25 40
Ferme de la Thiérache à **HIRSON** : produits fermiers (maroilles, cidres, volailles...) - Tél. 03 23 58 32 50
Site abbatial de **ST-MICHEL :** Tél. 03 23 58 87 20 Musée de la vie rurale - Tél. 03 23 58 87 27
Musée Alfred-Desmasure à **HIRSON** - Tél 03 23 98 77 42 ou 03 23 58 33 28
Abbaye de **ST-MICHEL :** expositions, festival de musique sacrée ancienne et baroque en juin-juillet.
Les Confirelles en septembre - 03 23 58 87 20.
Les Aquarellades (initiation-perfectionnement aquarelle de juin à août - Tél. 03 23 58 03 91

8 BF Fraises, confitures, sirops à **ÉTAVES**, ferme de L'Épinoy - Tél. 03 23 66 02 14
FRESNOY, ateliers La Filandière (visite) - Tél. 03 23 09 15 16
Magasins d'usine Le Bourget - Tél. 03 23 09 33 00 et Le Creuset - Tél. 03 23 06 22 22
Flâneries de mai (expositions thématiques) à Fresnoy
Fondation LESUR (art contemporain) : 03 23 09 09 88

9 **BELLICOURT ET RIQUEVAL :** 3 bars-restaurants - Tél. 02 23 09 50 51
À 6 km, BF ferme-auberge du Vieux-Puits, GF chambres d'hôte - 8 pl - Tél. 03 23 66 22 33
Vente de produits du terroir (Maison de Pays) à **BELLICOURT** - Tél. 03 23 09 50 51
ABCD Broderie (magasin d'usine) à **BELLICOURT** - Tél. 03 23 09 55 11
Musée du Touage à **RIQUEVAL,** de mai à septembre - et passages du Toueur - Tél. 03 23 09 50 51

10 **VERMAND :** hôtel-restaurant Au Soleil Levant - Tél.03 23 66 51 33
GF Gîte rural (de pêche) - 6 pl. - 3 épis - Tél. 03 23 27 76 80
Poney-club de l'Oppidum - Tél. 03 23 66 51 15
Vin de fraise Cristal Fraises - Tél. 03 23 66 51 42
Musée archéologique du Vermandois - Tél. 03 23 64 11 46
TREFCON : GF Gîte de séjour - 17 lits - Le Val d'Omignon - Tél. 03 23 66 58 64
Le Val d'Omignon - activités équestres et de bourrellerie, randonnée, canoë - Tél.03 23 66 58 64 -

CENTRE VTT OXYG'AISNE À MONTHENAULT
(agréé FFC) **- Tél. 03 23 24 75 40**

11 **SÉRAUCOURT-LE-GRAND :** CC Camping*** Le Vivier aux Carpes - Tél. 03 23 60 50 10
GF Gîte rural 3 épis - 8 pl - Tél. 03 23 27 76 80

12 **13** **ORIGNY-STE-BENOITE :** cafés-restaurants le Mazagran - Tél. 03 23 09 85 45 et de la Gare - Tél. 03 23 09 73 28
RIBEMONT : restaurant Le Mouton Noir - Tél. 03 23 63 72 13
Aire naturelle de camping : Tél. 03 23 63 71 30
SÉRY-LES-MEZIERES : hôtel du Cheval Blanc Tél. 03 23 66 76 54
GF Gîte rural : 3 épis - 7 pl. à Sissy - 2 épis, 4 pl. à Châtillon-sur-Oise - Tél. 03 23 27 76 80
Maison natale de Condorcet (fermée en hiver) à Ribemont - Tél. 03 23 63 73 64

Parcours de CANOË-KAYAK sur l'Oise moyenne - ***Bernot-Origny-Ribemont-Vendeuil***
Location de matériel/accompagnement : ***club de Ribemont*** **- Tél. 03 23 63 79 73 (Comité Départemental)**

Aire de détente à Origny
Train touristique du Vermandois Saint-Quentin/Ribemont Origny - Tél. 03 23 67 05 00

14 **BOIS-LÈS-PARGNY :** hôtel-restaurant Le Soleil d'Or - Tél. 03 23 80 87 72
GF Gîte rural 2 épis - 5 pl- Tél. 03 23 27 76 80
CRÉCY-SUR-SERRE (à 5 km) : LF hôtel-restaurant La Tour de Crécy - Tél. 03 23 80 80 11
PRÈS DE MARLE : BF La fraise de Voyenne (fruits rouges, confitures et nectars) - Tél. 03 23 20 03 09
BF Le Berger du Val de Serre - Marcy-sous-Marle - goûters à la ferme, viande, charcuterie, plats cuisinés - 03 23 20 00 04

15 **MARLE :** LF hôtel**-restaurant** Le Central - Tél. 03 23 20 00 33
Gare SNCF - Tél. 03 23 20 00 37
Framboises, rhubarbe (jus, coulis, nectar), à Tavaux - stages de poterie, tissage, cuir - Tél. 03 23 20 03 69
Musée des Temps Barbares à Marle - Tél. 03 23 24 01 33
Rencontres en Pays Marlois (mai/juin) - Tél. 03 23 80 77 22

16 **LIESSE NOTRE-DAME :** hôtel-restaurant La Tourbière Tél. 03 23 22 04 45
Diorama de la légende dans la basilique
STE-PREUVE : hôtel****-restaurant**** Château de Barive - Tél. 03 23 22 15 15
SISSONNE : hôtel-restaurant - Tél. 03 23 80 40 16
4 restaurants - Tél. 03 23 22 21 05

17 **ST-ERME** - Gare SNCF - Tél. 03 23 22 60 16
Musée de l'abeille à Corbeny - Tél. 03 23 22 40 14
Asperges des sables - M. et P. Debled - Tél. 03 23 22 61 07

18 BF produits fermiers (poulets) à **CONCEVREUX** - vente et visite - goûters à la ferme- Ferme-découverte - Tél. 03 23 20 78 86

19 **LAON** - Hôtels-restaurants (voir OTSI)
Camping** CC La Chênaie - Tél. 03 23 20 25 56
Musée archéologique - Tél. 03 23 20 19 87
Visites guidées (de la cathédrale et de la ville haute) organisées par l'OT
Festival de musique française (sept/oct) - Euromédiévales en mai - OTSI

20 **MONTBAVIN :** BF ferme de Montarcène : relais randonnée - 40 pl - accueil chevaux, goûters à la ferme - Tél. 03 23 24 10 57
ANIZY-PINON : gare SNCF - Tél. 03 23 80 10 12

ASSOCIATION DES RANDONNEURS PÉDESTRES DE L'AISNE : ARPA (calendrier des randonnées)
Tél. 03 23 22 80 84

21 **CHAMOUILLE :** Parc nautique de l'Ailette (base de loisirs) - Tél./Infos : 03 23 24 66 85/83 03
GF gîte de séjour/restauration (à partir de 15 pers.) - 36 pl. - Tél. 03 23 24 66 80 - (École des Sports)
3 gîtes ruraux de 6 pl - 3 épis - Tél. 03 23 27 76 80
Hôtel Mercure***/restaurant l'Ailette - parc de l'Ailette - Tél. 03 23 24 84 85
2 Snack-bars en saison dans le parc de l'Ailette près de la plage
Camping du parc de l'Ailette*** CC - Tél. 03 23 24 66 86
CERNY-EN-LAONNOIS : bar-restaurant Le Club (club-house du golf)- Tél. 03 23 24 79 10
Le Relais du Chemin des Dames - Tél. 02 23 24 44 61
Golf de l'Ailette - 18 trous - Tél. 03 23 24 83 99
NEUVILLE-SUR-AILETTE : Musée de l'oiseau - Tél. 03 23 24 73 41

Autour des PR **21** **22** **SITE DU CHEMIN DES DAMES** (D18) : monuments et mémoriaux liés à la Grande Guerre : Fort de La Malmaison, Caverne du Dragon, mémorial de Cerny, monument des Basques... Jalonnement signalétique du Chemin des Dames (panneaux d'information sur les sites marquants) et 2 circuits à thème «Forteresse naturelle» et «Mémoires» - **Tél. 03 23 27 76 76** (Infos CDT)

22 **CAVERNE DU DRAGON** - Tél. 03 23 25 92 93 et 03 23 24 62 34 (le site sera fermé d'oct. 97 à nov. 98 pour cause d'aménagement muséographique)
ABBAYE DE VAUCLAIR (vestiges de l'abbaye, verger conservatoire, jardin médicinal - infos CDT)

23 **ST-NICOLAS-AUX-BOIS :** restaurant Le Mexico - Tél. 03 23 20 91 96
ST-GOBAIN : hôtel** Les Roses de Picardie - Tél. 03 23 52 88 74
GF Gîte rural 3 épis - 6 pl - Tél. 03 23 27 76 80
Restaurants : La Malle-Poste** - Tél. 03 23 52 88 33)
Le Parc - Tél. 03 23 52 80 58
Les Poulbots - Tél. 03 23 52 85 89
Atelier d'artisan-verrier à Saint-Gobain : Hyalos et Cie
Ancienne Manufacture Royale des Glaces - Tél. 03 23 52 84 75

24 **COUCY-LE-CHÂTEAU :** GF chambres d'hôtes - 7 pl - 2/3 épis - Tél. 03 23 52 76 64
Hôtel-restaurants : LF Belle Vue* Tél. 03 23 52 69 70
Le Lion Rouge - Tél. 03 23 52 70 13
Crêperie St-Nicolas - Tél. 03 23 52 76 28
Camping* Le Clos du Val Serein* - Tél. 03 23 52 70 65
Château des Sires de Coucy- Tél. 03 23 52 71 28
Tour Musée de la Porte de Soissons (OT) - Tél. 03 23 52 44 55 - Spectacle médiéval en juin/juillet (OT)

25 **BLÉRANCOURT :** hôtel-restaurant le Griffon (ouverture prévue été 1997) - Tél. 03 23 39 60 11
Restaurant de la Tête Noire - Tél. 03 23 39 60 17
Musée national de la Coopération franco-américaine - Parc et jardins (château de Blérancourt) - Tél. 03 23 39 60 16
Maison de Saint-Just - Tél. 03 23 39 72 17 (OT)

26 **MONAMPTEUIL :** GF gîte rural - 6 pl - 3 épis Tél. 03 23 27 76 80
LF Auberge du Lac**- Tél. 03 23 21 63 87
CC Camping du lac*** -Tél. 03 23 21 60 73
Ateliers de l'abeille à Chavignon - Tél. 03 23 61 62
Base nautique de Monampteuil (piscine, voile, pêche, poneys, golf miniature...) - Tél. 03 23 21 60 73

Renseignements sur les lignes de cars
RTA (Régie Départementale des Transports de l'Aisne)
Tél. 03 23 79 14 13

27 **BRAINE :** chambres chez l'habitant - J. Martin - Tél. 03 23 74 12 74
Auberge du regain - 03 23 74 14 96
Visite de Braine historique - Tél. 03 23 74 73 34
COURCELLES-SUR-VESLE : hôtel****-restaurant****
Relais et Château de Courcelles - Tél. 03 23 74 13 53
VIEIL-ARCY: atelier d'art et de calligraphie
CHÉRY-CHARTREUSE : GF/BF La ferme de Pré - Gîte rural 2 épis - Tél. 03 23 27 76 80 - 7 pl - goûters à la ferme - Tél. 03 23 74 70 07

28 **MISSY-SUR-AISNE :** GF ferme de la Biza chambre/table d'hôte - 3 épis - 4 pl - Tél. 03 23 72 83 54 (pêche)
MISSY-SUR-AISNE : BF Fraises du petit Missy - Tél. 03 23 72 87 82
CHIVRES-VAL : fort de Condé (visite sur demande au 03 23 55 50 67)

29 **SOISSONS :** hôtels-restaurants (voir OT)
Gîte rural 3 épis - 4 pl - Tél. 03 23 27 76 80
Camping CC municipal du Mail *** - Tél. 03 23 74 52 69
Gare SNCF - Tél. 03 23 53 34 05

CROISIÈRES FLUVIALES sur l'Aisne (promenade - déjeuner) : Aisne et canaux - Halte nautique - **Tél. 03 23 53 95 40**

CUFFIES : restaurant Au Petit Cochon - Tél. 03 23 53 05 01
POMMIERS : restaurant Au bistrot de Pommiers - Tél. 03 23 75 05 69
Visite de Soissons - Tél. 03 23 53 17 37
Musée municipal à Soissons - Tél. 03 23 59 15 90
Club-école de voile à Pommiers - Tél. 03 23 73 34 93

30 **VIC-SUR-AISNE :** chambres et tables d'hôtes
GF L'Orchidée - 3 épis - 12 pl - Tél. 03 23 55 32 76
Chambres et tables d'hôtes GF Domaine des Jeanne 4 épis - 13 pl - Tél. 03 23 55 57 33
et 2 gîtes ruraux - 12 pl- Tél. 03 23 27 76 80
Restaurant : hostellerie du Lion d'Or* - Tél. 03 23 55 50 20 (spécialités à base de betteraves à sucre)
Visite du château - Tél. 03 23 55 04 60
NOUVRON-VINGRÉ : GF gîte de séjour - 16 pl- Tél. 03 23 55 70 44
FONTENOY : LF Hôtel**-restaurant*** Auberge du bord de l'eau - Tél. 03 23 74 25 76
BERNY-RIVIÈRE : camping**** (restaurant) La Croix du Vieux-Pont - Tél. 03 23 55 50 02
Visite des carrières de **CONFRÉCOURT** : M. Pamart - Tél. 03 23 74 25 90

31 **RESSONS-LE-LONG :** GF chambres d'hôtes 3 épis - 9 pl - Ferme de la Montagne - Tél. 03 23 74 23 71
CC Camping La Halte de Mainville*** - Tél. 03 23 74 26 69
AMBLENY : LF hôtel-restaurant ** Le Millery - Tél. 03 23 74 29 64
CŒUVRES-ET-VALSERY (6 km) : Auberge de la Couronne** spécialités locales (Soissoulet) - Tél. 03 23 55 83 83

32 **VILLERS-COTTERÊTS :** hôtels-restaurants (voir OT)
Gare SNCF- Tél. 03 23 96 01 85
Musée Alexandre-Dumas - Tél. 03 23 96 23 30
Visite du château François Ier (rens. OT)
Semaines culturelles et gastronomiques A.-Dumas

33 **LA FERTÉ-MILON :** hôtel Racine** - Tél. 03 23 96 72 02
Gare - Tél. 03 23 96 70 27
Musée Jean Racine - Tél. 03 23 96 77 77
Musée du machinisme agricole - Tél. 03 23 96 71 79

Renseignements **SNCF (infos voyageurs) :**
Tél. 08 36 35 35 35

D'ADRESSES

ou 03 23 96 77 42 (OT)
L'Île aux Peintres, stages de peinture à La Ferté : hôtel Racine - Tél. 03 23 96 72 02

SILLY-LA-POTERIE : CROISIERES FLUVIALES sur l'Ourcq et le Clignon : (promenade /déjeuner à bord) : Un canal...deux canaux - Port aux Perches - **Tél. 03 23 96 41 25** (restaurant).

34 **NAMPTEUIL-SOUS-MURET :** GF gîte de séjour - Ferme de la Berque - 30 pl - VTT, poneys, vente de produits maraîchers - Tél. 03 23 55 18 52
GF gîte rural à **DROIZY,** 3 épis - 4 pl - et à **CHACRISE,** 3 épis - 6 pl - Tél. 03 23 27 76 80

36 **MONTFAUCON** : BF ferme-auberge du Château - Tél. 03 23 69 88 55
ROZOY-BELLEVALLE : GF gîte de séjour - 10/30 pl - Tél. 03 23 69 83 32 - Gîte rural - 7 pl. - 2 épis - Tél. 03 23 27 76 80
Salle 1814 à Essises (évocation de la Campagne de France 1814) sur RDV - Tél. 03 23 69 88 09
Jardins de **VIELS-MAISONS** à 8 km (Route des Parcs et Jardins) - Tél. 03 23 82 62 53

37 **CHÂTEAU-THIERRY :** hôtels-restaurants (rens. OT)
Camping municipal**- Tél. 03 23 83 48 23
Gare SNCF - Tél. 03 23 69 64 00
Fêtes à Jean, festival Jean de La Fontaine en juin (OT)
VERDILLY : GF/BF ferme de loisirs - gîte d'étape - 26 pl - (ferme de découverte , tourisme équestre) - Tél. 03 23 69 15 87
Champagne Pannier (RTC) - Tél. 03 23 69 13 10
Ferme Jean-de-la-Fontaine (produits fermiers) - Tél. 03 23 83 04 64
VERDILLY : ferme des Coupettes , produits du terroir (charcuterie) - Tél. 03 23 69 08 42

WE 1 **LAON :** Visite du **DOMAINE DE LA SOLITUDE** - Tél. 03 23 23 75 52
CHÉRÊT : GF chambres et table d'hôte Le Clos, 2/3 épis - 11 pl - Tél. 03 23 24 80 64
Restaurant La petite Campagne - Tél. 03 23 24 78 63
BRUYÈRES-ET-MONTBÉRAULT : restaurant Au Montmartre - Tél. 03 23 24 70 33
Point accueil jeunes (camping) - Tél. 03 23 24 73 57
Fort de Bruyères : visite libre
CHAMOUILLE : voir PR 21

MONTHENAULT : GF gîte de séjour - 20 pl - centre VTT (agréé FFC) **OXYG'AISNE** (location, accompagnement, stages...) - **Tél. 03 23 24 75 40** - Restauration

Restaurant Le Relais de l'Ailette - Tél. 03 23 79 44 19

WE 2 **BERZY-LE-SEC** : GF chambres et table d'hôte 2/3 épis - 8 pl - Hameau de Léchelle - Tél. 03 23 74 83 29
MISSY-SUR-AISNE : voir PR 28
SEPTMONTS : GF gîte rural 3 épis -15 pl - Tél. 03 23 27 76 80
Restaurant la Louvière - 03 23 74 04 26
Château de Septmonts - Tél. 03 23 74 91 28
SOISSONS : voir PR 29
Abbaye St-Jean-des-Vignes : visite libre
Hôtel de Barral (pour groupes SRDV) - Tél. 03 23 53 46 27
VILLENEUVE SAINT-GERMAIN : hôtel-restaurant Saint-Jean - Tél. 03 23 53 74 64 et restaurant La Croisette - Tél. 03 23 59 41 64
VÉNIZEL : La petite Auberge - Tél. 03 23 72 62 77

WE 3 **VILLERS-COTTERÊTS** : voir PR 32
LONGPONT : LF hôtel**-restaurant** de l'abbaye - Tél. 03 23 96 02 44
Abbaye et parc de Longpont - Tél. 03 23 96 01 53
Parc floral du château d'**OIGNY** (Route des Parcs et jardins) Tél. 03 23 96 01 11
Château de **MONTGOBERT :** Musée du bois et de l'outil - Tél. 03 23 96 39 69

WE 4 **CHATEAU-THIERRY :** voir PR 37
BAULNE-EN-BRIE : LF Auberge de l'Omois** - Tél. 03 23 82 08 13 et GF gîte rural 2 épis - 7 pl - Tél. 03 23 27 76 80
REUILLY-SAUVIGNY : LF Auberge «Le Relais»*** - Tél. 03 23 70 35 36
TRÉLOU-SUR-MARNE : CC camping** Sous le Clocher de Dormans - Tél. 03 26 58 21 79
CONNIGIS : GF chambres et table d'hôte 3 épis - 11 pl - Ferme du Château - Tél. 03 23 71 90 51
GF gîte rural 3 épis - 8 pl - Tél. 03 23 27 76 80
LA CHAPELLE-MONTHODON : GF chambres et tables d'hôte 3 épis - 12 pl - Tél. 03 23 82 47 66
COURTEMONT-VARENNES : chambres et tables d'hôte 2 épis -4 pl - Tél. 03 23 70 26 69
MONT-ST-PÈRE : GF chambres d'hôte 3 épis - 4 pl - Tél. 03 23 70 28 79
CONDÉ-EN-BRIE : Canardises des 3 Vallées (foie gras, produits à base de canard - Tél. 03 23 82 74 96
SAINT-EUGÈNE : BF La Tuilerie (fruits et légumes) - Tél. 03 23 71 93 98
REUILLY-SAUVIGNY (fruits) : BF La Reverdie - Tél. 03 23 70 35 49
TRÈLOU-SUR-MARNE : BF Saveurs champenoises (foies gras de canard...) - Tél. 03 23 70 26 81
RTC champagne Veuve-Olivier - Tél. 03 23 70 24 01
FOSSOY : RTC champagne Déhu - Tél. 03 23 71 90 47
Musée de la Vigne et du Vin
LA CHAPELLE-MONTHODON : RTC champagne Sourdet-Diot - Tél. 03 23 82 46 18

AXE VERT **GUISE :** LF hôtel**-restaurant Champagne-Picardie - Tél. 03 23 60 43 44
Hôtel**-restaurant* de Guise -Tél. 03 23 61 17 58
CC Camping*** de la Vallée de l'Oise - Tél. 03 23 61 14 86
Château Fort des Ducs - Tél. 03 23 61 11 76
Site du Familistère Godin - Tél. 03 23 61 35 36 - visites accompagnées : théâtre, appartement-témoin, cours intérieures des pavillons, maquette du site (en 1998)...
MARLY-GOMONT : GF gîte de séjour (ancienne gare) - 16 pl - Tél. 03 23 97 81 92
GF gîte rural 3 épis -3 pl - Tél. 03 23 97 81 92) et 2 épis - 4 pl - Tél. 03 23 60 21 05
2 restaurants - Tél. 03 23 60 21 17 et 03 23 60 21 80
AUTREPPES : GF gîte de séjour (ancienne gare) - 9 pl - Tél. 03 23 97 81 92
CHIGNY GF : chambre et tables d'hôtes 2/3 épis -11 pl - Tél. 03 23 60 22 04
SORBAIS/ÉTRÉAUPONT : voir PR 1
PUISIEUX : voir PR 2
NEUVE-MAISON : gite rural 2 épis -4 pl - Tél. 03 23 27 76 80
HIRSON : voir PR 5
ST-MICHEL : voir PR 6/7
La Thiérachienne, fête de la Randonnée autour de l'Axe Vert, à partir de Sorbais (juin)

Parcours de **CANOË-KAYAK** sur l'Oise amont entre Hirson et St-Michel - rens. Comité Départemental - **Tél. 03 23 63 79 73**
Location de matériel/accompagnement - Club Thiérache Sport Nature à Neuve-Maison - **Tél. 03 23 58 16 58**
Canoë-club de Guise (location de VTT) - Tél. 03 23 61 07 35

COMITÉ DÉPARTEMENTAL DE TOURISME ÉQUESTRE - Tél. 03 23 69 01 91

ATTENTION :
toutes ces informations ont été recueillies en juin 1997 et sont susceptibles d'être modifiées

Chamina

5, rue Pierre-le-Vénérable
BP 436
63012 Clermont-Ferrand
Cedex 1
Tél. 04 73 92 81 44
Fax 04 73 91 62 24

Dépôt légal : 3e trimestre 1997

INDEX THÉMATIQUE DES TEXTES ET ENCADRÉS

Responsabilités : Les indications fournies dans le présent ouvrage : itinéraires, hébergements, ressources sont exactes au moment de son édition. Les modifications pouvant intervenir par la suite sur le terrain ne pourraient en aucun cas engager la responsabilité des auteurs ni celle de l'association Chamina. Il en est de même pour les accidents de toute nature pouvant survenir aux utilisateurs lors de leurs randonnées. Néanmoins toutes remarques ou observations qui seraient formulées seront examinées avec attention.